Y VIMOS SU GLORIA

Y VIMOS SU GLORIA

Volumen 2

Eleazar Barajas

Número de Control de la Biblioteca del Congreso de EE. UU.: 2023901664

ISBN:	Tapa Blanda	978-1-5065-4958-3
	Libro Electrónico	978-1-5065-4959-0

Información de la imprenta disponible en la última página.

Fecha de revisión: 06/01/2023

Para realizar pedidos de este libro, contacte con:
Palibrio
1663 Liberty Drive, Suite 200
Bloomington, IN 47403
Gratis desde EE. UU. al 877.407.5847
Gratis desde México al 01.800.288.2243
Gratis desde España al 900.866.949
Desde otro país al +1.812.671.9757
Fax: 01.812.355.1576
ventas@palibrio.com
849711

ÍNDICE

INTRODUCCIÓN

El profesor Pablo Hoff en la introducción a su libro titulado: *Se Hizo Hombre*, dice que: "Aunque los creyentes conocen bien la vida de Cristo gracias a innumerables sermones, sigue siendo fascinante. El tema mantiene nuestro interés, porque el protagonista es el Dios-Hombre que dio a conocer al Padre invisible. Impartió las más excelentes de las enseñanzas, llevó vida incomparable, obró milagros de misericordia, redimió la humanidad mediante su muerte y echó los fundamentos de la iglesia".[1] Y, desde el mismo principio de Su Encarnación y Su Ministerio Terrenal, el apóstol Juan dijo que desde: "Entonces la Palabra se hizo hombre y vino a vivir entre nosotros. Estaba lleno de amor inagotable y fidelidad. Y hemos visto su gloria, la gloria del único Hijo del Padre".[2]

El pensamiento del profesor Hoff es lo que ya notamos como realidad en el *Libro Uno*, y en este *Segundo Libro* lo volvemos a notar. No me cabe la menor duda de que la vida y el Ministerio Terrenal de Jesucristo "sigue siendo fascinante". Estos dieciséis

---

1 Pablo Hoff. *Se Hizo Hombre: La fascinante historia del Dios Hombre como se relata en los Evangelios Sinópticos.* (Estados Unidos. Editorial Vida. 1990), 15.

2 Juan 1:14, (NTV).

mensajes sobre el Evangelio de Juan en este Libro Dos, y los otros que se encuentran en los apéndices, nos confirman la declaración del profesor Hoff. Es decir que, el Evangelio de Juan y el Ministerio Terrenal de Jesús siguen siendo fascinantes.

El Evangelio de Juan fue escrito narrando las costumbres judías, pero con un alcance teológico y evangelístico que abarca hasta los gentiles. Porque, "según Juan 20: 30s., este Evangelio presenta las obras y palabras de Jesús, y permite al lector percibir la naturaleza de su persona".[3] De la misma manera como lo notamos en el Libro Uno, en este, también se hace varias veces la mención del término *Mesías*.

Ahora bien, "el uso del título *Mesías* da a entender que Juan dirige su Evangelio a lectores hebreos, pero la explicación de ciertas costumbres judías (p. e. 2.6;19:40) indica que se incluía también a los gentiles, y que todos los lectores se hallaban lejos de la Tierra Santa".[4] Lo más probable es que el Evangelio de Juan fue escrito en la ciudad de Éfeso alrededor de los años 90 o 100 d. C., aunque algunos piensan que se escribió en Antioquía o, por su trasfondo filosófico/teológico, se cree que fue escrito en la cuna de la filosofía del primer y segundo siglos de la Era Cristiana, es decir en Alejandría. Esto indica que este Evangelio juanino es un mensaje universal.

---

3 Comentario en la *Biblia Letra Grande*, 1960. (Corea. Editorial Caribe. 1998), 1472.

4 Comentario en la *Biblia Letra Grande*, 1960. (Corea. Editorial Caribe. 1998), 1472.

Prueba de ello, son los mensajes que se relatan en este libro.

Nos encontramos, pues, con un Evangelio que tiene un mensaje teológico diferente de los sinópticos (Mateo, Marcos y Lucas). Es el Evangelio que "describe la venida de Jesús y del Espíritu Santo como el inicio de las bendiciones escatológicas (Juicio, vida eterna, resurrección, etc.), pero reserva para el futuro, como los otros escritores del Nuevo Testamento, la plenitud de estos beneficios".[5] Es el Evangelio que da testimonio de la Gloria de Dios en la persona de Jesús; un testimonio que dice: "Y el Verbo se hizo carne, y habitó entre nosotros, y contemplamos su gloria; gloria como del Unigénito del Padre, lleno de gracia y verdad".[6]

El apóstol Pablo le dijo al Pastor Timoteo que "no hay duda de que la verdad revelada de nuestra religión es algo muy grande: Cristo se manifestó en su condición de hombre, triunfó en su condición de espíritu y fue visto por los ángeles. Fue anunciado a las naciones, creído en el mundo y recibido en la gloria".[7] En la Versión Reina-Valera, dice: "E indiscutiblemente, grande es el misterio de la piedad: Dios fue manifestado en carne, Justificado en el Espíritu, Visto de los ángeles, Predicado a los

---

[5] Comentario en la *Biblia Letra Grande*, 1960. (Corea. Editorial Caribe. 1998), 1473.

[6] Juan 1:14, (Biblia Peshitta).

[7] I Timoteo 3:16, (DHH).

gentiles, Creído en el mundo, Recibido arriba en gloria".[8] Y en todo este proceder divino, dijo Juan, "Y vimos su Gloria".

Con este himno, el apóstol Pablo le muestra a Timoteo un resumen muy breve de lo que es la Doctrina Cristiana o la Cristología en muy pocas palabras articuladas en seis declaraciones:

> 1.- Cristo "*fue manifestado en la carne*". Y fue en ese estado que Juan vio la Gloria de Dios en él. "Aquel que es la Palabra se hizo hombre y vivió entre nosotros. Y hemos visto su gloria, la gloria que recibió del Padre, por ser su Hijo único, abundante en amor y verdad". (Jn.1:14, DHH).
>
> 2.- Cristo fue "*Justificado en el Espíritu*". Es decir que Jesús fue "Hijo de Dios con poder". "Este evangelio habla de su Hijo, que según la naturaleza humana era descendiente de David, pero que según el Espíritu de santidad fue designado con poder Hijo de Dios por la resurrección. Él es Jesucristo nuestro Señor". (Rom. 1:3-4, NVI).
>
> 3.- Cristo fue "*visto por los ángeles*". Los angles siempre estuvieron muy pendientes de la Obra de Jesucristo. Lucas dice que Jesús, estando en el huerto de Getsemaní

[8] I Timoteo 3:16, (RV, 1960).

orando, dijo: "'Padre, si quieres, no me hagas beber este trago amargo; pero no se cumpla mi voluntad, sino la tuya'. Entonces se le apareció un ángel del cielo para fortalecerlo". (Luc. 22:43-44, NVI). Los ángeles estaban listos para servir a Cristo porque ellos también veían la Gloria de Dios en él.

4.- Cristo fue "*predicado a los gentiles*". Después de la resurrección, Jesús, comisionó a sus discípulos para que fueran a las naciones para predicar el Evangelio de Jesucristo y que bautizaran en el nombre del Padre, del Hijo y del Espíritu Santo.[9] Una fórmula de mucho significado, pues al "ser bautizados en el nombre del Padre, era tener a Dios como Padre (Mt. 6:9); ser bautizados en el nombre del Hijo era recibir los beneficios de lo que el Hijo de Dios hizo por la humanidad (Hech. 2:38); ser bautizados en el nombre del Espíritu Santo era tener la presencia y el poder del Espíritu de Dios, que da vida".[10]

5.- Cristo debería ser "*creído en el mundo*". Es decir que la Obra salvífica no fue solamente para los judíos, sino

---

9 Mateo 28:19-20.

10 Comentario de pie de página en la *Biblia de Estudio Esquematizada*. (Brasil. Sociedades Bíblicas Unidas. 2010), 1440.

que fue una Obra Redentora para toda la humanidad porque el Señor no quiere que ninguno se pierda de su presencia eternal, sino que todos los seres humanos, en un futuro cercano, estén eternamente con él en Su gloria.[11] Sin embargo, no todos han creído en Jesús como su Salvador personal. El apóstol Juan dice que "Jesús hizo muchas otras señales milagrosas en presencia de sus discípulos, las cuales no están registradas en este libro. Pero estas se han escrito para que ustedes crean que Jesús es el Cristo, el Hijo de Dios, y para que al creer en su nombre tengan vida". (Jn. 20:30-31, NVI).

6.- Cristo fue "*recibido arriba en gloria*". Una clara referencia a la ascensión de Jesucristo desde uno de los montes de Galilea. El Evangelio de Mateo dice que: "Los once discípulos fueron a Galilea, a la montaña que Jesús les había indicado. Cuando lo vieron, lo adoraron; pero algunos dudaban. Jesús se acercó entonces a ellos y les dijo: —Se me ha dado toda autoridad en el cielo y en la tierra. Por tanto, vayan y hagan discípulos de todas las naciones, bautizándolos en el nombre del Padre y del Hijo y del Espíritu Santo,

11 2 Pedro 3:9, parafraseado por Eleazar Barajas.

> enseñándoles a obedecer todo lo que les he mandado a ustedes. Y les aseguro que estaré con ustedes siempre, hasta el fin del mundo". Mateo 28:16-20, NVI).

En este breve resumen de la Obra y la Persona de Jesucristo, el apóstol Pablo ha declarado la verdad divina, "esto es, la fe cristiana, - y también – deliberadamente ha descrito el núcleo del misterio de la piedad, a fin de que Timoteo lo tenga en cuenta para conducirse como es debido y para saber cómo ha de tratar a los que enseñan doctrinas heterodoxas (1:3-7; 4:1 y ss.)".[12] El apóstol Juan, por su parte, dice que: "… hay también muchas otras cosas que Jesús hizo, que si se escribieran en detalle, pienso que ni aun el mundo mismo podría contener los libros que se escribirían".[13] Confirmando una vez más que la Gloria de Dios estaba en la persona de Jesucristo.

De acuerdo con Juan 14:9, sabemos que Jesús era la representación del Padre en la tierra de una forma humana; Jesús le dijo a Felipe que Dios Padre y Jesús eran la misma esencia divina: Eran UNO. La propuesta de Felipe fue que les mostrara al Padre

---

12 Matthew Henry. *Comentario exegético devocional a toda la Biblia. 2 Corintios - Hebreos.* (Terrassa, (Barcelona), España. Editorial CLIE. 1989), 368. Las seis secciones del himno citado por el apóstol Pablo en donde hizo un resumen muy breve de lo que la Doctrina Cristiana o la Cristología fueron copiadas de: Matthew Henry. *Comentario exegético devocional a toda la Biblia. 2 Corintios - Hebreos.* (Terrassa, (Barcelona), España. Editorial CLIE. 1989), 367-368. Los comentarios son míos.

13 Juan 21:25, (Biblia de las Américas).

y que con eso les bastaba para creer. Jesús les había dicho: "Si ustedes me conocieran, también conocerían a mi Padre, y desde ahora lo conocen".[14] Pero como Felipe quiere conocer al Padre, entonces, "Jesús le dijo: He estado con ustedes todo este tiempo, y ¿no me has conocido, Felipe? El que me ve a mí, ha visto al Padre; ¿cómo pues dices muéstranos al Padre?".[15] Años después, el apóstol Juan dijo: "… y habitó entre nosotros, y contemplamos su gloria; gloria como del Unigénito del Padre, …".[16]

Y vimos su Gloria es, pues un libro que nos ayuda a volver a ver la Gloria de Dios en la Persona de Jesucristo. Es un libro que nos muestra que el Espíritu Santo, Jesucristo y el Padre Dios, son la UNIDAD divina por excelencia llena de Gracia y Gloria Celestial.

Eleazar Barajas
La Habra, California
eleazarbarajas@hotmail.com

[14] Juan 14:7, (Biblia Peshitta).

[15] Juan 14:9, (Biblia Peshitta).

[16] Juan 1:14, (Biblia Peshitta).

Jesucristo, el Señor de la vida

"Jesús le dijo: —Tu hermano resucitará. —Es cierto— respondió Marta—, resucitará cuando resuciten todos, en el día final. Jesús le dijo: —Yo soy la resurrección y la vida. El que cree en mí vivirá aun después de haber muerto.

Juan 11:23-25, (NTV).

Introducción.

La antropóloga Marta Lamas, investigadora de la UNAM y activista femenina en la ciudad de México, dijo que el aborto en la ciudad de México es fácil y que ya se están abriendo otras clínicas en otros estados, como Veracruz, Jalisco y Oaxaca en donde se realizaran abortos legales. La investigadora dijo que la ley del aborto es igual a la ley del divorcio. Hasta el 19 de septiembre del 2021, de acuerdo con las estadísticas sobre el aborto, en México se habían realizado 33 abortos de cada 1000 mujeres entre los 15 y 44 años. La antropóloga afirmó que cada día se le otorgará el derecho a la mujer de decidir qué hacer con su cuerpo. Y, a esta decisión le llamó: Gente Progresista.[17]

¡¿Gente Progresista!? Por favor Antropóloga, Marta Lamas, ¡no me haga reír de vergüenza por su humana sabiduría! Yo no le llamo *gente progresista*, Yo le llamo crímenes legales e inmorales. Los conozco como asesinos a sueldo.

Si Jesucristo, es el Señor de la vida, ¡Y sí lo es!, ¿por qué le robamos este privilegio al Señor? ¿Por qué nos ensañamos contra las indefensas criaturas de Dios? ¿Cuál es la diferencia entre el genocidio provocado por Adolfo Hitler y los crímenes contra los indefensos? ¿Cuál es la diferencia entre los asesinatos del narcotráfico y el tráfico humanos a los abortos provocados por los llamados progresistas? ¿Cuál es la diferencia de los sacrificios humanos por algunas culturas, como los Aztecas, y los abortos o el asesinato de los inocentes? ¿Cuál es la diferencia entre los sacrificios humanos, en especial de niños que practican los sacerdotes y brujos practicantes del Halloween, y los abortos? Todo ellos son practicas aberrantes; prácticas en contra de la vida que Dios da al ser humano. No, señora Martha Lamas, ¡nunca, "la ley del aborto es igual a la ley del divorcio"! No confunda separación por asesinato.

---

[17] Jorge Ramos. *El aborto en Texas y México*. Entrevista con la Antropóloga Marta Lamas en el programa: Al Punto. Televisada el 19 de septiembre del 2021, en Univisión. Canal 12 en La Habra, California.

¡Ah!, mujeres que se creen progresistas! Mujeres que no solo se hacen daño así mismas al provocarse el aborto, sino que se vuelven asesinas de sus propios hijos y que, además, llevaran en su conciencia uno o más asesinatos de inocentes criaturas. Porque son criaturas de Dios. Si El no quisiera que la mujer quedase embarazada, ¡no quedaría embarazada! La vida está en el espermatozoide y en el ovulo, no es hasta las seis semanas de embarazo que existe la vida del bebe. Esto es que, el aborto a cualquier día o semana, después del embarazo, ¡es un asesinato! antropóloga Marta Lamas, ¡el aborto es un asesinato! Por favor, no propague más muertes en México, ya son demasiadas con el narcotráfico. "En 2017 – en EEUU - se produjo un total de 339,640 abortos con medicamentos, un aumento del 25% con respecto a 2014".[18] En México, "Hasta septiembre de 2019, se realizaron abortos legales en un total de 216.755 pacientes en México, de los cuales 150.737 eran mujeres que residían en la capital, mientras que casi 57.564 procedían del vecino estado de México".[19] Más los abortos no contados, ¡esto es una deliberada

---

18 Instituto Guttmacher. *La tasa de aborto en los EE. UU. continúa disminuyendo, habiendo alcanzado un mínimo histórico en 2017.* (La Habra, California. Internet. Consultado el 8 de julio del 2022), ¿? https://www.guttmacher.org/es/news-release/2019/la-tasa-de-aborto-en-los-ee-uu-continua-disminuyendo-habiendo-alcanzado-un-minimo

19 Safe2choose. *Aborto en México.* (La Habra, California. Internet. Consultado el 8 de julio del 2022), ¿? https://safe2choose.org/es/abortion-information/countries/mexico#:~:text=Aborto%20en%20M%C3%A9xico%20El%20aborto%20ha%20constituido%20un,a%C3%B1os%20cuando%20se%20lleva%20a%20cabo%20sin%20consentimiento.

acción contra los inocentes! Es la guerra contra la inocencia de los llamados progresistas.

Bueno, volviendo a nuestro relato bíblico. ¿Alguna vez te has preguntado el por qué Jesucristo resucitó a Lázaro de Betania? ¿Alguna vez te has preguntado por qué Jesús dijo: "—Yo soy la resurrección y la vida"?[20] Me parece que lo dijo porque no solo Él es la vida, sino que además es el dador de la vida y el Dios que ama la vida.

A diferencia de las personas que ven la vida del ser humano como un objeto desechable, una mujer llamada Marta, no la antropóloga Lamas, sino una mujer de la aldea de Betania y hermana de María y Lázaro del siglo I d.C., vio la vida como un regalo de Dios para este tiempo y para la eternidad. De la experiencia de Marta, en su dialogo con Jesús podemos aprender tres importantes verdades bíblicas y teológicas.

I.- ¡Una gran fe!

Esta es la primera gran verdad que encontramos en la persona de Marta de Betania y que el apóstol Juan la dejó escrita para nuestra enseñanza y afirmación en el Señor de la vida. Lázaro de Betania y hermano de Marta y María, murió. Lo sepultaron. Cuatro días después de haber sido sepultado, llegó

---

[20] Juan 11:25.

Jesús a Betania a la casa de Lázaro. Marta escuchó que Jesús se acercaba a su casa y salió corriendo a encontrarle mientras su hermana María se quedó en la casa.

Este encuentro es interesante. Notemos que Marta no salió a darle las gracias por la visita, estaba tan adolorida emocionalmente por la muerte de su hermano que, en lugar de saludar a Jesús con el acostumbrado *Shalom* (Paz), me parece que, ¡lo regañó! ¡Me da la impresión de que le llamo inconsciente! Y al parecer por sus palabras, ¡le reprochó su tardanza!

¿Pastor, qué es lo que está diciendo? Dije que Marta regañó a Jesús. Notemos sus palabras de bienvenida: "*Marta le dijo a Jesús: —Señor, si hubieras estado aquí, mi hermano no habría muerto*".[21] ¿Cómo le llaman ustedes a este saludo? ¡Yo le llamo reproche! Le llamó inconsciente por no haber llegado cuando le avisaron que Lázaro estaba enfermo. Marta estaba adolorida por la muerte de su amado hermano.

Pero no juzguemos a Marta de una manera descabellada. Era una mujer con un profundo dolor emocional; ¡Su amado hermano había muerto! Así que, cuando se encuentra con Jesús, "sus palabras tienen un tono tanto de reproche como de súplica":[22]

---

21 Juan 11:21, (DHH).

22 Raymond E. Brown. *El Evangelio y las cartas de Juan*. Td. María del Carmen Blanco Moreno. (Bilbao, España. Editorial Desclee de Brouwer, S. A. 2010), 102.

Es una súplica que lleva, entre el dolor sentimental un tono de fe. Es decir que, sus palabras son: "Sin duda una importante declaración de fe de Marta. Ella creía firmemente que Jesús hubiese evitado la muerte de su hermano, como consecuencia de la enfermedad. No dudaba en lo más mínimo del poder del Señor".[23]

Me da la impresión de que Jesús, en silencio, se le quedó viendo a Marta. La hizo que cambiara de colores mientras meditaba en todos los milagros que su amigo Jesús había hecho y, después de reflexionar un poco, Marta, exaltó su fe en Jesús y le dijo: "Pero yo sé que aun ahora Dios te dará todo lo que le pidas".[24] ¿Estaba pensando Marta en la resurrección de su hermano? De esto no hay duda, pues ella misma dijo: "Yo sé que resucitará en la resurrección en el día postrero".[25]

¡Wauuu, que cambio de actitud! Una mirada del Señor puede cambiar todos nuestros sentimientos. Una mirada de Cristo puede aumentar nuestra fe en El. Una mirada del Señor Jesús puede hacer que digamos con una profunda fe: *"Yo sé que ahora"* Tú, Señor, tienes la solución a mi problema. "Muchos judíos de aquel tiempo creían en la resurrección de

---

23 Samuel Pérez Millos. *Comentario exegético al texto griego del Nuevo Testamento. JUAN.* (Viladecavalls (Barcelona), España. Editorial CLIE. 2016), 1088.

24 Juan 11:22, (DHH).

25 Juan 11:24, (RV, 1960).

los muertos".[26] Así que no fue nada nuevo lo que dijo Marta.

Notemos una vez más las palabras de queja o de reproche de Marta: *Señor, si hubieras estado aquí, mi hermano no habría muerto.* Así que, cuanto le avisaron a Marta que Jesús estaba llegando a su casa, salió corriendo a encontrarle: "Cuando Marta llegó a donde estaba Jesús, el corazón se le salía por los labios. Aquí tenemos una de las expresiones más humanas de toda la Biblia: Marta habló, en parte con un reproche que no se podía guardar para sí, y en parte con una fe que nada podía hacer vacilar".[27] Por eso le reprocha diciéndole: *Señor, si hubieras estado aquí, mi hermano no habría muerto.* ¡Marta creía en el poder divino de Jesucristo! ¡Tenía fe en Jesús! ¡Le creía a Dios! Ella sabía que el Señor Jesús era el Señor de la Vida.

En ocasiones nuestra fe está basada en lo que vemos que el Señor hace, no en lo que esperamos que haga. En otras ocasiones nuestra fe es "como si Jesús tuviera que estar presente físicamente para saber y obrar".[28] Esta clase de fe indica que Jesucristo no es Omnipresente ni Omnipotente; que solo puede

---

26 Nota de pie de página en la *Biblia de Estudio Esquematizada*. (Brasil. Sociedades Bíblicas Unidas. 2010), 1584.

27 William Barclay. *Comentario al Nuevo Testamento: Volumen 6: JUAN II.* (Terrassa (Barcelona), España. Editorial CLIE. 1995), 110.

28 Carroll, B. H. *Comentario Bíblico: Los cuatro evangelios. Libro II: Tomo 6.* Trd. Sara A. Hale. (Terrassa (Barcelona), España. Editorial CLIE. 1986), 199.

hacer milagros si está presente físicamente. Es una fe que hace de Jesucristo un dios – con minúsculas- muy limitado en poder y presencia. De acuerdo con la Biblia, Jesucristo no es así; Él es Todopoderoso esté presente o ausente de nuestra vista, Es también Omnisciente y Omnipresente sin dejar de ser DIOS - con Mayúsculas-. El Señor es Dios sobre todos los dioses, y es Señor del Universo. ¡Es el Señor de la Vida!

La narrativa de Juan dice que Jesús sabía que Lázaro estaba enfermo y también supo que ya había muerto. Y, aun así, se quedó cuatro días en Jerusalén.[29] ¿Estaría muy ocupado en Jerusalén que no le dio tiempo de llegar a tiempo a Betania? ¿Acaso no le interesaba la situación emocional de Marta y María, las hermanas del difunto? Aunque no tengo las respuestas a estas preguntas es entendible que Jesucristo siempre tenía y tiene un propósito bien definido en lo que dice y hace.

¡Ah, Jesucristo, siempre nos sorprende con su manera de pensar y actuar! ¿Por qué si sabía que su amigo había muerto se quedó cuatro días en Jerusalén? Lo normal es que, si alguien muy cercano de nosotros muere, hacemos lo imposible para llegar antes de que sea sepultado. Pero, Jesús supo que a quien amaba estaba enfermo y que por la enfermedad

---

[29] Juan 11:1-4; 11-15; 17.

murió,[30] y a propósito retardó su llegada cuatro días. ¿Por qué lo hizo? ¿Qué propósito tenía?

Bueno, "la narración que da Juan de este milagro hace clara un arreglo divino de todos los hechos con la mira de poner de manifiesto un fin definitivo; la glorificación de nuestro Señor".[31] Juan deja en papel este milagro para que hasta el día de hoy podamos ver la Gloria de Dios en Jesucristo: El cual es el Señor de la Vida.

¡Cuatro días! ¡Cuatro largos días para Marta y María! Juan habló de un cadáver de cuatro días de muerto. Esto es, habló de un cuerpo en alta descomposición. "Sin duda la sanidad de un enfermo es suficiente motivo para glorificar a Dios, pero mucho más lo es, siempre desde la comprensión humana, la resurrección de un muerto".[32] Que alguien le de vida a un cadáver de cuatro días de muerto, eso es, además de admirase, contemplar la Gloria de Dios en la Persona de Jesús. Y que alguien le de vida a un cadáver que ha sido sepultado y que ya tiene cuatro días de muerto, es también absolutamente propio del Señor de la vida; Es una manifestación solamente del que podemos ver la Gloria de Dios.

---

[30] Juan 11:3.

[31] Carroll, B. H. *Comentario Bíblico: Los cuatro evangelios. Libro II: Tomo 6.* Trd. Sara A. Hale. (Terrassa (Barcelona), España. Editorial CLIE. 1986), 196.

[32] Samuel Pérez Millos. *Comentario exegético al texto griego del Nuevo Testamento. JUAN.* (Viladecavalls (Barcelona), España. Editorial CLIE. 2016), 1069.

¡Ah, las maravillas de Jesucristo! Todas ellas son, en el contexto de Juan, ¡Para que veamos la Gloria de Dios en Su amado Hijo Jesucristo! Juan quiere que entendamos claramente que cuando él dijo: "Y vimos su Gloria, gloria como del Unigénito del Padre, lleno de gracia y de verdad",[33] es porque nadie podría hacer tales milagros como resucitar a un muerto que ya estaba muy avanzado en la descomposición natural. Esto sólo lo puede hacer el que es el Señor de la Vida. ¡Nadie más!

A pesar de ese gran inconveniente, mejor dicho, a pesar de esa imposibilidad para resucitar, Jesús le dijo a Marta que su hermano iba a vivir: *Marta, tu hermano resucitará, le dijo Jesús.* Notemos la respuesta de la acongojada Marta: "—Sí, ya sé que volverá a vivir cuando los muertos resuciten, en el día último".[34] Parece que Marta no entendió el significado de las palabras de Cristo. Jesucristo hablaba del presente: *Hoy Lázaro resucitará.* Marta pensaba en la resurrección futura; una verdad lógica y bíblica. Marta era tan humana como cualquiera de nosotros.

Y, sin embargo, Marta le creyó a Jesús; ¡Marta tuvo fe en el poder resucitador de Jesús! Es decir que, ¡Marta tuvo una fe que debe contagiar la nuestra! ¡Marta tuvo una gran fe! "Una fe que desafiaba los hechos y la experiencia. … Movida por una

---

33 Juan 1:14, (RV, 1960).

34 Juan 11:24, (DHH).

esperanza desesperada – le dijo a Jesús – yo sé que Dios te dará lo que le pidas".[35]

¡Wauuu, esto se llama fe en lo imposible! Es la fe de la que habla el escritor de la Cata a los Hebreos (11:1). ¡Es una fe en una escatología gloriosa! La fe de Marta nos confirma que: "La enfermedad de Lázaro fue tanto providencial como natural. No fue el propósito 'para muerte', esto es para la muerte final",[36] sino para darnos una lección de Fe en el poder salvífico y resucitador del Señor Jesús sin importar tiempo y espacio. No es necesario entender el significado al cien por ciento de las palabras escritas en la Biblia para poder tener fe en Dios; ¡Es creerle a Él! "Los tiempos de los hombres nunca son los tiempos de Dios … Todos debemos entender que Dios no actúa cuando nosotros queremos, sino cuando es el tiempo para que lo haga".[37] Es creer que a pesar de las circunstancias en las que me encuentro, Él sabe cómo hacer para que mi fe aumente. "Las palabras de Cristo tuvieron la virtud de poner fin al dolor emocional de Marta".[38] Fueron las palabras del Señor de la Vida.

---

35 William Barclay. *Comentario al Nuevo Testamento: Volumen 6: JUAN II.* (Terrassa (Barcelona), España. Editorial CLIE. 1995), 110.

36 Carroll, B. H. *Comentario Bíblico: Los cuatro evangelios. Libro II: Tomo 6.* Trd. Sara A. Hale. (Terrassa (Barcelona), España. Editorial CLIE. 1986), 196.

37 Samuel Pérez Millos. *Comentario exegético al texto griego del Nuevo Testamento. JUAN.* (Viladecavalls (Barcelona), España. Editorial CLIE. 2016), 1070.

38 Juan Crisóstomo. *Comentario sobre Juan 11 en In Ioannem hom … 61.* (Expresión copiada por Juan Crisóstomo en: Aquino, Santo Tomás De. (Cantena Aurea. *Comentarios sobre el Evangelio de San Juan.* (San Bernardino, California. Ivory Fall Books. 2016), 346.

A mí no me cabe la menor duda de que Jesucristo es la fuente eterna de toda la vida. Le creo cuando dijo: "Yo soy la resurrección y la vida; el que cree en mí, aunque esté muerto, vivirá".[39] Esto es que en Jesucristo tenemos tanto la vida física como la vida eterna. Esto es posible solamente en él porque, ¡Jesucristo es el Señor de la Vida!

Mi hermano y mi hermana en Cristo, no importa cómo te sientas. No importa como eres. No importa las circunstancias por las que estás pasando, la fe depositada en Cristo Jesús cambiará tu mundo. Si El pudo resucitar a Lázaro después de cuatro días de muerto, podrá, con su poder resucitador, ayudarte a solucionar cualquier circunstancia negativa en tu vida.

No importa si Jesús se tarda en llegar con la respuesta. No importa si le reprochas. No importa si tienes poca o mucha fe en el poder salvífico y resucitador de Jesús. Lo que importa es que, si creemos en Jesucristo como nuestro Salvador y Señor, entonces tenemos la vida física y la vida eterna.

¿Por qué tenemos esta clase de vida en Jesús? Porque el Señor Jesucristo, ¡es el Señor de la Vida!

---

39 Juan 11:25, (RV, 1960).

II.- Una Buena Teología Cristiana evangélica.

La segunda verdad que encontramos en el dialogo entre Jesús y Marta es la presentación de una Buena *Teología Cristiana Evangélica*, mucho antes de que esta se escribiera. La respuesta de Jesús a Marta cuando ella aseguró que Dios le daría a Jesús todo lo que el pidiera, fue: "Jesús le contestó: —Tu hermano volverá a vivir". Observen el desarrollo de la fe de Marta: "Marta le dijo: —Sí, ya sé que volverá a vivir cuando los muertos resuciten, en el día último".[40] ¡Esta es una esperanza escatológica cien por ciento bíblica! ¡Es una buena Teología Cristiana Evangélica! ¡Es una declaración de fe en el poder y la esperanza que existe en Jesucristo! "Me habían enseñado que todos vamos al cielo, pero no estaba muy seguro de que eso fuera cierto. Creía que la muerte era el final de todo, dijo Fernando".[41]

Para Marta no lo era. Ella creía en una vida futura, así que, Marta, en el dialogo con el Señor, ha aumentado su fe en el poder resucitador de Jesucristo. De esto no me cabe la menor duda y, sin embargo, notemos lo que dice el relato bíblico: "Conmovido una vez más, Jesús se acercó al sepulcro. Era una

---

40 Juan 11:23-24, (DHH).

41 La Atalaya. Anunciando el reino de Jehová. *¿Qué pasa cuando uno muere?* (México. La Torre del Vigía. Revista quincenal. 1 de agosto del 2015), 3.

cueva cuya entrada estaba tapada con una piedra. —Quiten la piedra —ordenó Jesús. Marta, la hermana del difunto, objetó: —Señor, ya debe oler mal, pues lleva cuatro días allí".[42] ¿Qué sucedió con la fe de Marta? ¿Por qué le dijo al Señor que ya debería de olor mal? Bueno, Marta siguió la lógica de la experiencia humana; un cadáver después de cuatro días, sin ninguna preparación médica, llega a tener un olor insoportable.

Estaba pastoreando la *Iglesia Bautista Emmanuel* en la Habra, California y un día, uno de los miembros me dijo que si necesitaba un juego de sala. No, pero si lo están regalando lo podemos traer a la iglesia y lo donamos a quien lo necesite, fue mi respuesta. Conseguí una camioneta y tres hombres para que me ayudaran a cargar y descargar los muebles.

Llegamos como a las 10:30 AM, al edificio en donde estaban los muebles; era un edificio de Ancianos. Una ancianita había muerto. La sala que tenía estaba recién comprada, pero como nadie la reclamaba, los administradores la estaban regalando. La ancianita había muerto como cuatro días antes, su perro, que estaba encerrado en el apartamento en donde ella murió, ya se había comido parte de una de las piernas de su dueña.

Los paramédicos habían roto la ventana y rociado un líquido sobre la alfombra para mitigar

[42] Juan 11:38-39, (NVI).

el horripilante olor. ¡Tenía cuatro días de muerta! Cuando me paré en la puerta del apartamento para ver los muebles, el olor de muerte penetró en mi nariz tan penetrante que tuve que darme la vuelta, salir corriendo a vomitar y a que me dieran un poco de perfume o de alcohol para mitigar el penetrante olor que permanecía en mi nariz.

Fue un olor tan desagradable que aun al tercer día lo percibía en mi nariz. ¿Tenía razón Marta al decirle al Señor Jesús que el cuerpo de Lázaro ya debería de olor mal? De eso estoy muy convencido. Es decir que, allí, parada junto a Jesús frente a la tumba de su hermano Lázaro: "Marta no ve la posibilidad de revocar no solo la muerte de Lázaro, sino también el proceso de descomposición física",[43] por eso es por lo que vacila en su fe.

Cuando Jesús notó que Marta estaba vacilando en su fe, en una forma de reproche, le hace la siguiente pregunta: "¿No te dije que si crees verás la gloria de Dios?".[44] ¿Por qué esta pregunta? Porque: "Jesús la invita a reflexionar sobre el significado de las palabras que la misma Marta había dicho - Recordemos parte del dialogo entre Jesús y Marta: '—Tu hermano resucitará —le dijo Jesús. —Yo sé que resucitará en la resurrección, en el día final —respondió Marta.

---

[43] Nota de pie de página en la *Santa Biblia: Biblia de Estudio LBLA*. (Nashville, Tennessee. Editorial B&H, en Español. Y Lockman Foundation. 2000), 1474.

[44] Juan 11:40, (NVI).

Entonces Jesús le dijo: —Yo soy la resurrección y la vida. El que cree en mí vivirá, aunque muera; y todo el que vive y cree en mí no morirá jamás. ¿Crees esto? —Sí, Señor; yo creo que tú eres el Cristo, el Hijo de Dios, el que había de venir al mundo'."[45]-. He comentado que en el tiempo de Jesús "muchos judíos de aquel tiempo creían en la resurrección de los muertos".[46] Uno de los partidos político/religioso de ese tiempo: Los fariseos, creían en la resurrección de los muertos, en los ángeles y en los espíritus.[47]

Entonces, pues: "Cuando Marta dio la respuesta a la pregunta de Jesús – Marta, ¿crees esto? Ella, con su respuesta -, dio testimonio de la cima más elevada de la fe que había escalado su nación".[48] Ciertamente: "Marta solo vio lo triste de la muerte, pero Jesús ve la manifestación poderosa de Dios que transformará la muerte en vida".[49] Así que al escuchar la declaración de fe de Marta sobre la vida futura cuando ella dijo: "—Sí, Señor; yo creo que tú eres el Cristo, el Hijo de Dios, el que había de venir al mundo", Jesús aprovechó ese momento de fe para darle " a esa fe una nueva realidad y un nuevo

---

45 Juan 11:23-27, (NVI).

46 Nota de pie de página en la *Biblia de Estudio Esquematizada*. (Brasil. Sociedades Bíblicas Unidas. 2010), 1584.

47 Hechos 23:8.

48 William Barclay. *Comentario al Nuevo Testamento: Volumen 6: JUAN II*. (Terrassa (Barcelona), España. Editorial CLIE. 1995), 113.

49 Nota de pie de página en la *Santa Biblia: Biblia de Estudio LBLA*. (Nashville, Tennessee. Editorial B&H, en Español. Y Lockman Foundation. 2000), 1474.

significado: 'Yo —Yo soy la resurrección y la vida. El que cree en mí, aunque muera, vivirá'. – Con estas palabras – Jesús . . . estaba pensando en la vida venidera. El trajo la certeza de que la muerte – física – no es el final.[50] Al mismo tiempo, hace que la fe de Marta se aumente. Es interesante hacer notar que "Jesús le dijo: 'Tu hermano resucitará'. No le dijo: Pediré que resucite".[51]

¿Lo notaron? "La palabra resucitará fue ambigua, porque no dijo ahora, y por eso Marta le dijo: 'Bien sé que resucitará en el último día'."[52] El hecho de que haya sido una palabra ambigua no disminuyó la fe de Marta. Ella aseguró que existe una resurrección. Aseguró que la muerte física no el final de la existencia del ser humano, sino que, en una buena Teología Bíblica y Evangélica, la humanidad sigue en otras dimensiones; llámese Cielo, Morada de Dios, Presencia gloriosa, Lugar de eterna Luz, Eternidad con Dios, Infierno, Lugar de Condenación, Lugar de Tormentos o Separación de Dios en una completa oscuridad. Lionel dijo: "Yo creía que al morir teníamos tres opciones: ir al cielo, al infierno o al

---

[50] Juan 11:25, (DHH). William Barclay. *Comentario al Nuevo Testamento: Volumen 6: JUAN II.* (Terrassa (Barcelona), España. Editorial CLIE. 1995), 114.

[51] Juan Crisóstomo. Comentario sobre Juan 11 en *ut supra*. (Expresión copiada por Santo Tomas de Aquino en: Aquino, Santo Tomás De. (Cantena Aurea. *Comentarios sobre el Evangelio de San Juan.* (San Bernardino, California. Ivory Fall Books. 2016), 343.

[52] San Agustín en *ut upra*. Comentario en: Aquino, Santo Tomás De. (Cantena Aurea. *Comentarios sobre el Evangelio de San Juan.* (San Bernardino, California. Ivory Fall Books. 2016), 344.

purgatorio. Pensaba que yo no era ni tan bueno como para ir al cielo, ni tan malo para merecer el infierno. Lo que no tenía tan claro era que es el purgatorio. Nunca había leído lo que dice la Biblia; solo sabía lo que la gente decía".[53]

Marta, no había leído la Biblia tal y como nosotros la tenemos, pues aún no existía en esta forma, solo existía el Antiguo Testamento, pero, con su fe en Dios, anunció lo que es la Buena Teología Cristiana Evangélica. Aseguró que habrá una resurrección "*en el último día*". También aseguró que su hermano Lázaro resucitaría para estar con Dios, pues esa era la idea teológica de su tiempo, ya que los que no estaban bien con Dios se quedaban en el Hades.[54] Además, Marta, sabía que Jesús era el Señor de la Vida.

III.- Unión de su fe y su teología.

Esta es la tercera lección que encontramos en el dialogo entre Jesús y Marta: Una unión de su fe y su teología. Marta había sido testigo de los milagros del Señor Jesús. "Entre los milagros narrados – por los evangelistas -, la restauración de la vida, después de la muerte, muy naturalmente despertaron más que

[53] La Atalaya. Anunciando el reino de Jehová. *¿Qué pasa cuando uno muere?* (México. La Torre del Vigía. Revista quincenal. 1 de agosto del 2015), 3.

[54] El Hades. En el AT griego (La Septuaginta), el sustantivo griego *hades* se usa 61 veces para traducir la palabra *She'ol,* que alude a la tumba o al reino de los muertos. (Calcada, Leticia: Editora General. Diccionario Bíblico Ilustrado Holman. (Nashville, Tennessee. USA. B&H Publishing Group. 2008), 721.

otros la admiración de los que los presenciaron; eran verdaderamente *terata* maravillas".[55] Para Marta, no solo fueron verdaderos milagros sino una fuente que aumentó su fe en Jesús.

En aquel dialogo entre Jesús y Marta, Jesús le dijo: "—Yo soy la resurrección y la vida. El que cree en mí, aunque muera, vivirá; y todo el que todavía está vivo y cree en mí, no morirá jamás". Y antes de que Marta diga una sola palabra, Jesús le pregunta: "¿Crees esto? Ella le dijo: —Sí, Señor, yo creo que tú eres el Mesías, el Hijo de Dios, el que tenía que venir al mundo".[56]

Había entre los judíos esa esperanza mesiánica; la esperanza de la venida del Mesías que los libraría de toda mala circunstancia y, Marta afirma que Jesús ERA y ES el Mesías que Dios había enviado al mundo para salvarlos y para resucitarlos. Es decir que, Marta hace la unión de su fe y su teología. El apóstol Pablo dijo: "Creí, y por lo tanto hablé, nosotros también creemos, y por lo tanto también hablamos".[57]

Los griegos del tiempo de Pablo "creían en la inmortalidad del alma – pero el lado negativo era que -. Para ellos la resurrección del cuerpo era un

---

[55] Carroll, B. H. *Comentario Bíblico: Los cuatro evangelios. Libro II: Tomo 6*. Trd. Sara A. Hale. (Terrassa (Barcelona), España. Editorial CLIE. 1986), 193.

[56] Juan 11:25-27, (DHH).

[57] 2 Corintios 4:13, (RV, 1960).

absurdo – se preguntaban -. ¿Cómo puede un ser espiritual, inmortal, tener un cuerpo físico?".[58] Para Pablo, Dios ha preparado un plan para poder tener "un cuerpo apropiado para la existencia espiritual y eterna",[59] por eso exclamó con fe: "¿Dónde está, oh muerte, tu victoria? ¿Dónde está, oh muerte, tu aguijón? El aguijón de la muerte es el pecado, y el pecado ejerce su poder por la ley. ¡Pero gracias a Dios, que nos da la victoria por medio de nuestro Señor Jesucristo!".[60]

¿Qué es la lección que nos dan tanto la fe de Marta como la del apóstol Pablo? La enseñanza bienaventurada es esta: "Por Jesucristo sabemos que vamos de camino, no hacia el ocaso, sino hacia el amanecer; sabemos que la muerte es una puerta en el firmamento. … En el sentido más auténtico, no vamos de camino hacia la muerte, sino hacia la vida".[61] Por la fe, Marta sabía esta verdad y su fe en el Señor de la Vida la une a una buena Teología Bíblica Evangélica.

No es posible vivir un cristianismo autentico sin fe en el Señor Jesucristo el cual es el dador de

---

58 Comentario en la *Biblia de Estudio Esquematizada.* (Brasil. Sociedades Bíblicas Unidas. 2010), 1728,

59 Comentario en la *Biblia de Estudio Esquematizada.* (Brasil. Sociedades Bíblicas Unidas. 2010), 1728,

60 I Corintios 15:55-57, (DHH).

61 William Barclay. *Comentario al Nuevo Testamento: Volumen 6: JUAN II.* (Terrassa (Barcelona), España. Editorial CLIE. 1995), 114.

la vida; no podemos vivir un cristianismo realista si no compaginamos nuestros pensamientos con el pensamiento de Dios revelado en la Biblia; no podemos ser auténticos cristianos evangélicos sino creemos y practicamos la Teología Bíblica Evangélica, es necesario unir nuestra fe a la sana y correcta Teología Bíblica Evangélica.

Conclusión.

"Un estudio reciente ha revelado que cerca del noventa por ciento de todos los pacientes dejan de tomar una serie completa de antibióticos, un hecho que solamente conduce a que la bacteria produzca una mutación hacia una forma más resistente a esos medicamentos. … Un investigador notó que los maestros parecían estar en los grupos de los pacientes menos obedientes, pensando que podían cambiar todo lo que los médicos les dijesen".[62]

Lo hacían "*pensando que podían cambiar todo lo que los médicos les dijeran*". Esto no se llama fe sino insensatez. Marta nos ha enseñado que, por la fe en el Señor Jesucristo, el que es el dador de la vida, lograremos una resurrección para vida. El otro lado de la moneda es que, sin fe en Jesucristo, también el ser humano resucitará, pero no a la vida, sino a

[62] Renuevo de Plenitud. *Las Órdenes del Médico.* (La Habra, California. Internet. Consultado el 3 de diciembre del 2021), ¿? https://renuevo.com/reflexiones-las-ordenes-del-medico.html

la eternidad sin Dios y, mi amigo, mi amiga, esta verdad, y aunque pienses que la puedes cambiar, ¡No es posible!

Marta le dijo al Señor Jesús, "Yo sé que resucitará en la resurrección en el día postrero".[63] Jesús aprobó su fe y la aseguró al decirle que Él era la resurrección y la vida y que todo el que en el creyera, aunque llegue a morir en este mundo, con Jesucristo, volverá a vivir.[64]

Recuerda, esta verdad no la puedes cambiar. Así que, con la fe que hoy tienes, cuando resucites en el "día postrero", ¿Dónde pasarás la eternidad? ¿Con Dios o fuera de Él? La fe en el Señor de la vida es la garantía de pasar a la eternidad con Dios.

---

63 Juan 11:24, (RV, 1960).

64 Juan 11:25.

¿Qué haremos?

"Entonces los principales sacerdotes y los fariseos reunieron el concilio, y dijeron: ¿Qué haremos? Porque este hombre hace muchas señales".

Juan 11:47, (RV,60).

Introducción.

Nadie lo había pensado y, sin embargo; "Un hecho inaudito ocurrió en los octavos de final de la Concacaf League: el vicepresidente de Surinam, Ronnie Brunswijk, con 60 años, fue titular en el partido de ida del Inter Moengotapoe ante el Olimpia de Honduras".

Algo insólito había sucedido. ¿Por qué insólito? Por estas razones: *Primero*, la fecha de la fundación de la CONCACAF fue el 18 de septiembre de 1961. *Segundo*: La fecha del nacimiento de Ronnie Brunswijk es el 7 de marzo de 1961. *Tercero*: Ronnie, hasta el mes de septiembre del 2021, estaba jugando en un torneo oficial de CONCACAF. Es decir que, ¡Ronnie es más viejo que la propia CONCACAF!

Así que "Ronnie Brunswijk (vicepresidente de Surinam y presidente del Inter Moengotapoe) se convirtió el 22 de septiembre del 2021 en el jugador más veterano (tenía 60 años y 198 días) en disputar un partido internacional oficial de clubes".[65]

Ahora bien, "Brunswijk, aparte de ser exfutbolista, es el actual vicepresidente de Surinam, dueño del equipo Inter Moengotapoe y es buscado por Interpol debido a que tiene acusaciones de narcotráfico y asesinato en Holanda".[66]

Pues bien, ¿Qué haremos con Ronnie? ¿Lo exaltamos por sus logros deportivos o lo despreciamos por sus acusaciones de narcotráfico y asesinato? ¿Qué haremos? Esta fue la misma pregunta que los líderes se hicieron cuando vieron los logros de Jesús de Nazaret en cuanto a los milagros y sus enseñanzas; la gente lo estaba siguiendo. Jesús no fue ningún futbolista, ni narcotraficante ni asesino, pero estuvo enseñando en contra de las prácticas religiosas de los líderes político/religiosos y, eso, provocó la pregunta entre el liderazgo judio: ¿Qué haremos? Estaban preocupados en especial por dos cosas y como no

---

65 Jorge Fernández. *Insólito: vicepresidente de Surinam, con 60 años y acusado por narcotráfico, fue titular en la Concacaf League ante Olimpia de Honduras.* (La Habra, California. Internet. Artículo publicado en La Opinión: Sección Deportes, el 22 de septiembre 2021 y consultado el mismo día y año), ¿? https://laopinion.com/2021/09/22/insolito-vicepresidente-de-surinam-con-60-anos-y-acusado-por-narcotrafico-

66 Wikipedia, la enciclopedia libre. *Ronnie Brunswijk.* (La Habra, California. Internet. Consultado el 12 de noviembre del 2021), ¿? https://es.wiki.hereiszyn.com/wiki/Ronnie_Brunswijk

tenían una respuesta clara, llegaron a la conclusión de matar a Jesús.

Sigamos los pasos de los líderes judíos del tiempo de Cristo; sigamos sus pensamientos; sigamos sus palabras y, notemos el progreso de su odio hacia Jesús.

I.- ¿QUÉ HAREMOS?

Preocupación por la destrucción del Lugar Santo.

La Biblia dice que cuando los líderes de la nación de Israel escucharon que Jesús había resucitado a Lázaro de Betania, "Entonces los principales sacerdotes y los fariseos reunieron el concilio, y dijeron: ¿Qué haremos? Porque este hombre hace muchas señales".[67] Es interesante notar que: "Ellos sabían quién era el hombre, pero evitaban mencionar su nombre Jesús".[68] Todos sabemos que: "El nombre de una persona: Nos hace recordar de muchas cosas agradables de ella; En cambio, para otras personas, puede ser desagradable a tal grado que no quiere ni que se lo mencionen. Todo está en el nombre. El nombre representa lo que es la persona con ese nombre; Por eso, cuando pensamos en el Bendito

---

[67] Juan 11:47, (RV,60).

[68] Samuel Pérez Millos. Comentario exegético al texto griego del Nuevo Testamento. JUAN. (Viladecavalls (Barcelona), España. Editorial CLIE. 2016), 1126.

Nombre Divino de nuestro Señor Jesucristo; Nos llena de gozo, y pensamientos del amor divino, y todo lo que es nuestro gran Dios; de lo divino, lo santo, lo perfecto, lo amable, lo paciente, y lo misericordioso de Él; Es algo que nos vivifica y llena hasta desbordar de la santa presencia del Todopoderoso".[69]

Para los dirigentes judíos, el nombre Jesús, que bien sabían ellos que significaba Salvador, era un nombre que odiaban y por eso no lo mencionan, en lugar de mencionarlo, solo dijeron: "*...este hombre*", como un gesto de desprecio. ¿Puedes tú mencionar el nombre de Jesús para glorificarlo? ¿Puedes mencionar el nombre de Jesús sabiendo que es el UNICO Salvador?

Pues, bien, repito; Jesús resucitó a Lázaro de Betania. Los buenos comunicadores de aquellos días les informaron al sanedrín; es decir a los jefes de la nación de Israel que Jesús de Nazaret había resucitado a Lázaro. Esta noticia "tuvo que ser preocupante para los que desde tiempo buscaban dar muerte a Cristo porque les estorbaba en sus propósitos religiosos y, según ellos, Jesús no quebrantaba la ley, pero sí la *tradición de los ancianos*".[70]

---

[69] Rompiendo cadenas. *PODER EN EL NOMBRE DE CRISTO JESÚS.* (La Habra, California. Internet. Artículo publicado el lunes 8 de septiembre del 2008. Consultado el 12 de noviembre del 2021), ¿? https://rfcrompiendocadenas.blogspot.com/2008/09/poder-en-el-nombre-de-cristo-jess.html

[70] Samuel Pérez Millos. *Comentario exegético al texto griego del Nuevo Testamento. JUAN.* (Viladecavalls (Barcelona), España. Editorial CLIE. 2016), 1124.

¡Ah, gente que pone su mirada en las cosas y tradiciones culturales y no en Dios! Con este tipo de interés, sus mentes se ofuscan y la pregunta: *¿Qué haremos?,* es válida porque no tienen la mirada en lo bueno sino en los intereses personales. Su tradición era de más valor que las enseñanzas y milagros de Jesús de Nazaret. "El informe del milagro de la resurrección de Lázaro, en lugar de conducirlos a glorificar a Dios – por tan grande milagro – encendió más el odio contra Jesús".[71] En este sentido, Jesús fue un verdadero peligro para ellos. Y, entonces: "Todos los miembros del sanedrín coincidieron en que, si dejaban que Jesús siguiera actuando, causaría la destrucción"[72] del Templo y de la nación. Su propuesta fue: "Si lo dejamos seguir así, todos van a creer en él, y vendrán los romanos y acabarán con nuestro lugar sagrado, e incluso con nuestra nación".[73]

La verdad era que, ellos tenían temor porque sabían que, si todos seguían a Jesús, ellos perderían sus puestos políticos/religiosos. ¡dejarían de gobernar a la nación! Y, eso, no lo permitirían. Exageraron con el fin de mantener sus intereses personales.

---

[71] Samuel Pérez Millos. *Comentario exegético al texto griego del Nuevo Testamento. JUAN.* (Viladecavalls (Barcelona), España. Editorial CLIE. 2016), 1125.

[72] Raymond E. Brown. *El Evangelio y las cartas de Juan.* Td. María del Carmen Blanco Moreno. (Bilbao, España. Editorial Desclee de Brouwer, S. A. 2010), 105.

[73] Juan 11:48, (NVI).

Con el fin de mantenerse en la Presidencia de Honduras, el presidente Daniel Ortega mandó a encarcelar a los más fuerte opositores a su gobierno. Los Noticieros de la CNN en Español, el 10 de junio del 2021, anunciaron que "hasta el momento, la Policía Nacional de Nicaragua – es decir hasta el 10 de junio del 2021 - ha detenido a cuatro precandidatos a la presidencia del país y tres líderes opositores al gobierno de Daniel Ortega, lo que ha llevado a la expresidenta costarricense Laura Chinchilla a señalar que se trataría de 'una noche de los cuchillos largos en versión tropical'."[74]

Hasta el 10 de junio del 2021, los políticos nicaragüenses encarcelados eran Cristiana Chamorro, Arturo Cruz, Juan Sebastián Chamorro, Félix

---

[74] CNN Español. *Estos son los precandidatos presidenciales y líderes de la oposición detenidos en Nicaragua: ¿De qué acusa el gobierno a detenidos en Nicaragua?* (La Habra, California. Internet. Artículo publicado el 10 de junio del 2021 a las 11:32 ET (16:32 GMT). Consultado el 12 de noviembre del 2021), ¿? https://cnnespanol.cnn.com/2021/06/10/precandidatos-presidenciales-y-lideres-oposicion-detenidos-nicaragua-orix/. *La noche de los cuchillos largos* (en alemán: Nacht der langen Messer) u Operación Colibrí fue una purga política que tuvo lugar en Alemania entre el 30 de junio y el 1 de julio de 1934, cuando el régimen nazi, dirigido por Adolf Hitler, llevó a cabo una serie de asesinatos políticos. Se puede incluir dentro del marco de actos que realizó el Partido Nacionalsocialista Obrero Alemán para apoderarse de todas las estructuras del Estado alemán. Muchos de los que fueron asesinados esos días pertenecían a las Sturmabteilung (SA), una organización paramilitar nazi. Hitler se opuso a las SA y a su líder, Ernst Röhm,4 porque percibía la independencia de las SA y la inclinación de sus miembros hacia la violencia callejera como una amenaza contra su poder. Hitler, además, quería el apoyo de los jefes de la Reichswehr, la organización militar oficial de Alemania, que temían y despreciaban a las SA y, en particular, la ambición de Röhm para que las SA absorbieran a la Reichswehr bajo su liderazgo. Finalmente, Hitler usó la purga para atacar o eliminar a los críticos con su régimen, especialmente contra aquellos que eran leales al vicecanciller Franz von Papen, y para vengarse de sus antiguos enemigos. (Wikipedia, la Enciclopedia libre. La noche de los cuchillos largos. Internet. Consultado el 7 de julio del 2022), ¿? https://es.wikipedia.org/wiki/Noche_de_los_cuchillos_largos

Maradiaga, Violeta Granera, José Adán Aguerri, y José Bernard Pallais Arana.

A Jesucristo, los líderes judíos, no lo querían encarcelar, eso sería un mayor escándalo para ellos, ¡Lo querían matar! Así terminarían con su opositor y ellos seguirían gobernando.

Entre los miembros del Sanedrín estaban los fariseos a los que no les importaba quien los gobernara, ellos solo deseaban seguir siendo los intérpretes de la Ley Mosaica a su manera. El otro grupo del Sanedrín era los saduceos, este era un grupo político. Así que: "La única cosa que realmente les interesaba a los saduceos era retener su poder y prestigio político y social. Lo que temían era que Jesús consiguiera muchos seguidores y provocara un conflicto con el gobierno".[75] Estaban tan interesados en la política que, "nunca se les ocurrió preguntarse si Jesús tenía o no la razón. Su única pregunta era: ¿Qué efecto puede tener en nuestra posición y comodidad y autoridad? Juzgaban las cosas no en base a principios éticos, sino a la luz de sus propios intereses".[76]

Pregunto, en nuestro tiempo, ¿existe gente que pone en primer lugar su carrera o su trabajo y deja los principios éticos de Jesús para después? Me

---

[75] William Barclay. *Comentario al Nuevo Testamento: Volumen 6: JUAN II.* (Terrassa (Barcelona), España. Editorial CLIE. 1995), 122.

[76] William Barclay. *Comentario al Nuevo Testamento: Volumen 6: JUAN II.* (Terrassa (Barcelona), España. Editorial CLIE. 1995), 122.

parece que sí los hay. ¿Tú que piensas? Profundizo un poco más y te pregunto: ¡Tú que haces? ¿Cuál es tu prioridad, Jesucristo o las cosas? ¿Tu trabajo o el Señor Jesús? ¿Tu familia o Cristo? ¿Qué o quién es tu prioridad?

El grupo del sanedrín se preguntó: "—¿Qué haremos? Este hombre está haciendo muchas señales milagrosas. Si lo dejamos, todos van a creer en él, y las autoridades romanas vendrán y destruirán nuestro templo y nuestra nación".[77] Aquí existe algo irónico. La iniciativa de matar a Jesús es el origen de la destrucción del Templo y de la nación. Cuarenta años después de la muerte de Jesús, en el año 70 d. C., el general Tito destruyó la ciudad de Jerusalén. "El emperador de ese entonces, Vespasiano, ordenó a su hijo Tito atacar el Templo y a Jerusalén para destruirlos".[78] Y, lo hizo. Fue algo terrible. Tito cerró la ciudad. Nadie podía salir ni entrar. La comida se agotó.

"Josefo – historiador judío bajo el mandato de Tito -, entró en la ciudad como embajador del general romano – y dejó por escrito -, los devastadores efectos de esta estrategia – diciendo-: 'Los tejados estaban llenos de mujeres y de niños deshechos, y las calles de ancianos muertos. Los niños y los jóvenes vagaban hinchados, como fantasmas, por las plazas

---

77 Juan 11:46-47, (DHH).

78 Jesús es mi Pana. *Cómo fue la destrucción de Jerusalén en el año 70.* (La Habra, California. Internet. Consultado el 12 de noviembre del 2021), ¿? https://jesusesmipana.org/como-fue-la-destruccion-de-jerusalen-en-el-ano-70/

y se desplomaban allí donde el dolor se apoderaba de ellos [...] Un profundo silencio y una noche llena de muerte se extendió por la ciudad'. A ello se sumaba el régimen de terror impuesto por los jefes de la rebelión, que ordenaban asesinar a quienes intentaban huir u ocultar algún alimento. Josefo cuenta el caso de una mujer que mató, asó y devoró a su propio hijo y ofreció a los jefes de la rebelión los restos para que participaran en el macabro banquete".[79]

Otros cuentan que el general Tito y sus hombres mataba a sangre fría a las mujeres embarazadas, asimismo a los recién nacidos los agarraba de los pies y los lanzaba contra la pared.

¡Terrible destrucción y muerte! A la luz de esta macabra historia puedo ver los países actuales que han rechazado el Evangelio de Jesucristo como Venezuela, Cuba, Afganistán y otros más que están pasando por crisis humanitarias y hasta las muertes entre ellos mismos. "¡Qué diferentes podrían haber sido las cosas si los judíos hubieran aceptado a Jesús! Los mismos pasos que dieron para salvar a su nación la condujeron a la ruina".[80] ¡Qué diferencia sería si los países mencionados aceptaran a Jesucristo como su Señor y Salvador! ¡Ah, mi amado país mexicano!

---

[79] Jesús es mi Pana. *Cómo fue la destrucción de Jerusalén en el año 70.* (La Habra, California. Internet. Consultado el 12 de noviembre del 2021), ¿? https://jesusesmipana.org/como-fue-la-destruccion-de-jerusalen-en-el-ano-70/

[80] William Barclay. Comentario al Nuevo Testamento: Volumen 6: JUAN II. (Terrassa (Barcelona), España. Editorial CLIE. 1995), 123.

Si fueras cristiano en lugar de guadalupano, la violencia que existe en tu hermosa tierra disminuiría o tal vez se acabaría y vivirían en paz los habitantes.

Sin embargo, la nota triste es que, hasta septiembre del 2020, en México habían sido desplazados 345,000 personas por el temor a las células de la guerrilla. "De acuerdo con *Deslandes*, en dicha región (Guerrero, México), las células delictivas utilizan armas de grado militar —la mayoría provenientes de Estados Unidos—, para librar una guerra de baja intensidad que alimenta 'una cartera de empresas criminales': cultivar marihuana y adormidera, cocinar heroína para el mercado estadounidense, controlar el comercio de aguacates y limas, tala ilegal y tráfico de personas y extorsión en las rutas de transporte utilizadas por empresas mineras extranjeras que extraen oro, plata, zinc y plomo.

La disputa en curso hace mucho más visible la ola continua de asesinatos, que muestran cómo la violencia criminal se ha transformado en conflictos armados locales, de los cuales los habitantes son las principales víctimas".[81] ¿Qué haremos con México? ¡Mi país mexicano necesita urgentemente a Jesucristo como su Salvador y Señor!

---

[81] Infobae: México Últimas Noticias. *El terrible saldo de la narcoviolencia en México: 345,000 desplazados*. (La Habra, California. Internet. Artículo publicado el 9 de septiembre de 2020. Consultado el 29 de noviembre del 2021), ¿? https://www.infobae.com/america/mexico/2020/09/09/el-terrible-saldo-de-la-narcoviolencia-en-mexico-345000-desplazados/

Al apóstol Pablo le dijeron unas palabras terribles: "Yo soy Jesús, a quien tú persigues; dura cosa te es dar coces contra el aguijón",[82] es decir, estar contra Jesucristo y su voluntad trae serias consecuencias inmediatas o futuras. Tiempo después, el escritor a los Hebreros dijo: "¡Horrenda cosa es caer en las manos del Dios vivo!".[83] No podemos ir en contra del plan y deseo de Dios y seguir la vida como si Dios no existiera, sin sufrir las consecuencias de nuestra rebeldía o desobediencia.

Entonces, Pastor, ¿qué debemos hacer? Recomiendo tres actos inmediatos: Hay que reconocer que "*ese hombre*" es Jesús el Salvador de nuestras vidas. Hay que reconocer que debemos aceptar a Jesucristo como nuestro UNICO Señor. Hay que reconocer que nuestro primer y mayor interés debe ser Jesucristo. ¡Amen!

II.- ¿QUÉ HAREMOS?

Preocupados por su liderazgo.

Los jefes de la nación de Israel estaban tan preocupados por su liderazgo que, cuando vieron que la gente estaba creyendo y siguiendo a Jesús, tuvieron temor de perder su liderazgo. Dentro de ese

---

[82] Hechos 9:5, (RV, 1960).

[83] Hebreos 10:31, Biblia de las Américas).

grupo de líderes se encontraba uno llamado Caifás que era el sumo sacerdote en ese tiempo. Ahora bien, en este relato juanino encontramos una historia interesante. Notemos lo que escribió el apóstol Juan. Él dijo: "Uno de ellos, llamado Caifás, que ese año era el sumo sacerdote, les dijo: —¡Ustedes no saben nada en absoluto! No entienden que les conviene más que muera un solo hombre por el pueblo, y no que perezca toda la nación. Pero esto no lo dijo por su propia cuenta, sino que, como era sumo sacerdote ese año, profetizó que Jesús moriría por la nación judía, y no solo por esa nación, sino también por los hijos de Dios que estaban dispersos, para congregarlos y unificarlos".[84]

¡Grandiosa profecía acerca del ministerio de Jesucristo! *El sumo sacerdote profetizó*, - dijo Juan -. "Como jefe religioso de los judíos, el Sumo sacerdote era considerado portavoz de Dios. Cuando el pueblo peregrinó en el desierto, Dios escogió a Josué como el líder de la nación, sin embargo, cada movimiento tenía que ser aprobado por Dios y para eso estaba el sumo sacerdote, él era el intermediario entre el liderazgo y Dios. Dios le había dicho a Moisés: "— Toma a Josué, hijo de Nun, en quien está el Espíritu, y pon tus manos sobre él. Preséntalo al sacerdote Eleazar ante toda la comunidad y públicamente encárgale que dirija al pueblo. Entrégale de tu

[84] Juan 11:49-52, (NVI).

autoridad para que toda la comunidad de Israel lo obedezca. Cuando se necesite dirección del Señor, Josué se presentará ante el sacerdote Eleazar, quien usará el Urim ... para determinar su voluntad. De esta manera Josué y el resto de la comunidad de Israel decidirán todo lo que deben hacer".[85] Es decir que el Señor determinó que el Sumo sacerdote fuera, por decirlo de esta manera, la boca de Dios que hablara lo que el pueblo debería de escuchar para hacer. "El sumo sacerdote había de ser el canal de la palabra de Dios al líder o a la nación. Esto era Caifás en aquel día".[86]

"Sin querer, Caifás dijo la verdad acerca del propósito y resultado de la muerte de Jesús (Jn 1:29; 10:11, 15; 15:13; 17;19)".[87] La pregunta del liderazgo es: ¿Qué haremos? El Sumo sacerdote les dio la respuesta, pero en su egocentrismo y ceguera espiritual, no la comprendieron. Sencillamente, deberían de haber esperado la voluntad de Dios y hacer caso a la profecía que acababan de escuchar por boca de su propio líder.

Caifás, quien estaba casado con la hija del ex sumo sacerdote Anás, había sido puesto por el procurador romano de Judea Valerio Grato en el año

---

85 Números 27:19-21, (NTV).

86 William Barclay. *Comentario al Nuevo Testamento: Volumen 6: JUAN II.* (Terrassa (Barcelona), España. Editorial CLIE. 1995), 123.

87 Nota de pie de página en la *Biblia de Estudio Esquematizada.* (Brasil. Sociedades Bíblicas Unidas. 2010), 1585.

dieciocho d.C., como el Sumo sacerdote y quitado de su puesto por el procurador Vitelio en el año treinta y seis.[88] Por los escritos de Qumrán, se sabe que Caifás no era un hombre honorable. "La comunidad de Qumrán judío (la cual creo los rollos del Mar Muerto) fue particularmente critica de este títere romano, a quien llamaban el 'sacerdote malvado'."[89] Otra característica de este Sumo sacerdote es que era saduceo. ¿Y eso que tiene que ver con la profecía que le dio Dios? Bueno, *primero*: "Josefo – el historiador judío – destacó que los saduceos 'en su intercambio con sus iguales, son tan rudos como con los extranjeros' (Guerras, 2.8.14)".[90] *Segundo*: Dios ha usado gente no grata para cumplir sus propósitos. Por ejemplo, usó al profeta pagano Balam para bendecir al pueblo de Israel. Usó al rey Nabucodonosor al que llamó su siervo, para disciplinar a Su pueblo Israel. A Ciro, rey de los Medos y persas, le llamó su ungido y que lo tomó por la mano derecha para, para sujetar naciones delante de él; es decir, para que hiciera Su voluntad. Usó a Judas Iscariote para llevarlo a la Cruz, y en este caso, usó al Sumo sacerdote para

---

88 Samuel Pérez Millos. *Comentario exegético al texto griego del Nuevo Testamento. JUAN.* (Viladecavalls (Barcelona), España. Editorial CLIE. 2016), 1129.

89 Wikipedia, la enciclopedia libre. Caifás. (La Habra, California. Internet. Consultado el 16 de noviembre del 2021), ¿? https://es.wikipedia.org/wiki/Caif%C3%A1s. Nota de pie de página en la *Biblia de Estudio NVI Arqueológica: Un viaje ilustrado a través de la cultura y la historia bíblicas.* (Miami, Florida. Editorial Vida. 2009), 1651.

90 Nota de pie de página en la *Biblia de Estudio NVI Arqueológica: Un viaje ilustrado a través de la cultura y la historia bíblicas.* (Miami, Florida. Editorial Vida. 2009), 1789.

profetizar sobre el propósito y las consecuencias de la muerte del Mesías de Dios.[91]

Así que, "cuando Caifás, queriendo hacer mal, inconscientemente enuncio una verdad tan gloriosa y de tanto alcance. El hombre en su libre albedrio se propuso hacer mal, pero Dios en su soberanía lo volvió en bien. Así como los hermanos de José querían hacer mal matándolo, Dios se propuso hacer bien enviándole a Egipto".[92]

¿Acaso no es esto irónico? Existe un dicho popular que dice: El hombre propone y Dios dispone. El Señor, en Su soberanía "puede hablar por los medios menos imaginables. Algunas veces puede mandar Su mensaje por medio de alguien que ni siquiera sabe lo que está diciendo. Puede usar hasta las palabras de un hombre malo".[93] Y allí, en el grupo del liderazgo judío, estaba un saduceo que era malo; un hombre llamado Caifás. Un hombre que, buscaba su posición social y su aprobación como Sumo sacerdote y Dios lo usó para cumplir su Plan salvífico. Notemos, por ejemplo, que, "en la construcción de las palabras de Caifás, el uso del pronombre ύmin, nosotros. Lo que propone no es buscar el bien del pueblo, sino el de

---

[91] Números 23-24; Jeremías 27:6; Isaías 45: 1; Mateo 26:48; Juan 11:49-50.

[92] B. H. Carroll. *Comentario Bíblico: Los cuatro evangelios. Libro II: Tomo 6.* Trd. Sara A. Hale. (Terrassa (Barcelona), España. Editorial CLIE. 1986), 207.

[93] William Barclay. *Comentario al Nuevo Testamento: Volumen 6: JUAN II.* (Terrassa (Barcelona), España. Editorial CLIE. 1995), 123.

aquellos religiosos que con él estaban reunidos".[94] Esto es un liderazgo lleno de egocentrismo: todo para nosotros, nada para el pueblo.

Entonces, pues: "La propuesta de Caifás tiene que ver con algo que es *conveniente*, la muerte de un hombre en lugar de la destrucción de un pueblo. Sin embargo, debe notarse el uso de la preposición ὑpέr, que en este caso adquiere el sentido *en lugar de*".[95] Esta fue una clara referencia a la muerte de Cristo. El apóstol Pablo les dijo a los hermanos de Galacia: "Cristo nos ha rescatado de la maldición dictada en la ley. Cuando fue colgado en la cruz, cargó sobre sí la maldición de nuestras fechorías. Pues está escrito: 'Maldito todo el que es colgado en un madero'. Mediante Cristo Jesús, Dios bendijo a los gentiles con la misma bendición que le prometió a Abraham, a fin de que los creyentes pudiéramos recibir por medio de la fe al Espíritu Santo prometido".[96] Jesucristo, ocupó el lugar de los pecadores. Ocupó tu lugar y el mío en la cruel muerte; muerte en la Cruz.

Entonces, pues, ¿Qué haremos? Nosotros que ahora estamos de este lado de la Historia Judía y de las profecías relacionadas con el Ministerio Terrenal de Jesucristo, lo que debemos hacer es poner todos

---

[94] Samuel Pérez Millos. *Comentario exegético al texto griego del Nuevo Testamento. JUAN.* (Viladecavalls (Barcelona), España. Editorial CLIE. 2016), 1131.

[95] Samuel Pérez Millos. *Comentario exegético al texto griego del Nuevo Testamento. JUAN.* (Viladecavalls (Barcelona), España. Editorial CLIE. 2016), 1131.

[96] Gálatas 3:13-14, (NTV).

nuestros intereses a la voluntad de Dios, no debemos usar ninguna excusa para esconder nuestros intereses personales. Jesús tenía que morir para nuestro bien en su tiempo. De acuerdo con la Santa Voluntad del Padre, usó a una persona mala para profetizar la fatídica muerte de Jesucristo.

III.- ¿Qué haremos?

Esto es lo que haremos: Lo matamos.

Los líderes judíos, tan preocupados estaban en lo que ellos eran que, aunque uno de ellos mismos fue usado por el Espíritu Santo para hacerles saber, de una manera profética contemporánea y escatológica, quien era y que ministerio tenía Jesús de Nazaret, su fanatismo religioso y su liderazgo egocéntrico y desde el punto vista psicológico, liderazgo sádico, les cerró los ojos a los milagros y sus oídos a la profecía acerca de Jesucristo. Así que, ¿qué fue lo que decidieron hacer? ¡Matarlo! La Biblia dice: "Así que desde ese día convinieron en quitarle la vida".[97]

El exmarine de los Estados Unidos, Alejandro Mendoza dice que "el sadismo se caracteriza por la insensibilidad. Los sádicos tienden a tener niveles normales de impulsividad y manipulación, ... los

97 Juan 11:53, (NVI).

sádicos disfrutan de la crueldad".[98] Cuando vemos a algunos de los líderes judíos del tiempo de Cristo, notamos esta característica: impulsivos y manipuladores. Con qué facilidad *convinieron en quitarle la vida* a quien no estaba de acuerdo con sus pensamientos y practicas doctrinales y sociales. Esto es lo que podemos llamar: *Sadismo Religioso.*

Ciertamente, en el plan de Dios, Jesús iba a ser crucificado. "De las profecías más conocidas en las Escrituras hebreas, sobre la muerte del Mesías, sin duda se destacan el Salmo 22 e Isaías 53. El Salmo 22 es especialmente sorprendente, ya que predijo numerosos elementos independientes acerca de la crucifixión de Jesús, mil años antes que fuera crucificado".[99] Sin embargo, su muerte tenía una fecha exacta porque: "Jesús había de morir por la nación de Israel – como lo profetizó Caifás -, y también por todo el pueblo esparcido por todo el mundo",[100] pero en el tiempo de Dios no en los intereses de los líderes judíos.

---

[98] Alejandro Mendoza. *Manipulación y Psicología Oscura: Como aprender a leer a las personas rápidamente, detectar la manipulación emocional encubierta, detectar el engaño y defenderse del abuso narcisista y de las personas toxicas.* (Las Vegas, NV. Sin Casa Editorial. 02 junio del 2022 – Creo que debe de ser 2021 -), 31.

[99] People also ask. *¿Cuáles son las profecías sobre la muerte del Mesías?* (La Habra, California. Internet. Consultado el 16 de noviembre del 2021), ¿?https://www.bing.com/search?q=profecias+de+la+muerte+de+cristo&qs=AS&pq=profec%c3%adas+de+la+muerte+de+&sc=1-26&cvid=C9068383D5374930A237099D0F2071BD&FORM=QBRE&sp=1

[100] William Barclay. *Comentario al Nuevo Testamento: Volumen 6: JUAN II.* (Terrassa (Barcelona), España. Editorial CLIE. 1995), 124.

En la conspiración para arrestar a Jesús, para evadir su responsabilidad como líderes de la nación judía al no aceptar que Jesús ERA y ES el Mesías de Dios aun con todas las pruebas que tenían como los milagros, las enseñanzas y las Escrituras que apoyan el ministerio de Cristo se preguntaron:

> "—¿Qué haremos? Este hombre está haciendo muchas señales milagrosas. Si lo dejamos, todos van a creer en él, y las autoridades romanas vendrán y destruirán nuestro templo y nuestra nación. Pero uno de ellos, llamado Caifás, que era el sumo sacerdote aquel año, les dijo: —Ustedes no saben nada, ni se dan cuenta de que es mejor para ustedes que muera un solo hombre por el pueblo, y no que toda la nación sea destruida. Pero Caifás no dijo esto por su propia cuenta, sino que, como era sumo sacerdote aquel año, dijo proféticamente que Jesús iba a morir por la nación judía; y no solamente por esta nación, sino también para reunir a todos los hijos de Dios que estaban dispersos. Así que desde aquel día las autoridades judías tomaron la decisión de matar a Jesús".[101]

---

101 Juan 11:47-53, (DHH).

¡Wauu!, ¡qué manera tan astuta de evadir la credibilidad en el Ministerio de Jesús! Sí, repito, Jesús moriría en la Cruz del Calvario. Así estaba escrito proféticamente. Pero, apoyados por la profecía de Caifás, los líderes deciden antes de tiempo, matar a Jesús. En la Historia de la Teología Cristiana encontramos a algunos líderes que se propusieron acelerar la Segunda Venida de Jesucristo. Por lo general esto sucede cuando llegan los momentos de crisis; en el caso de los cristianos "bajo la presión de la persecución, la expectativa escatológica se hizo cada vez más vivida y urgente, y muchos se convencieron de que estaban viviendo en los postreros días".[102] Uno de los lideres del Movimiento Anabaptista en donde se predicaba esta doctrina fue Melchor Hoffman, un talabartero que era luterano pero que luego se hizo Anabaptista. El comenzó a predicar que "había recibido revelaciones del fin cercano, cuando Cristo regresaría y establecería su reino en una Nueva Jerusalén. Puesto que el movimiento estaba cobrando fuerzas en Estrasburgo, muchos se convencieron de que esa ciudad sería la Nueva Jerusalén".[103]

En estos días de pandemia algunos de los predicadores no solo han anunciado que las vacunas contra el COVID-19 son instrumentos químicos para

---

102 Justo L. González. *Historia del Pensamiento Cristiano.* (Viladecavalls (Barcelona), España. Editorial CLIE. 2010), 662.

103 Justo L. González. *Historia del Pensamiento Cristiano.* (Viladecavalls (Barcelona), España. Editorial CLIE. 2010), 662-663

someter a la persona a la voluntad del gobierno o de otras personas y las relacionan con el método del Anticristo, además están enfatizando que la Segunda Venida de Jesucristo ya está a la puerta; dicen que estamos en los últimos días. La verdad es que estamos en una crisis sanitaria. ¡Cuidado con los manipuladores!

Al regresar a la profecía de Caifás, nos enteramos de que "en realidad, lo que Caifás propone es dar muerte a Jesús para impedir que siga debilitando la autoridad y la influencia de los líderes religiosos judíos. Sin embargo, la profecía de Caifás indica que Jesús, mediante su muerte, ofrecería un rescate no solo por los judíos, sino por todos 'los hijos de Dios que estaban esparcidos'."[104]

Existe un dicho popular que dice: *Muerto el perro se acaba la rabia*. Era uno de los dichos de mi abuelita, Doña María Pardo. Y lo digo, con todo respeto, porque estamos hablando de Jesús, el Mesías de Dios. Pero esto es precisamente lo que los líderes judíos pensaron; si matamos a Jesús, se nos acaban los problemas políticos y del Templo y, nosotros, quedamos bien con el pueblo. Pensamiento erróneo y evasivo. Trataron de desviar la verdad de la persona de Jesús y su ministerio. "La evasión y el desvío

---

[104] Jack Kelley. *La Profecía de Caifás.* (La Habra, California. Internet. Artículo publicado el sábado 29 de diciembre del 2018. Consultado el 3 de enero del 2022), ¿? https://gracethrufaith.com/es/ask-a-bible-teacher/la-profecia-de-caifas/

son utilizados por los manipuladores para mantener el foco alejado de su comportamiento manipulador. Estas tácticas también les ayudan a evitar exponerse por lo que son, y evitan que tengan que asumir la responsabilidad de lo que están haciendo".[105] Esto es que si mataban a Jesús era porque estaba violando la ley de Dios y, con eso, ellos escondían su odio hacia Jesús Nazareno; su comportamiento manipulador quedaría oculto tras la sangre de uno que ellos consideraban blasfemo y violador de la Ley de Moisés.

Lo que sabemos por las Escrituras es que: "En todos los cuatro evangelios, los fariseos aparecen como los principales oponentes de Jesús a lo largo de su ministerio público. … Pero estos carecían de poder político, fueron los jefes de los sacerdotes … quienes jugaron un papel importante en los acontecimientos que condujeron a la crucifixión de Jesús".[106] Estamos, pues, hablando de la jerarquía religiosa. Fueron estos que, llegaron a la conclusión de matar a Jesucristo.

Piensa seriamente en esto: "Cada pensamiento que piensas, cada palabra que dices es una afirmación. Toda nuestra auto comunicación o diálogo interno es

---

105 Alejandro Mendoza. *Manipulación y Psicología Oscura: Como aprender a leer a las personas rápidamente, detectar la manipulación emocional encubierta, detectar el engaño y defenderse del abuso narcisista y de las personas toxicas.* (Las Vegas, NV. Sin Casa Editorial. 02 junio del 2022 – Creo que debe de ser 2021 -), 31.

106 Nota de pie de página en la *Biblia de Estudio NVI Arqueológica: Un viaje ilustrado a través de la cultura y la historia bíblicas.* (Miami, Florida. Editorial Vida. 2009), 1789.

una corriente de afirmaciones".[107] Desde el momento en que los líderes judíos pensaron matar a Jesús, lo estuvieron meditando hasta que salió de sus bocas y así, afirmaron que Jesús era reo de muerte, lo que habían pensado y hablado, fue exactamente lo que le dijeron a Pilato: "… "le dijeron: Si este no fuera malhechor, no te lo habríamos entregado".[108] Lo acusaron de agitador (alborotador), de que prohibía dar el tributo al Cesar, de que se hacía llamar Rey y de que también decía que él era El Cristo; El Ungido de Dios.[109]

Este odio y desprecio hasta la fecha se hace presente. En este mundo tenemos manipulares que usan las Escrituras para lograr sus propósitos egoístas. Tenemos a personas evasivas a las verdades del Evangelio de Jesucristo y algunas de ellas, con sus manipulaciones y evasivas han tratado de matar al Cristianismo Evangélico, de la misma manera como lo han hecho algunos con el cristianismo tradicional. Y, sin embargo, Jesús, el vencedor de la muerte, está con los que le son fieles y Su Poder aún sigue efectivo porque él es Soberano. ¡Nadie lo puede matar!

---

107 Sin Autor. *El poder del Pensamiento Positivo.* (Las Vegas, NV. Sin Casa Editorial. Diciembre 29 del 2021), 31.

108 Juan 18:30, (RV, 1960).

109 Lucas 23:1-5.

CONCLUSIÓN.

"¿Qué haremos?" Ya sabemos lo que pensaban hacer los líderes religiosos de la nación de Israel en tiempos de Jesucristo. Ya sabemos lo que no debemos hacer. Ahora te diré lo que podemos hacer de una manera personal y como iglesia.

De una manera personal debemos de creer que los milagros que Jesús hizo y sigue haciendo entre el Pueblo cristiano es porque Jesucristo es el ¡UNICO DIOS! Nadie puede hacer los milagros que El hizo y hace entre nosotros. Esta verdad nos lleva a humillarnos y aceptar a Jesucristo como nuestro Señor y Salvador de nuestras vidas.

Como Iglesia de Jesucristo, lo que debemos hacer es proclamar que, más que los milagros hechos por Jesús de Nazaret, debemos anunciar y: "Reconocer que el Señor Jesucristo es Dios; que él nos hizo y por lo tanto somos suyos; Es decir que: ¡Somos pueblo suyo y ovejas de su prado!".[110]

Así que, ¿qué haremos! De una manera personal y colectiva, como iglesia de Jesucristo, proclamaremos que Jesús de Nazaret, el hijo de María ¡Él es el UNICO y SOBERANO DIOS!

---

[110] Salmo 100:3, (DHH). Personificado por Eleazar Barajas.

Manifestación de humildad.

"Seis días antes de la Pascua, Jesús fue a Betania, donde vivía Lázaro, a quien él había resucitado. Allí hicieron una cena en honor de Jesús; Marta servía, y Lázaro era uno de los que estaban a la mesa comiendo con él. María trajo unos trescientos gramos de perfume de nardo puro, muy caro, y perfumó los pies de Jesús; luego se los secó con sus cabellos. Y toda la casa se llenó del aroma del perfume".

Juan 12:1-3, (DHH).

Introducción.

"La palabra Humildad proviene del latín *humilitas*, que significa "*pegado a la tierra*". Es una virtud moral contraria a la soberbia, que posee el ser humano en reconocer sus debilidades, cualidades y capacidades, y aprovecharlas para obrar en bien de los demás, sin decirlo. De este modo mantiene los pies en la tierra, sin vanidosas evasiones a las quimeras del orgullo".[111]

La humildad es de suma importancia en la vida cristiana. Aunque nunca podremos tener la humildad que existe en Cristo Jesús sí podemos esforzarnos para someter nuestro "Yo" a la Soberanía de Dios.

Pastor, ¿cómo podemos o en qué manera podemos someter nuestro "Yo" a la Soberanía de Dios? Pensemos en tres acciones cristianas con las que podemos vencer a nuestra carnalidad y llegar a ser humildes en todos los sentidos. Una de esas acciones es tener y practicar una acción de un gesto amable. Una segunda acción cristina es tener una acción de siervos, y, la tercera es lograr una acción de gratitud y devoción.

Desglosemos estas acciones para que podamos aprender de algunos de los personajes bíblicos lo que es la humildad.

I.- Una acción de un gesto amable.

El tiempo del fin del ministerio terrenal de Jesucristo se estaba terminando. "Había llegado para Jesucristo la hora de regresar a la Ciudad Santa y de ser entregado a la muerte".[112] En poco tiempo se

---

111 Concepto Definición. *Humildad.* (La Habra, California. Internet. Consultado el 15 de noviembre del 2021), ¿? https://conceptodefinicion.de/humildad/

112 Pablo Hoff. *Se Hizo Hombre: La fascinante historia del Dios Hombre como se relata en los Evangelios Sinópticos.* (Estados Unidos. Editorial Vida. 1990), 213.

escucharía la expresión griega Tetélestai (*Tetélestai*), desde la Cruz en el Calvario, expresión que significa; *Consumado es* o *ya todo se ha terminado*. Y unas horas después la tierra volvería a temblar para quitar la piedra del sepulcro en donde sería puesto el cuerpo de Jesús. Inmediatamente después, Jesucristo se levantaría de entre los muertos para mostrar una vez más su gloria. Es decir, ¡Resucitaría en Gloria!

Lo más asombroso de todas estas escenas es que Jesucristo lo sabía todo. "Sabía que en el Concilio ya se había dado la orden de aprehenderlo y matarlo (Juan 11:54, 57). … - también sabía – que esta era la semana final de Su vida terrena".[113]

Así que: "En este capítulo – doce – se cierra el tiempo del llamado *ministerio público* de Jesús. Periodo de unos tres años en el que recorrió todo el país, tanto en Galilea como Judea, Samaria, Perea y Decápolis, incluso salió brevemente al exterior de Israel".[114]

Pues bien, "Seis días antes de la Pascua – es decir, antes de ser crucificado -, Jesús fue a Betania, donde vivía Lázaro, a quien él había resucitado. Allí hicieron una cena en honor de Jesús".[115] El gesto de amabilidad en aquella cena se nota, en especial,

---

113 Pablo Hoff. *Se Hizo Hombre: La fascinante historia del Dios Hombre como se relata en los Evangelios Sinópticos.* (Estados Unidos. Editorial Vida. 1990), 213.

114 Samuel Pérez Millos. *Comentario exegético al texto griego del Nuevo Testamento. JUAN.* (Viladecavalls (Barcelona), España. Editorial CLIE. 2016), 1147.

115 Juan 12:1-2ª, (DHH).

en dos personajes que mencionan Mateo y Juan. Uno de ellos es Simón, al que llamaban *El leproso*. "Este era probablemente uno de los que habían sido curados milagrosamente de su lepra por Jesús, y quería expresar su gratitud al Señor invitándole"[116] a una cena. Esto es todo lo que se sabe de Simón, pero, "sin duda tendría que ser alguien conocido por la familia de Lázaro y por los discípulos de Jesús".[117] Probablemente la cena se sirvió en la casa de Lázaro, pues Juan dice que "Marta servía".[118] Esto indica que era la casa de ellos, pues de lo contrario, Marta no sería la que sirviera si estuviera en otra casa. Aunque también es probable que estuvieran en la casa de Simón el leproso y que allí Marta era la que estaba atendiendo a los invitados al banquete.

En Fin, Jesús aceptó la invitación y se sentó a la mesa junto con Lázaro y Simón *el leproso*.

El otro gesto amable es por parte de María. Juan habla de la singular delicadeza de María con el gesto amable de ungir los pies del Señor Jesús. Esto no es muy comprensible en nuestro tiempo; hoy día se le da un beso en la mano o en la mejilla a una persona muy respetada y amada, pero ¡besarles los pies! Esto no es muy bien visto. En el tiempo de Jesús,

---

[116] Matthew Henry. *Comentario Exegético Devocional a Toda la Biblia. Mateo.* Td. Francisco Lacueva. (Terrassa (Barcelona), España. Editorial CLIE. 1984), 498.

[117] Samuel Pérez Millos. *Comentario exegético al texto griego del Nuevo Testamento. JUAN.* (Viladecavalls (Barcelona), España. Editorial CLIE. 2016), 1148.

[118] Juan 12:2, (RV, 1960).

esa acción era un gesto amable "era tenido como la mayor muestra de respeto".[119] Y, además, con este gesto amable podemos aprender por lo menos dos importantes lecciones:

"1.- Como un acto de fe en nuestro Señor Jesucristo, el Mesías, el Ungido".[120]

Este gesto amable Jesús lo tomó como una preparación para su muerte. Para algunos, como Judas que criticó la acción de María, no fue nada agradable. Luego, "impulsados por las críticas de Judas (Juan 12:5), algunos de los discípulos, insinuaron que María era imprudente, derrochadora e indiferente a las necesidades de los pobres".[121] Es decir, refunfuñaron contra María por derramar tan costoso perfume; ¡Su precio en el mercado era el salario de un año!, ¡Sí que era de mucho valor! Así que, derramar el perfume sobre la persona de Jesús fue, para Judas y compañía, un desperdicio y, regañaron a María. ¡Qué humanamente se vieron! Así somos los humanos; le damos el valor a una cosa sin pensar o meditar en el resultado de la acción.

---

[119] Matthew Henry. *Comentario Exegético Devocional a Toda la Biblia. Mateo.* Td. Francisco Lacueva. (Terrassa (Barcelona), España. Editorial CLIE. 1984), 499.

[120] Matthew Henry. *Comentario Exegético Devocional a Toda la Biblia. Mateo.* Td. Francisco Lacueva. (Terrassa (Barcelona), España. Editorial CLIE. 1984), 499.

[121] Pablo Hoff. *Se Hizo Hombre: La fascinante historia del Dios Hombre como se relata en los Evangelios Sinópticos.* (Estados Unidos. Editorial Vida. 1990), 214.

Jesús la defendió y les dijo a los criticones: "—Déjenla, pues lo estaba guardando para el día de mi entierro".[122] Con esta defensa que Cristo hizo de María, podemos aprender hermosas lecciones de vida cristiana:

> *Primera:* Que un corazón agradecido solo quiere agradar a la persona que ama y que le ama. Nada tiene más valor que el agradecimiento.
>
> *Segunda:* "Nada que se le haya dado a Jesús con amor y devoción es demasiado grande.
>
> *Tercera:* La influencia que tiene un acto de sacrificio cristiano nunca termina".[123] De acuerdo con Juan, en la defensa que hizo Jesucristo, se dirigió directamente a Judas diciéndole: "—Déjala en paz —respondió Jesús—. Ella ha estado guardando este perfume para el día de mi sepultura. A los pobres siempre los tendrán con ustedes, pero a mí no siempre me tendrán".[124]

Así, pues, "Jesús se apresuró a defender a María diciendo: 'Déjenla' … ¿por qué le causan problemas?,

---

122 Juan 12:7, (DHH).

123 Pablo Hoff. *Se Hizo Hombre: La fascinante historia del Dios Hombre como se relata en los Evangelios Sinópticos.* (Estados Unidos. Editorial Vida. 1990), 214.

124 Juan 12:7-8, (NVI).

al acto de ella le llama 'una cosa hermosa', y por cierto lo era: una atención única ... y maravillosamente oportuna",[125] faltaban seis días para que Jesús fuera crucificado. Si María sabía que pronto Jesús sería crucificado o no lo sabía, "ella vio la oportunidad para honrarles y mostrarle amor a Jesús antes de que el tiempo para hacerlo en persona física se terminara. Getsemaní, Gabbatha y Gólgota estaban ya a la vista. Lo que María había hecho era perfectamente correcto, aun hermoso".[126] ¡Nunca dejes pasar una oportunidad para mostrarle a Cristo tu amor por El! ¡Nunca dejes pasar una oportunidad para enaltecer al Señor Jesús!

2.- La segunda lección que María nos presenta con su gesto amable es la que podemos considerar "como ***un acto de amor y respeto hacia Jesús***.

Cuando hay demasiado amor para Jesucristo en el corazón, nada es considerado demasiado bueno, ni suficientemente bueno, para entregárselo".[127] Mi cuñada Noemí Melchor Reynoso, en una ocasión

---

[125] Guillermo Hendricksen. *El Evangelio Según San Marcos: Comentario del Nuevo Testamento.* Td. Humberto Casanova. (Grand Rapids, Michigan. Distribuido por T.E.L.L. Subcomisión Literatura Cristiana. 1987), 569.

[126] Guillermo Hendricksen. *El Evangelio Según San Marcos: Comentario del Nuevo Testamento.* Td. Humberto Casanova. (Grand Rapids, Michigan. Distribuido por T.E.L.L. Subcomisión Literatura Cristiana. 1987), 570.

[127] Matthew Henry. *Comentario Exegético Devocional a Toda la Biblia. Mateo.* Td. Francisco Lacueva. (Terrassa (Barcelona), España. Editorial CLIE. 1984), 499.

le preguntó a la señorita Myrtle Mayo Paulsen: *Posiltón* – así le decíamos de cariño -.

- *¿Por qué usted no se casó?*

- Tuve algunos pretendientes – contestó la señorita Paulsen -. Cuando estaba en la *Escuela Misionera* tuve un pretendiente con el que casi me casaba.

- *¿Y qué pasó?* – Le preguntó mi cuñada -.

- La Señorita Paulsen respondió: En una de las clases en la *Escuela Bíblica*, uno de los maestros comentó sobre la Obra Misionera. Dijo que para Servir al Señor había que hacerlo con todo nuestro corazón. Así que pensé que si me casaba no podría ser misionera sirviendo al Señor con todo lo que yo era. Hablé con mi pretendiente y le dije que yo quería ser misionera y, por lo tanto, no me podía casar con él.

- *¿Y cómo supo que tenía que venir a México como misionera?*

- Antes de terminar la *Escuela Bíblica* me informé de los lugares en donde necesitaban misioneras. En la *Oficina de Misiones* de mi país me informaron que en México solicitaban una misionera para atender a niños en una Casa Hogar.

Inmediatamente después de graduarme hice los arreglos para llegar hasta aquí. Y los pretendientes y mi novio los cambié por el amor a Jesucristo.[128]

Myrtle Mayo Paulsen

En sus primeros años en México.

---

[128] Dialogo entre la Señorita Myrtle Mayo Paulsen y Noemí Melchor Reynoso en la Casa Hogar "*El Buen Pastor*" en la ciudad de Morelia, Michoacán, México.

La Señorita Myrtle Mayo Paulsen era originaria de Nueva Zelandia y dedicó más de sesenta años de su vida a la niñez mexicana. Fue la directora de la Casa Hogar "*El Buen Pastor*" en las ciudades de Pátzcuaro y Morelia, ambas en el estado de Michoacán, México. Casi toda su vida, la dedicó a Jesucristo. Partió a la presencia de Dios el 13 de diciembre de 1998 a los 95 años.[129]

Lo que la Señorita Paulsen hizo fue un acto de amor y respeto hacia Jesús. ¡Ella amaba a Jesús! Marta y la señorita Paulsen son claros y motivadores ejemplos de que cuando se ama a Jesús, nada tiene más valor que el amarle tal y como Jesús lo dijo: "Debemos amar al Señor nuestro Dios con todo nuestro corazón, con toda nuestra alma, con toda nuestra mente puesta en él y usando todas nuestras energías o fuerzas en su Reino".[130] Esto es a lo que me refiero cuando he dicho que Marta y la Señorita Paulsen actuaron en un acto de amor y respeto hacia Jesús.

¿Cómo estás tú actuando en el Reino de Jesucristo? ¿En realidad amas a Jesucristo? ¿Cómo y que tiempo dedicas para mostrar que amas a Dios? Amar a Jesucristo es algo maravilloso al mismo tiempo que

---

[129] La historia de la Casa Hogar "*El Buen Pastor*" y la biografía de la Señorita Myrtle Mayo Paulsen se encuentran en mi libro que titulé: *Madres Ejemplares*. Libro publicado por Editorial Palibrio en Bloomington, Indiana.

[130] Marcos 12:30, (DHH). Parafraseado por Eleazar Barajas.

misterioso: ¡Es un caminar glorioso! Es el sendero en que podemos ver la Gloria de Dios en Jesucristo.

Así que, repito: "Cuando hay demasiado amor para Jesucristo en el corazón, nada es considerado demasiado bueno, ni suficientemente bueno, para entregárselo".[131] Ya sea una profesión, un anhelo, un pretendiente, un novio, una posición y aun los familiares: ¡Nada es demasiado mejor que amar a Jesucristo!

II.- Una acción de siervos.

La esclavitud o servidumbre era algo muy popular en los tiempos de Jesucristo. "Se estima que la mitad de la población del Imperio romano, o cerca de sesenta millones de personas, estaban esclavizadas. Los propietarios de esclavos se hicieron brutales, y los esclavos mismos no tenían esperanza, … Bajo la ley romana, … El amo podía mandar crucificar a un esclavo por cualquiera razón. Augusto César mandó crucificar treinta mil esclavos durante su reinado. Un esclavo que robaba podía ser marcado en la cara por su amo con las letras C. F., que representaban las palabras "*cave furem*", que querían decir 'he aquí al ladrón'."[132]

[131] Matthew Henry. *Comentario Exegético Devocional a Toda la Biblia. Mateo.* Td. Francisco Lacueva. (Terrassa (Barcelona), España. Editorial CLIE. 1984), 499.

[132] EcuRed. Enciclopedia Cubana. *Esclavitud en tiempos bíblicos.* (La Habra, California. Internet. Consultada el 14 de diciembre del 2022), ¿? https://www.ecured.cu/Esclavitud_en_tiempos_b%C3%ADblicos

Ser esclavo o siervo en los tiempos de Cristo no fue nada agradable; era la gente marcada para servir y después morir, ¡no había otra esperanza!

En la historia del Evangelio de Juan, llegamos al tiempo en que el trabajo publico de Jesús va llegando a su fin. Seis días ante de la Pascua (Jn.12:1), Jesús llegó a Betania y, allí, María, la hermana de Lázaro, mientras Jesús cenaba, tomó la actitud de esclava; una sierva que estuvo lista para servir a Jesús como si él fue su amo. El apóstol Juan nos dejó este interesante relato que dice: "Seis días antes de la Pascua llegó Jesús a Betania, donde vivía Lázaro, a quien Jesús había resucitado. Allí se dio una cena en honor de Jesús. Marta servía, y Lázaro era uno de los que estaban a la mesa con él. María tomó entonces como medio litro de nardo puro, que era un perfume muy caro, y ***lo derramó sobre los pies de Jesús, secándoselos luego con sus cabellos***. Y la casa se llenó de la fragancia del perfume".[133]

¡María tomó la posición de una esclava! Una esclava que estaba marcada con las letras *EPA*, que significan: Esclava por Amor. Pero, al mismo tiempo, fue una esclava con una esperanza bienaventurada.

Es en esta acción de siervos que encontramos la profundidad de un corazón agradecido. Juan dice que: "María trajo unos trescientos gramos de perfume de nardo puro, muy caro, y perfumó los pies

---

[133] Juan 12:1-3, (NVI). Las **bolds** e *itálicas* son mías.

de Jesús; luego se los secó con sus cabellos. Y toda la casa se llenó del aroma del perfume".[134] Como decimos popularmente: María tenía su guardadito. Podríamos decir que tenía su caja fuerte en la que guardaba un frasco que contenía perfume de gran valor. Yo conservo en un portafolio muy especial dos prendas de mi padre: Su navaja de rasurar con un paquete de navajas y, una armónica con la que se ponía a tocar los himnos que más le gustaban. Para mí, son prendas de mucho valor.

El frasco que guardaba María contenía ungüento, o perfume de nardo puro. Juan añade que era un *perfume de mucho precio.* Allí, mientras Jesús está cenando con los otros invitados, María tomó una acción de los siervos o de los esclavos. Se inclinó o tal vez se arrodilló al lado de los pies de Jesús y comenzó a lavarlos con sus lágrimas y ungiéndolos con el perfume de nardo puro al mismo tiempo que los secaba con sus cabellos. ¡María derramó su corazón lleno de amor en un estado de humildad! Es decir que: "La acción de María fue de gran humildad. Solo los siervos o esclavos se inclinaban y lavaban los pies de un visitante".[135]

---

[134] Juan 12:3, (DHH). Susana Ramírez. *El perfume de Nardo Puro*: Es una planta que crece en la India, en los montes del Himalaya de 3000 a 5000 metros de altura. Su valor representaba el salario de casi un año de trabajo en aquella época. Estaba valorado por más de 300 denarios. (La Habra, California. Internet. Consultado el 19 de noviembre del 2021), ¿? https://oasisdesantidad.org/2020/11/el-perfume-de-nardo-puro/

[135] *Santa Biblia: Biblia de Estudio LBLA.* (Nashville, Tennessee. Editorial B&H, en español. Y Lockman Foundation. 2000), 1475.

Esta acción de humildad causó gran asombro, pues lavar los pies de los invitados no solo era el trabajo de los esclavos, sino de los esclavos de bajo rango. El apóstol Pablo dijo que Jesús se humilló hasta hacerse sirvo de los esclavos.[136] Pues esta fue la misma actitud de María. Ella era parte de la familia, no era una sirviente o esclava y, sin embargo, por amor a Jesucristo, se humilló más bajo que los siervos que seguramente había en su casa.

Ahora bien, María no solo causo asombro al arrodillarse a los pies de Jesús, sino que, además, se soltó el cabello y lo usó para secar los pies de Jesús.

Pastor, ¿qué sucedió en esa cena? "Que una mujer soltara el cabello en público y lo usara para secar los pies de un invitado, era asombroso al mismo tiempo que deshonesto. Ninguna mujer podía soltar su cabello delante de la gente, porque era considerado indecoroso".[137]

---

[136] Filipenses 2:7-8.

[137] Samuel Pérez Millos. *Comentario exegético al texto griego del Nuevo Testamento. JUAN.* (Viladecavalls (Barcelona), España. Editorial CLIE. 2016), 1155.

La rasuradora de mi padre, el señor: Alejandro Barajas

Entonces, pues, ¿qué fue lo que hizo María?, el amor y la gratitud que María tenía hacia Jesús rompió las barreras culturales; su acción de siervos, la llevó a adorar al Señor en la manera que tenía a la mano. Es decir que: "Aquella acción de María simbolizaba, sin ninguna duda la entrega de María al Señor en un acto de suprema adoración".[138] Fue un acto en el que no se reservó nada para ella. Su reputación quedó atrapada en un acto de adoración que valía mucho

[138] Samuel Pérez Millos. *Comentario exegético al texto griego del Nuevo Testamento. JUAN.* (Viladecavalls (Barcelona), España. Editorial CLIE. 2016), 1155.

más para ella que lo que dijeran los quince hombres o más que estaban sentados a la mesa.

María, pues, hizo un gran sacrificio de adoración. Usó lo de más valor que tenía y, ¡Se humilló para exaltar a Jesús! Y en esa humillación de adoración, "María recibió el elogio más grande que se puede hacer de un siervo del Señor: 'Esta ha hecho lo que podía'. Dios no nos exige más que esto".[139] ¡Una adoración sincera, llena de humildad!

¡Ah, benditas Marías! ¡Dios acepta su desinteresada adoración!

III.- UNA ACCIÓN DE GRATITUD Y DEVOCIÓN.

El 27 de octubre del 2021, en el Periódico en línea: *La Opinión*, se anunció que: El multimillonario "Elon Musk está a punto de alcanzar los $300,000 millones de dólares y superar a Jeff Bezos como la persona más rica del planeta".[140] Si Elon *está a punto de alcanzar*, es porque aún no está satisfecho con lo que tiene; ¿quiere más dólares! En la vida de María podemos notar que también ella no estaba satisfecha con brindarle hospedaje y comida al Señor Jesús;

[139] Pablo Hoff. *Se Hizo Hombre: La fascinante historia del Dios Hombre como se relata en los Evangelios Sinópticos.* (Estados Unidos. Editorial Vida. 1990), 214.

[140] Periódico La Opinión. *La persona más rica del planeta.* (La Habra, California. Internet. La Opinion. 27 de octubre del 2021. Consultado el 28 de octubre del 2021), ¿? https://laopinion.com/2021/10/27/elon-musk-esta-a-punto-de-alcanzar-los-300000-millones-de-dolares-y-superar-a-jeff-bezos-como-la-persona-mas-rica-del-planeta/?placement_id=2&utm_source=La%20Opini%C3%B3n%20s

No estaba satisfecha con escuchar sus hermosas enseñanzas. Así que tomó otro sendero para mostrar el amor y la devoción, así como la gratitud que tenía hacia Jesús por haber resucitado a su hermano Lázaro.

El apóstol Juan dice que: "María trajo unos trescientos gramos de perfume de nardo puro, muy caro, y perfumó los pies de Jesús; luego se los secó con sus cabellos".[141] "De acuerdo con Mateo y Marcos, - María -, derramó el perfume sobre la cabeza".[142] El que Juan diga que, sobre los pies, "no existe ningún conflicto puesto que Mateo y Marcos indican que fue derramado sobre el cuerpo de Cristo (Mt. 26:12; Mr.14:8)".[143] El líquido perfumado se deslizó por todo el cuerpo del Señor hasta llegar a sus pies. Esto indica que fue un frasco grande de perfume el que María derramó sobre el cuerpo de Jesús; bueno era tan grande que tenía un valor de casi un año del salario de un obrero judío.

El Salmista David compuso un cantico para que lo cantaran los peregrinos que llegaban a Jerusalén y celebraban la unidad de la comunidad judía. El Salmista dice que "esta unidad es como el óleo fragante que descendió de la cabeza y barba de Aarón

---

[141] Juan 12:3, (DHH).

[142] Guillermo Hendricksen. *El Evangelio Según San Marcos: Comentario del Nuevo Testamento*. Td. Humberto Casanova. (Grand Rapids, Michigan. Distribuido por T.E.L.L. Subcomisión Literatura Cristiana. 1987), 568.

[143] Guillermo Hendricksen. *El Evangelio Según San Marcos: Comentario del Nuevo Testamento*. Td. Humberto Casanova. (Grand Rapids, Michigan. Distribuido por T.E.L.L. Subcomisión Literatura Cristiana. 1987), 568.

cuando fue consagrado al servició sacerdotal (v.2); es como el rocío copioso del monte Hermón que desciende sobre la ciudad de Jerusalén y la fructifica y refresca".[144] Es decir que el Salmista dijo que la unidad de la gente en Jerusalén era una frescura; era algo sumamente agradable; ¡Era la vida de la ciudad! En esa unidad Dios bendecía a su pueblo y al mismo tiempo, desde la ciudad de Jerusalén salía la bendición celestial para los pueblos.

"El cantico del Salmista David, dice:

> ¡Qué maravilloso y agradable es cuando los hermanos conviven en armonía!
>
> Pues la armonía es tan preciosa como el aceite de la unción que se derramó sobre la cabeza de Aarón, que corrió por su barba hasta llegar al borde de su túnica.
>
> La armonía es tan refrescante como el rocío del monte Hermón que cae sobre las montañas de Sion.
>
> Y allí el Señor ha pronunciado su bendición, incluso la vida eterna".[145]

De acuerdo con el Salmista, Dios derramó o derramaba su bendición sobre la ciudad de Jerusalén al ver a su pueblo en unidad.

---

144 Comentario de pie de página en La *Biblia de las Américas: Biblia de Estudio.* (Nashville, Tennessee. Editorial B&H, en español. Y Lockman Foundation. 2000), 825.

145 Salmo 133:1-3, (NTV).

Pues bien, Jesús llegó a Betania y allí le prepararon una cena en su honor. El apóstol Juan no dice claramente en que casa le prepararon la cena, solo dice que "le hicieron allí una cena".[146] Por cierto, no fue un banquete sino al parecer fue una cena regular, aunque fue especial para Cristo. Fue una cena ordinaria a la que se podía invitar a otras personas. Si fue en la casa de Simón el leproso o en la casa de Lázaro, eso no es lo importante por ahora. Lo que sí importa es que estaban disfrutando de una unidad. Aunque era una cena regular, por ser especial para Cristo, creo que ¡fue una especie de banquete! Fue una cena que Simón le preparó a Jesucristo posiblemente en gratitud por haberlo sanado. "En la cena estaban presentes por lo menos quince hombres; Jesús, los Doce, Lázaro (Jn. 12:2)", y Simón el que había sido sanado. Además, había mujeres y seguramente jóvenes y niños. ¡Había alegría causada por una unidad familiar!

En la narrativa de Juan, solo se habla de dos mujeres: Marta y María, las hermanas de Lázaro. "Es pues de suponer que todos los asistentes, salvo las dos mujeres de la casa, … fuesen hombres, ya que no era apropiado en el contexto social de ese entonces que las mujeres se reclinaran con los hombres a la

---

146 Juan 12:2, (RV, 1960).

mesa para la comida".[147] Marta estaba seguramente con otras mujeres en la cocina preparando y sirviendo los alimentos (12:2). Lázaro era uno de los que estaban sentados a la mesa con Jesús y Simón. "En aquel tiempo, para una comida más formal, las personas se recostaban en tapetes; de costado y apoyándose en almohadas, la comida se servía en una mesa baja que estaba en el centro, así, no era difícil que alguien tocara los pies … de alguien que estuviera en la mesa".[148]

Allí, está, pues la escena. Por lo menos quince hombres recostados sobre tapetes y uno de sus lados apoyados en almohadas dejando sus pies descubiertos.

Pues bien, creo que María estaba haciendo lo mismo que las otras mujeres, pero, en un momento, mientras los hombres estaban cenando, María, tomó el frasco de perfume y lo derramó sobre el cuerpo del Señor Jesús. María no puso unas gotas del perfume sobre la cabeza de Jesús, la Biblia dice que derramó todo el contenido del frasco sobre el Señor. Fue una libra de perfume. Una libra romana era trecientos setenta y cinco gramos que tenía un valor de trecientos denarios.[149]

---

147 Samuel Pérez Millos. *Comentario exegético al texto griego del Nuevo Testamento. JUAN.* (Viladecavalls (Barcelona), España. Editorial CLIE. 2016), 1152.

148 Nota de pie de página en la *Biblia de Estudio Esquematizada.* (Brasil. Sociedades Bíblicas Unidas. 2010), 1586.

149 Juan 12:5.

En sus viajes misioneros, Jesús se subió a un monte y: "Enseguida … vio que una gran multitud venía a su encuentro. Dirigiéndose a Felipe, le preguntó: —¿Dónde podemos comprar pan para alimentar a toda esta gente? … Felipe contestó: —¡Aunque trabajáramos meses enteros, no tendríamos el dinero suficiente para alimentar a toda esta gente!".[150] ¿Por qué esta respuesta? Fue una respuesta muy lógica porque "un denario era la paga por un día de trabajo".[151]

El valor del perfume que usó María para ungir al Señor Jesús fue de unos trecientos días de trabajo. ¡Casi el salario de un año!

¡Wauuu, eso fue increíble! Pero lo más increíble es que: "Junto con el perfume, ¡María derramó su corazón en gratitud y devoción!".[152] ¡Esto es lo que le agrada al Señor Jesús! La narrativa dice que la casa en donde estaban cenando "se llenó del perfume".[153] ¡La gratitud y la devoción se derramaron en aquella casa!

Marta, la hermana de María, también amaba a Jesús y lo demostró en servir las mesas. Marta "fue una mujer practica: su manera natural de

---

150 Juan 6:5-7, (NTV).

151 Nota de pie de página en la *Biblia de Estudio Esquematizada*. (Brasil. Sociedades Bíblicas Unidas. 2010), 1571.

152 Guillermo Hendricksen. *El Evangelio Según San Marcos: Comentario del Nuevo Testamento*. Td. Humberto Casanova. (Grand Rapids, Michigan. Distribuido por T.E.L.L. Subcomisión Literatura Cristiana. 1987), 568.

153 Juan 12:5, (RV, 1960).

mostrar el amor era con la labor de sus manos. Marta daba siempre todo lo que podía".[154] Por el contexto sabemos que Lázaro y sus hermanas eran una familia de recursos económicos regulares, esto significa que: "Aunque es muy probable que hubiese sirvientes en la casa – Marta -, … sabiendo que Jesús estaba sentado con los comensales, determinó servir ella, como expresión de gratitud al Señor que había resucitado a su hermano".[155]

María, por el mismo amor y gratitud que tenía hacia Jesús por haber resucitado a su hermano Lázaro, se arrodilló junto a los pies de Jesús, los ungió con el perfume de nardo puro y los secó con sus cabellos. Cada una, en su manera, agradecieron y adoraron a Jesucristo.

¡Ah, que bendición cuando existen manos que por amor al Señor Jesús son usadas en Su Reino!

¡Ah, benditas manos de los servidores!

Son manos suaves y tiernas, ¡pero serviciales!

Son manos duras y encallecidas, ¡pero fuertes para levantar al desvalido!

Son manos con arrugas y artritis, ¡pero muy cariñosas!

---

[154] William Barclay. *Comentario al Nuevo Testamento: Volumen 6: JUAN II.* (Terrassa (Barcelona), España. Editorial CLIE. 1995), 128.

[155] Samuel Pérez Millos. *Comentario exegético al texto griego del Nuevo Testamento. JUAN.* (Viladecavalls (Barcelona), España. Editorial CLIE. 2016), 1152- 1153.

¡Son manos empapadas de la gracia y el amor de Jesucristo!

Son manos que hacen "posible servir a Jesús en la cocina como en el púlpito o en cualquier otro lugar".[156]

¡Bendigo estas manos serviciales!

María, que fuertemente amaba a Jesús, en la acción de humildad que realizó, notamos su extremo o exceso de amor por Jesús. "María trajo lo más precioso que tenía, y se lo gastó todo en Jesús. El amor no es amor si calcula meticulosamente el precio".[157] Una de las glorias y privilegio en el Antiguo Testamento y principios del Nuevo, era poder ungir a una persona con aceite en la cabeza. El Salmista dijo: Señor: "Me honras ungiendo mi cabeza con aceite".[158] ¡María honró a Jesús! Pero en su humildad, María no tocó la cabeza de Jesús, sino sus pies. Una acción como he dicho antes, de siervos o esclavos. María, de esta manera, le mostró a Jesús que lo amaba incondicionalmente y por eso derramó su corazón y su gratitud mientras secaba los pies de Jesús con sus cabellos.[159]

---

156 William Barclay. *Comentario al Nuevo Testamento: Volumen 6: JUAN II.* (Terrassa (Barcelona), España. Editorial CLIE. 1995), 128.

157 William Barclay. *Comentario al Nuevo Testamento: Volumen 6: JUAN II.* (Terrassa (Barcelona), España. Editorial CLIE. 1995), 128.

158 Salmo 23:5, (NTV).

159 Juan 12:3.

Dios quiere que cuando te acerques a Él, derrames tu corazón en gratitud por la salvación que te ha dado o que te está ofreciendo. ¡Él te quiere a ti!, te quiere como persona, no quiere tus posesiones, te quiere a ti. Quiere que tú, con tu perfume espiritual llenes la Casa de Dios con el perfume de la unidad. Una unidad en la que se pueda ver la Gloria de Dios. Una unidad en la que se pueda "*oler*" el perfume espiritual y no nuestro perfume. Una unidad en donde Dios no encuentre ningún obstáculo para pronunciar "su bendición, incluso la vida eterna".[160]

Conclusión.

Una expresión rabínica, dice: "El buen ungüento se difunde del dormitorio al comedor, pero el buen nombre se difunde de un extremo al otro del mundo".[161] Estos primeros versículos de Juan 12, nos han enseñado por lo menos tres grandes lecciones a nivel mundial:

> *La primera* es que cuando el Señor realiza un milagro, la consecuencia es una alegría que se manifiesta en un compañerismo sentados a la mesa. Una Unidad Espiritual y Física.

---

160 Salmo 133:3, (NTV).

161 Brown. E. Raymond. *El Evangelio y las cartas de Juan.* Td. María del Carmen Blanco Moreno. (Bilbao, España. Editorial Desclee de Brouwer, S. A. 2010), 108.

Segunda: Que en ese compañerismo existe una unidad en donde todos, con un olor fragante, glorifican a Dios; unos acompañándolo en su cena, otros sirviendo los alimentos y otros perfumando el ambiente con obras de adoración. "*Y la casa se llenó del perfume*": Olor grato para Dios.

Tercero: Un acto de adoración que salió como un testimonio de que en donde Jesús reina existe una UNIDAD por excelencia.

Todo esto es consecuencia del Amor de Jesucristo. ¿Por qué? ¡Porque Dios te Ama! Y quiere que le adores con humildad de corazón. María mostró que amaba a Jesús y, ¡le adoró humillándose a los pies de Jesús! Si tú en verdad amas a Jesucristo, ¿cómo lo adoras?

En peligro de muerte.

"Muchos de los judíos se enteraron de que Jesús estaba en Betania, y fueron allá, no sólo para ver a Jesús sino también a Lázaro, a quien Jesús había resucitado. Entonces los jefes de los sacerdotes decidieron matar también a Lázaro, porque por causa suya muchos judíos se estaban separando de ellos para creer en Jesús".

Juan 12:9-11, (DHH).

Introducción

En el correo electrónico de Lenie Llanes, quien es la hija de uno de mis amados en Cristo Jesús de nombre Jorge Llanes, leí estas palabras: "El último viaje llega sin avisarnos, sin prepararnos, sin decidirlo, y a veces, no nos permite ni despedirnos. Y nos vamos sin un adiós, sin un abrazo, sin un te amo, sin un perdóname".[162] ¡Nadie sabe el día en que tenga que

---

[162] Frases. *El último viaje llega sin avisarnos.* En el correo electrónico de Lenie Llanes (La Habra, California. Internet. Correo publicado el 28 de octubre del 2020. Consultado el 5 de noviembre del 2021), ¿? https://www.facebook.com/lenie.llanes05?composeropen=1

pasar a la eternidad! Aun a los que medicamente les dicen que les faltan meses, semanas o días, no saben con exactitud el día y la hora de su partida. El escenario se agranda porque la mayoría de las personas no están preparadas para el cambio de lo temporal a lo eternal.

Y, sin embargo, una de las verdades que tenemos a nivel de la Sociedad de los seres humanos es que cada día que pasa, estamos en peligro de muerte; ya sea por un accidente, por una enfermedad, por estar en el lugar equivocado, por los años vividos, o por nuestro descuido. La ley de los seres humanos es: Nacer, crecer, reproducirse y morir. Y aun para cumplir esta ley natural no estamos preparados. Nacer es un problema emocional; crecer es un dolor físico; reproducirse en una maravilla incomprensible y morir es un temor a lo desconocido. ¡No estamos preparados emocional y psicológicamente! Y, algunos, tampoco lo están espiritualmente.

En el caso de Lázaro, el habitante de Betania estaba en peligro de muerte porque, *primero*, su testimonio de resucitado había provocado enemigos; *segundo,* porque los líderes judíos habían decidido matarlo y, en *tercer* lugar, era un medio por el cual muchos estaban creyendo en Jesús como el Mesías de Dios. Así que los líderes religiosos lo querían fuera de la esfera religiosa. La mejor manera de quitarlo de esa esfera era asesinándolo.

Por medio de Lázaro, la gente estuvo viendo la Gloria de Dios en la persona de Jesucristo. A propósito, hermano, hermana y tú que estás leyendo este libro: ¿Qué ve la gente por medio de ti? Piénsalo mientras exploramos estos tres pensamientos sobre el estar en peligro de muerte.

I.- Provocación de enemigos.

"El pasado domingo - 23 de enero del 2022 -, después de haber rezado el Ángelus,[163] el papa - Francisco - expresó su preocupación ante las crecientes tensiones 'que amenazan con asestar un nuevo golpe a la paz en Ucrania' y renovó su llamamiento 'para que todas las acciones e iniciativas políticas de este país estén al servicio de la fraternidad humana'. Asimismo, propuso realizar hoy – 23 de enero del 2022 - una jornada de oración para invocar la paz en este país.

Varios países occidentales han anunciado el envío de tropas y material militar a Ucrania en los últimos días, y Washington anunció el lunes que

[163] El Ángelus es una pequeña práctica de devoción en honor de la Encarnación repetida tres veces cada día: mañana, mediodía y al caer la tarde, al toque de Campana. Consiste esencialmente en la triple repetición del Ave María, a las cuales, en subsiguientes tiempos, le fueron agregados, de forma intercalada, tres versos más, y uno de conclusión, y una pequeña oración. La oración es la que pertenece a la antífona de Nuestra Señora "Alma Redemptoris", y su recitación no es de estricta obligación para ganar indulgencia. La devoción deriva su nombre de la primera palabra del primer verso: "El Ángel del Señor anunció a María..." (. Angelus Domini nuntiavit Mariæ...). (La Habra, California. Internet. Consultado el 26 de enero del 2022), ¿? http://www.nuestrasenora.org/angelus/

ordenó el estado de alerta 'elevada' a 8,500 soldados que mantiene desplegados en sus bases europeas".[164] Esta noticia indica que muchos seres humanos; hombres, mujeres y niños están en peligro de muerte. En los tiempos de Jesús, también Lázaro, el amigo del Señor Jesús "a quien Jesús había resucitado"[165] estaba en peligro de muerte por segunda ocasión a causa del testimonio que daba del poder resucitador de Jesucristo. Los enemigos querían que Lázaro volviera a la tumba de donde Jesús lo había sacado, allí, su boca se quedaría cerrada.

¡Ah, estos amigos/enemigos! En realidad, eran enemigos, pues un buen amigo no intentará quitarte las bendiciones de Dios. Esta clase de personas son las que se empeñan en hacerte volver a los antiguos caminos; quieren que vuelvas a la clase de vida que practicabas antes de ser cristiano; quieren que cierres tu boca para que no hables más de Jesucristo. Tienen envidia de que Dios de la paz interna que disfrutas y que ellos no la tienen. A causa de sus celos, tú estás en peligro de muerte espiritual; estás en peligro de

---

[164] EFE. *Papa Francisco pide paz en Ucrania: "por favor, nunca más la guerra"*. (La Habra, California, Internet. Artículo publicado por el periódico La Opinión. Actualizado el 26 enero del 2022, 9:12 am EST. Consultado el mismo día, mes y año), ¿? https://laopinion.com/2022/01/26/papa-francisco-pide-paz-en-ucrania-por-favor-nunca-mas-la-guerra/?utm_source=La%20Opini%C3%B3n%20-%20%C3%9Altima%20Hora&utm_medium=email&utm_campaign=La%20Opinion%20-%20Ultima%20Hora&utm_term=LO%20-%20Ultima%20Hora

[165] Juan 12:9, (DHH).

volverte a la vida que aparenta una felicidad pero que, en el fondo, es dolor, agonía, tristeza y desesperanza.

Ahora bien, a pesar de que estás o puedas estar en peligro de muerte ya sea física o espiritual, recuerda; ¡Dios es tu ayudador! El Salmista dijo: "Dios es nuestro amparo y fortaleza, nuestro pronto auxilio en las tribulaciones. Por tanto, no temeremos, aunque la tierra sea removida, y se traspasen los montes al corazón del mar; aunque bramen y se turben sus aguas, tiemblen los montes a causa de su braveza".[166] ¡El Señor Todopoderoso está con nosotros!

A.- Enemigos nunca nos faltarán.

Enemigos, siempre los tendremos. Si permanecemos con la fe en Dios y proclamamos que en Jesucristo se puede ver la Gloria de Dios, ¡tendremos enemigos! Pero ¿saben qué? ¡Hay esperanza! Dios es Dios de transiciones y Él se glorificará en ti a pesar de todo. "Los cambios en la vida son inevitables. Los resultados dependen de tu reacción ante ellos".[167] Los enemigos están allí, a la puerta de tu vida. El problema mayor es que, ¡no los podemos evitar! Lo que sí podemos hacer es controlar nuestra reacción. Uno de los frutos del

---

166 Salmo 46:1-3, (RV, 1960).

167 Dr. Serafín Contreras. *Vidas en Transición*. (La Habra, California. Internet. Artículo publicado el 28 de octubre en Renuevo De Plenitud. Consultado el mismo día y año), ¿? https://maximizatuvida.com/producto/vidas-en-transicion/

Espíritu Santo es el dominio propio. ¡Usa ese fruto! ¡Come del fruto del Espíritu Santo!

Sé que ya te has enfrentado con tus enemigos, cualquiera que estos sean. Así que, ahora, te invito a reflexionar un poco: Cuando te has enfrentado con tus enemigos o cuando te vayas a enfrentar piensa en estas preguntas: ¿Me enojo ante sus criticas? ¿Ignoro sus palabras? ¿Medito en lo que me dicen? ¿Les muestro mi seguridad en lo que creo? ¿Cuál es tu reacción? Cualesquiera que sean tus respuestas estarás mostrando tu carnalidad o tu fe en Dios. Es decir que, te dejarás dominar por tus emociones, sentimientos y por tu voluntad o por la voluntad del Señor Jesucristo en la santidad del Espíritu Santo. Cuando tus enemigos te provocan, ¿cuál es tu reacción? Ante tales circunstancias, el apóstol Pablo dijo que: "… la clase de fruto que el Espíritu Santo produce en nuestra vida es: amor, alegría, paz, paciencia, gentileza, bondad, fidelidad, humildad y control propio. ¡No existen leyes contra esas cosas!".[168] Es con este fruto con el cual debemos de responder a todas las acusaciones o maltratos o declaraciones de nuestros enemigos.

No tengo la menor duda de que la fidelidad a Dios provoca enemigos. Cualquiera que sea tu reacción siempre tienes que recordar que el deseo del Señor

---

[168] Gálatas 5:22-23, (NTV).

es tu renovación. Dios quiere tomarte de la mano llevarte a una nueva experiencia con El.

Entonces, pues, ¿Qué es lo que debes entender? Que el Espíritu Santo quiere transformarte. Si llegas a entender que Dios te hizo con el carácter que tienes y con un potencial para cambiar, si entiendes que te llamó y te formó como un ser único que eres, entonces, detendrás la transición del Espíritu Transformador. Es más, si no entiendes ni aun tu propio carácter y la razón por la cual ahora eres cristiano, aun así, el Espíritu Santo quiere transformarte.

Tú ya lo sabes, pero te lo repito; ¡Dios desea que seas diferente! ¡Quiere transformarte! Lázaro fue una persona diferente después de pasar por el proceso de la muerte y resurrección. Comenzó a testificar de la Gloria de Dios que había en la persona de Jesucristo.

Sí tú ya aceptaste a Jesucristo como tu Salvador y Señor de tu vida, has pasado de muerte a vida. El apóstol Juan dijo que: "Nosotros sabemos que hemos pasado de la muerte a la vida porque amamos a nuestros hermanos".[169] Y, esta resurrección espiritual provoca enemigos. Pero la presencia de Jesucristo en nuestras vidas es una barrera que te protegerá de sus malas intenciones.

Los cristianos somos justificados por Cristo Jesús. La justificación es como una cobija que nos protege totalmente del frio. La justificación hecha por

---

169 I Juan 3:14, (NVI).

Jesucristo nos protege de todas las flechas lanzadas por el maligno o los malos. La justificación es como la Armadura de Dios para mantenernos firmes en el ejército del Señor Jesús.[170] "A pesar de que el cristiano, al estar unido a Cristo Jesús, ya reina con él (Ef.2:6), las fuerzas espirituales del mal controlan el universo (véase Ef.1:21, n.; 2:2, n.), y el cristiano tiene que estar preparado para luchar contra ellas",[171] porque siempre estamos en peligro de muerte.

B.- Enfócate en el Señor Jesucristo.

Así que, cuando venga la provocación de los enemigos, tu, enfócate en el Señor, acude a sus promesas; ¡deléitate en tu Salvador! El Salmista te dice: "Disfruta de la presencia del Señor, y él te dará lo que de corazón le pidas".[172] Cuando venga la provocación de los enemigos, ¿qué le pedirás? Si se lo pides de corazón, es decir, con fe en El, ¡te lo concederá!

Dos de los enemigos que hoy se han presentado en todos los seres humanos son ***la tensión***, esa actitud emocional en cual comúnmente decimos: *Tengo los pelos de punta*. Oh, *estoy entre la espada y la pared*. El otro enemigo es ***la ansiedad***. "La ansiedad

---

170 Efesios 6:10-17.

171 Comentario en la *Biblia de Estudio Esquematizada*. (Brasil. Sociedades Bíblicas Unidas. 2010), 1771

172 Salmo 37:4, (RVC).

es un sentimiento de miedo, temor e inquietud. La ansiedad puede hacerte sudar, que te sientas inquieto y tenso, y tener palpitaciones. Puede ser una reacción normal al estrés. Por ejemplo, puedes sentirte ansioso cuando te enfrentas a un problema difícil en el trabajo, antes de tomar un examen o antes de tomar una decisión importante".[173] En Copenhague, Dinamarca existe, dentro de un parque de diversiones un departamento en el cual con una módica cantidad se puede entrar y quebrar todo clase de objetos de porcelana lanzándoles pequeñas bolas de madera. En ese centro se cuelgan platos, cubiertos, tazas, y otros artículos de porcelana. La persona tiene cinco oportunidades de destrozar los objetos.

¿Cuál es el propósito de romper los objetos de porcelana? Controlar *los pelos de punta*; es decir controlar la tensión y la ansiedad. La ciencia médica y conductual nos dice que "los principales tratamientos para los trastornos de ansiedad son psicoterapia (terapia de conversación), medicamentos o ambos".[174]

Ahora bien, "puede que romper porcelana sea divertido y que pueda tranquilizarte los nervios de punta, pero el cristiano tiene mejores remedios para experimentar alivio de la tensión y de la ansiedad. El profeta Isaías, dirigiéndose al Señor dice: 'Tú

---

173 Medlineplus. *Ansiedad.* (La Habra, California. Internet. Consultado el 26 de enero del 2022), ¿? https://medlineplus.gov/spanish/anxiety.html

174 Medlineplus. *Ansiedad.* (La Habra, California. Internet. Consultado el 26 de enero del 2022), ¿? https://medlineplus.gov/spanish/anxiety.html

guardarás en completa paz a aquel cuyo pensamiento en ti persevera; porque en ti ha confiado' (26:3)".[175]

¡Qué seguridad! ¡Qué tranquilidad de vida! ¿Se dan cuenta de esta gran bendición? "Podemos encontrar alivio de la ansiedad cuando recordemos que estamos siempre bajo la mirada solicita de Dios y confiamos en El para su protección y provisión. Es tranquilizador saber que Él está al control y que todo lo que permite o dispone para nosotros es para nuestro bien".[176] Jesucristo dijo: "Les dejo la paz. Les doy mi paz, pero no se la doy como la dan los que son del mundo. No se angustien ni tengan miedo".[177] Es esta clase de paz que debe de estar en nuestras vidas; es la clase de paz que debe ocupar el lugar de *la tensión* y *la ansiedad.*

Enemigos, ¡siempre los tendremos! La provocación de los enemigos, ¡siempre la tendremos! ¿En peligro de muerte? Es probable que lo tengamos. Pero sobre todo este vendaval maligno y perverso, tenemos un Dios que nos protege y para el cual "nada es imposible".[178] Es un Dios que está sobre

---

[175] Richard W. DeHaan. *Deshaciendo las tensiones en el tívoli.* (Grand Rapids, Michigan. Radio Bible Class. Nuestro Pan diario: Julio-agosto-septiembre-octubre-noviembre-diciembre. Publicado por M. C. E. Horeb en Villadecalvalls (Barcelona), España. 1993), septiembre día 14.

[176] Richard W. DeHaan. *Deshaciendo las tensiones en el tívoli.* (Grand Rapids, Michigan. Radio Bible Class. Nuestro Pan diario: Julio-agosto-septiembre-octubre-noviembre-diciembre. Publicado por M. C. E. Horeb en Villadecalvalls (Barcelona), España. 1993), septiembre día 14.

[177] Juan 14:27, (DHH).

[178] Lucas 1:37.

todos nuestros enemigos y que quiere mantenernos en la cima o cúspide de la montaña de protección y, allí, podemos ver su Gloria.

II.- Decisión sacerdotal.

El evangelista Juan dice que al ver a Lázaro resucitado y escuchar su mensaje o testimonio como hombre que volvió a la vida, provocó enemigos. Entre los más férreos enemigos estaban los principales líderes religiosos. La Biblia dice que: "Entonces los jefes de los sacerdotes decidieron matar también a Lázaro".[179] Cuando hay una amenaza de muerte lo lógico es tener temor. Pero el mayor temor es cuando no sabemos con exactitud a donde pasaremos la eternidad. Billy Graham dijo que "un joven con una enfermedad incurable se lamentó diciendo: 'No creo que temería morir si supiera qué me espera después de la muerte'. Evidentemente este joven no había oído del cielo que Dios tiene preparado para los que le aman. En los cristianos no debe de haber temor. ¡Cristo nos ha dado esperanza!".[180] Una esperanza que no avergüenza ni causa temor al futuro. Es la clase de esperanza que "no acabará en desilusión. Pues sabemos con cuánta ternura nos ama Dios,

---

179 Juan 12:10, (DHH).

180 Billy Graham. *El secreto de la paz personal.* (Nashville, Indiana. Grupo Nelson. 2003), 61.

porque nos ha dado el Espíritu Santo para llenar nuestro corazón con su amor".[181]

Mis amados hermanos y hermanas en Cristo Jesús, "mucho más que los sufrimientos, lo que garantiza la esperanza de las personas creyentes es la presencia del Espíritu Santo, a través del cual el amor de Dios (Rom 5:6-8) ocupa el centro de su vida".[182] Esta es la razón por la cual he dicho que como cristianos debemos de enfocarnos en la presencia del Señor Jesús. ¡Debemos de exaltar su gloria! ¡Debemos ver su Gloria!

Recibí una petición por medio del correo electrónico que dice así: *"Por favor oremos por el hermano Ruperto Domínguez, quien estuvo preso por el evangelio en la sierra de Chimaltepec Oaxaca, México, por negarse a participar en las fiestas patronales, por persecución religiosa. Ahora quieren quitarle sus propiedades".*[183]

Esta es una práctica de las autoridades religiosas de la cual fui testigo en mis viajes misioneros en la República Mexicana por las sierras de los estados de Veracruz, Oaxaca, Guerrero, Puebla y Chiapas. A los cristianos los obligaban a pagar, no era nada

---

181 Romanos 5:5, (NTV).

182 Comentario en la *Biblia de Estudio Esquematizada*. (Brasil. Sociedades Bíblicas Unidas. 2010), 1662.

183 Jerónimo Ramos. *Petición de oración*. (La Habra, California. Internet. Petición de oración en el correo de José Zunun, hecha el 21 de noviembre a las 20:25. Consultado el 1 de diciembre del 2021), ¿? <birthdays@facebookmail.com> https://www.facebook.com/jose.zunun.1?composeropen=1

voluntario, las cuotas monetarias para celebrar las fiestas a los patronos o patronas de los pueblos. Así como Ruperto Domínguez fue llevado a la cárcel por negarse a pagar la cuota para la fiesta de su pueblo de nombre Chimaltepec, de la misma manera sucedió con varios cristianos que habitaban en las sierras ya mencionadas. Espero que ya haya cesado esta práctica esclavista religiosa por parte de la Iglesia Católica Apostólica y Roma, no solo de las sierras mexicanas sino también de todos los otros lugares de América Latina en donde los cristianos son puestos en peligro de muerte a causa de dar testimonio del poder transformador que existe en el Señor Jesucristo. Repito, fui testigo; estuve allí con algunos de ellos frente a las rejas de las cárceles para animarlos a seguir firmes en la fe de Jesucristo.

En el otro lado del mundo: “Desde que los talibanes tomaron el poder el 15 de agosto, las mujeres se han quejado de que ahora son prisioneras en sus propios hogares. E incluso allí no están a salvo. Es una violación de la cultura afgana entrar en un hogar en el que solo hay mujeres. Pero después de que despidieran a las mujeres policías, el Talibán no tiene personal femenino disponible para interrogar a las mujeres".[184] Son los hombres los que ahora tienen que hacer ese trabajo y, como consecuencia de esta acción policial, son las mujeres que continuamente están en peligro de muerte.

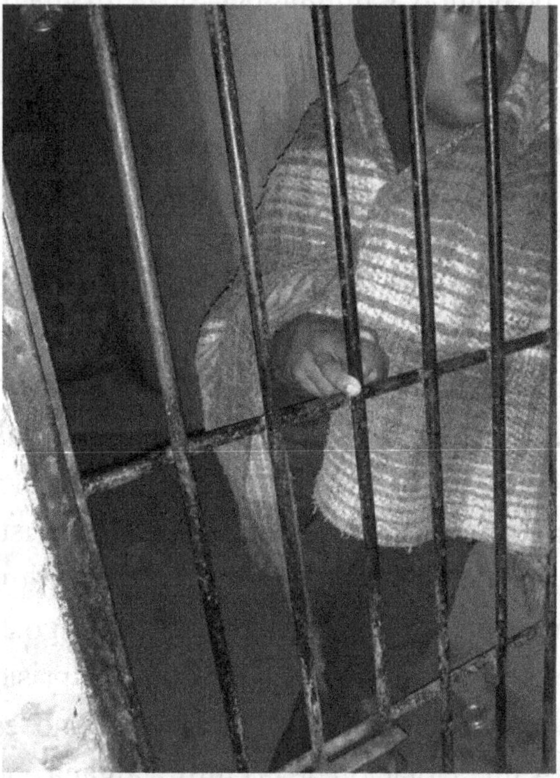

Ruperto Domínguez en la cárcel de Chimaltepec, Oaxaca, México.

[184] Quentin Sommerville. *"Por favor, ayúdenme, el Talibán vino a mi casa": las mujeres que desaparecen en Afganistán tras protestar contra el régimen: "Prisioneras en sus hogares".* (La Habra, California. Internet. Artículo publicado por la BBC News Mundo. Actualizado 25 Ene 2022, ¿? https://laopinion.com/2022/01/25/por-favor-ayudenme-el-taliban-vino-a-mi-casa-las-mujeres-que-desaparecen-en-afganistan-tras-protestar-contra-el-regimen/?utm_source=La%20Opini%C3%B3n%20-%20%C3%9Altima%20Hora&utm_medium=email&utm_campaign=La%20Opinion%20-%20Ultima%20Hora&utm_term=LO%20-%20Ultima%20Hora

Son mujeres que están prisioneras en las cárceles afganas. Muchas de ellas ya han pasado a la eternidad ejecutadas por los enemigos políticos o por enemigos contra el cristianismo.

Por ejemplo: "Tamana Paryani llevaba dos días desaparecida – dice Quentin Sommerville -. Cuando fui a su apartamento para intentar localizarla, no había nadie dentro de la casa. Todavía se veía la huella grande de una bota embarrada en la puerta principal. Los vecinos me dijeron que se habían llevado a Paryani junto con dos de sus hermanas y que nadie había estado en el apartamento desde entonces. Sólo decían que 'un grupo armado' se había llevado a las hermanas".[185]

Dos hermanos cristianos han sido condenados a muerte en Pakistán por su fe.

En este caso, no fue una decisión sacerdotal sino política con un fondo religioso. Una política que está causando por años, persecución, hambre, desolación, temor, arrestos domiciliarios, encarcelamientos, torturas y muerte. Son personas que siempre están

---

[185] Quentin Sommerville. *"Por favor, ayúdenme, el Talibán vino a mi casa": las mujeres que desaparecen en Afganistán tras protestar contra el régimen: "Prisioneras en sus hogares"*. (La Habra, California. Internet. Artículo publicado por la BBC News Mundo. Actualizado 25 Ene 2022, 7:39 am EST. Consultado el 26 de enero del 2022), ¿? https://laopinion.com/2022/01/25/por-favor-ayudenme-el-taliban-vino-a-mi-casa-las-mujeres-que-desaparecen-en-afganistan-tras-protestar-contra-el-regimen/?utm_source=La%20Opini%C3%B3n%20-%20%C3%9Altima%20Hora&utm_medium=email&utm_campaign=La%20Opinion%20-%20Ultima%20Hora&utm_term=LO%20-%20Ultima%20Hora

en peligro de muerte. Sus verdugos, hacen largas oraciones a su dios y con un celo endiablado matan a cualquiera que no esté de acuerdo con su religión.

Este fue el mismo caso con los hermanos Amoon y Qaisar Ayub quienes "fueron acusados falsamente de 'blasfemia', enmarcados por supuestamente publicar comentarios despectivos contra el Profeta Muhammad en línea".[186] El islamismo no se diferencia mucho del catolicismo romano en este sentido; ambos son abusivos, traiciones, mentirosos y criminales. Mientras en Pakistán se blasfemia contra el Dios de la Biblia y contra Jesucristo al rechazarlo como Dios y ponerlo como un profeta más en su lista profética,[187] mientras esto sucede religiosamente, "El abuso insidioso de las leyes de blasfemia de Pakistán para perseguir a los cristianos es rampante en Pakistán. No había evidencia de que el cliente de nuestro afiliado o su hermano mayor hicieran algo de lo que se les acusara. Sin embargo, su condena y sentencia de ejecución han sido confirmadas en los tribunales.

---

186 Jay Sekulow: ACLJ Chief Counsel. *Christian Brothers To Be Executed for Faith.* (Hermanos cristianos serán ejecutados por fe). (La Habra, California. Internet. Artículo publicado el 14 de agosto del 2022. Consultado el 15 de agosto del 2022), ¿? Oneplace@ crosswalkmail.com>

187 J. Cabral. *Islamismo en Religiones, sectas y herejías.* Trd. Antonio Marosi. (Deerfield, Florida. Editorial Vida. 1992), 73. *Dios* – El islamismo predica la unidad de Dios y también su unicidad. Alá es el mismo Dios de Abraham que terminó su revelación en Mahoma. *Jesucristo* - Mahoma es considerado "el último de los profetas", aquel que vino después de Adán, Noé, Abraham, Moisés y Jesús. Al afirmarlo, le niegan a Jesús todos los atributos y conceptos que el cristianismo le da o le atribuye.

Ahora estos dos hermanos cristianos colgarán – de alguna horca - por su fe cristiana. Esta es la última violación vil de los derechos humanos"[188] en Pakistán.

En el caso de Lázaro de Betania si fue una decisión del grupo sacerdotal; una decisión de matar a Lázaro que se originó en el mismo corazón de los enemigos de Jesucristo y sus seguidores, en este caso, de Lázaro. Juan el apóstol dice que: "Cuando toda la gente se enteró de que Jesús había llegado, - a Betania - corrieron en masa para verlo a él y también a Lázaro, el hombre al que Jesús había resucitado de los muertos. Entonces los principales sacerdotes decidieron matar a Lázaro también, ya que a causa de él mucha gente los había abandonado a ellos y ahora creían en Jesús".[189]

¿Qué estaba sucediendo? Lo que estaba sucediendo era que "a los líderes judíos se les estaban poniendo las cosas imposibles. Este era principalmente el caso de los saduceos, a cuyo partido pertenecían todos los sacerdotes que eran los que tenían más que perder".[190] No solo estaban celosos de que la gente estaba siguiendo a Jesús y abandonándolos a ellos,

---

188 Jay Sekulow: ACLJ Chief Counsel. *Christian Brothers To Be Executed for Faith.* (Hermanos cristianos serán ejecutados por fe). (La Habra, California. Internet. Artículo publicado el 14 de agosto del 2022. Consultado el 15 de agosto del 2022), ¿? Oneplace@crosswalkmail.com>

189 Juan 12:9-11, (NTV).

190 William Barclay. *Comentario al Nuevo Testamento: Volumen 6: JUAN II.* (Terrassa (Barcelona), España. Editorial CLIE. 1995), 132.

sino que también estaban preocupados porque se estaban enfrentando a dos grandes retos:

El "primero, los amenazaba desde el punto de vista político. Los saduceos era la aristocracia adinerada, y trabajaban en estrecha relación con el gobierno romano".[191] El interés de los saduceos eran sus puestos de autoridad que eran permitidos por los romanos. Así que, vean en Jesús un potencial para una rebelión que les causaría un desastre político y económico. Esto es que, si no mataban a Lázaro y a Jesús, para ellos sería un fracaso que les costaría sus puestos de autoridad.

El segundo reto: "Lo consideraban teológicamente intolerable".[192] Los saduceos no creían en la resurrección de los muertos ni en ángeles y, tenían frente a ellos a Lázaro que había salido de la tumba ante muchos testigos. ¡Este sí que era un gran reto! ¿Qué hacer para callar a la gente en cuanto a la resurrección de Lázaro? Juan dice que, como no tenían una explicación valida: "Entonces los principales sacerdotes decidieron matar a Lázaro".[193] Una decisión sacerdotal sacada de unas mentes celosas, inseguras, dirigidas por espíritus malignos e irracionales, pero al mismo tiempo, cumpliendo con

---

[191] William Barclay. *Comentario al Nuevo Testamento: Volumen 6: JUAN II.* (Terrassa (Barcelona), España. Editorial CLIE. 1995), 132-133.

[192] William Barclay. *Comentario al Nuevo Testamento: Volumen 6: JUAN II.* (Terrassa (Barcelona), España. Editorial CLIE. 1995), 133.

[193] Juan 12:10, (NTV).

el plan de Dios para la salvación de la humanidad; un plan que, en medio de este caos celoso se puede ver la gloria de Dios. ¡Todo estaba caminando en el plan correcto! ¡Todo se ajustaba a la voluntad de Dios! Y, la decisión sacerdotal del tiempo de Jesucristo lo confirmó.

Hoy podemos decir que: "Cuando alguien tiene que sostener su posición destruyendo la evidencia que la amenaza, eso quiere decir que está usando métodos deshonestos para mantener una mentira – y lo sabe".[194] Dios, en Su Palabra dice: "Porque mis pensamientos no son los de ustedes, ni sus caminos son los míos —afirma el Señor—. Mis caminos y mis pensamientos son más altos que los de ustedes; ¡más altos que los cielos sobre la tierra!".[195] Esto es que, algunas decisiones humanas no se comparan a la voluntad de Dios; que los pensamientos humanos, por buenos que parezcan, no se comparan con los de Dios. Aunque la decisión sacerdotal fue la mejor decisión de los líderes político/religiosos del tiempo del Señor Jesús para salvar sus puestos de autoridad, los pensamientos de Dios estaban sobre esa decisión. ¡Nada podemos hacer y pensar sin que Dios no tenga el control!

---

194 William Barclay. *Comentario al Nuevo Testamento: Volumen 6: JUAN II.* (Terrassa (Barcelona), España. Editorial CLIE. 1995), 133.

195 Isaías 55:8-9, (NVI).

III.- CANAL PARA CREER.

El texto juanino dice que: "Entonces los jefes de los sacerdotes decidieron matar también a Lázaro, porque por causa suya muchos judíos se estaban separando de ellos para creer en Jesús".[196] Ya he comentado que por temor a perder sus puestos político/religiosos, los sacerdotes y los saduceos decidieron sacar de la escena religiosa a Lázaro. "Para muchas personas, el propio interés es el motivo más poderoso de la vida. Muchos descubrimientos que podrían producir mercancías más baratas nunca ven la luz del día porque compran las patentes y las mantienen inoperantes los fabricantes de otros productos que se ven amenazados. El propio interés dicta política y acción".[197] Los interesados en continuar con sus tradiciones y mantener sus puestos de liderazgo, se empeñaron en hacer inoperante el Canal para creer en el mensaje de Jesucristo; se empeñaron en asesinar a Lázaro porque por medio de su testimonio muchos estaban abandonado la región judía. Lázaro era una verdad del poder del Señor Jesús; era una verdad de que Jesús era el Mesías prometido a la nación judía: ¡Jesús era la verdad y toda la verdad!

Así que, para "mantener su posición e influencia, los sacerdotes y los saduceos estaban dispuestos a

---

[196] Juan 12:10-11, (NVI).

[197] William Barclay. *Comentario al Nuevo Testamento: Volumen 6: JUAN II.* (Terrassa (Barcelona), España. Editorial CLIE. 1995), 133-134.

destruir la evidencia de la verdad".[198] Y, para ello, deberían de destruir el canal por el cual la gente estaba creyendo en el mensaje de Jesús de Nazaret; ¡Había que matar a Lázaro!

Esta semana que ha pasado recibí un correo electrónico en el cual decía: "El mundo es como Faraón. Tiene temor de las plagas. Pero no tiene temor de Dios".[199] Al no tener temor de Dios, todo es válido con el fin de no perder la credibilidad.

Por ejemplo, "El pecado venial, también llamado pecado leve, sería una negligencia, tropiezo o vacilación en el seguimiento de Cristo. El cometer pecados veniales, además, añadiría tiempo de purgatorio. En el sacramento de la penitencia o confesión, los cristianos no tienen la obligación de culparse por los pecados veniales, como sí la tienen con los mortales. El acto penitencial al inicio de la Eucaristía perdona solo los pecados veniales.

En la Teología moral católica, el pecado venial deja que la caridad siga existiendo en el hombre, constituyendo un desorden moral que está relacionado con la falta de amor, la violencia, la incredulidad, el rechazo y la burla, y no rompe la Alianza con Dios".[200]

---

198 William Barclay. *Comentario al Nuevo Testamento: Volumen 6: JUAN II.* (Terrassa (Barcelona), España. Editorial CLIE. 1995), 134.

199 Rosyp Garcia. *Frase.* (La Habra, California. Internet. Correo enviado el 25 de enero del 2022. Consultado el 26 de enero del 2022), ¿? <friendupdates@facebookmail.com>

200 Wikipedia, la enciclopedia Libre. *Pecados veniales.* (La Habra, California. Internet. Consultado el 19 de julio el 2022), ¿? https://es.wikipedia.org/wiki/Pecado_venial

Pastor, ¿y qué tienen que ver los llamados pecados veniales con que Lázaro haya sido el Canal para creer? Tienen que ver en que los sacerdotes y los saduceos sabían la verdad; Jesús había resucitado a Lázaro delante de muchos testigos; probablemente algunos de ellos estuvieron presentes en el momento en que Lázaro salió de la cueva (tumba). Así que la falta de amor, la violencia, la incredulidad, el rechazo y la burla, que los sacerdotes y los saduceos no les perturbaba la Alianza con Dios. Creían que si quitaban el Canal de creencia; es decir a Lázaro, la gente dejaría de creer en las doctrinas de Jesús y, ellos estarían bien con Dios.

Ahora, piensen en esto. "El concepto de pecado venial es teológicamente muy discutido y discutible – no aparece, por ejemplo, en la Biblia – pero forma parte esencial de la teología católica. Baste decir que uno de los pecados mencionados en expresamente en el Decálogo (éxodo 20:1-17), junto al culto de las imágenes, el homicidio, el adulterio o el robo es precisamente la mentira".[201] Este pecado es uno de los usados periódicamente por la iglesia católica. Fue con esta práctica que se confiscaron propiedades de una manera arbitraria. La iglesia católica se ha dedicado a mentir para lograr sus propósitos. Fue en esa práctica que encontramos el relativismo moral que

[201] Cesar Vidal. *El legado de la Reforma: Una herencia para el futuro.* (Tyler, Texas. Editorial Jucum. 2016), 301-302

"es otra las lacras derivadas del control ideológico practicado por la iglesia católica".[202] Una lacra que originó el probabilismo entre la Compañía de Jesús – Los jesuitas-[203], el probabilismo es "un sistema de teología moral católica que considera que en caso de duda de que si algo es o no inmoral considera que resulta licito seguir una opinión probable que favorezca la libertad",[204] aunque esta esté en contra de una ley que sea más acertada como respuesta.

Uno de los grupos católicos que defiende el probabilismo son los dominicos. Un grupo religioso que se encarga de perseguir a los que no están de acuerdo con los lineamientos de la iglesia católica. Otro grupo católico que apoya el probabilismo es el ya he mencionado, los jesuitas, los armadores de la inquisición. Un grupo que "no vaciló a la hora de formar grupos terroristas cuya misión era asesinar a reyes protestantes y proceder a su derrocamiento".[205] Tanto los dominicos como los jesuitas tenían sistemas de relativismo moral.

---

202 Cesar Vidal. *El legado de la Reforma: Una herencia para el futuro.* (Tyler, Texas. Editorial Jucum. 2016), 303.

203 ¿Qué es la Compañía de Jesús? La Compañía de Jesús es una Orden religiosa de la Iglesia Católica, fundada por San Ignacio de Loyola en el año 1534. (La Habra, California. Internet. Consultado el 19 de julio del 2022), ¿? https://jesuitas.lat/somos/los-jesuitas

204 Cesar Vidal. *El legado de la Reforma: Una herencia para el futuro.* (Tyler, Texas. Editorial Jucum. 2016), 304.

205 Cesar Vidal. *El legado de la Reforma: Una herencia para el futuro.* (Tyler, Texas. Editorial Jucum. 2016), 304.

Al igual que los sacerdotes y los saduceos del tiempo de Cristo, los dominicos y los jesuitas creen en su relativismo de probabilidades que, lo es que hacen; es mentir con el fin de lograr sus objetivos; robar las propiedades en nombre de Dios y asesinar a los que no están de acuerdo con sus doctrinas, es lo correcto. "El sistema quiere que pienses que lo que es 'legal' es lo 'correcto'. - Sin embargo, hermanos y hermanas en Cristo, recuerda que: La esclavitud fue legal. El holocausto fue legal. Y ahora el uso de la mariguana es legal y el aborto es igualmente legal. La legalidad es una cuestión de poder, no de justicia".[206] ¿En qué mundo vivimos? En un mundo de humillación humana, en un mundo de drogas y asesinatos legales. ¡Este es nuestro mundo!

Matar a Lázaro, parecería ser legal y correcto a los principios de los sacerdotes y saduceos, pues el canal de creencia en Jesús de Nazaret se derribaría – estaría muerto - y sus intereses permanecerían, supuestamente para beneficio del pueblo judío. El liderazgo judío no quiso ver la Gloria de Dios en Jesús. La gente de nuestros días no quiere ver la Gloria de Dios. Y, sin embargo, Los que amamos a Dios y leemos Su Palabra, podemos decir: ¡Y vimos su Gloria!

[206] Pensamiento. *Lo legal y lo correcto.* (La Habra, California. Internet. Consultado el 24 de septiembre del 2021), ¿? https://www.facebook.com/photo/?fbid=10223780418437935&set=a.10200167886139385

Conclusión.

Como cristianos, ciertamente tenemos enemigos. Algunos de ellos son autoridades como el presidente de los Estados Unidos Joe Biden que ahora se ha puesto a favor de los y las criminales de nonatos. Pues "Biden firmó el viernes (8 de julio, 2022) una orden ejecutiva destinada a proteger el acceso al aborto y a la atención sanitaria reproductiva. … La orden ejecutiva incluye directivas que exigen ampliar las salvaguardias para el acceso a los medicamentos que acaban con la vida de los niños nonatos, el establecimiento de un grupo de trabajo interinstitucional para coordinar las protecciones para el acceso al aborto y la reunión de abogados voluntarios para representar a las mujeres y a los proveedores de abortos".[207] Esto es *relativismo moral* en un país que se considera cristiano. Esto es un *probabilismo moral* que se antepone a los principios bíblicos.

Un *relativismo moral* que ha hecho que "la especialista en política pública de los bautistas del sur, Hannah Daniel, dijera a *Baptist Press* en comentarios escritos: 'En lugar de aprovechar esta

---

[207] Tom Atrode. *La Comisión de Ética y Libertad Religiosa se opone de nuevo a la acción de Biden para proteger el aborto.* (La Habra. California. Internet. Artículo publicado en Baptist Press en Español el 18 de julio del 2022. Consultado el mismo día mes y año), ¿? https://www.baptistpress.com/resource-library/espanol/la-comision-de-etica-y-libertad-religiosa-se-opone-de-nuevo-a-la-accion-de-biden-para-proteger-el-aborto/

oportunidad para empezar a construir una verdadera cultura de la vida que sirva y cuide a las madres y a sus hijos, el presidente Biden y su administración insisten en aferrarse a un pasado que vio cómo se aprovechaban de las mujeres y se apagaban las vidas de niños vulnerables".[208]

Nosotros, creo que no estamos en peligro de muerte, hasta ahora. Pero los no nacidos, los indefensos en los vientres de sus madres son víctimas de mentes criminales, de ideologías ilógicas como el hecho de: *Es mi cuerpo y yo hago lo que quiero con él*. Los inocentes en los vientres de sus madres son víctimas de sistemas corruptos en un mundo de criminalidad continúa controlada por espíritus malévolos.

La narrativa bíblica enseña que contra toda la rabia de los sacerdotes y los saduceos, Lázaro estaba protegido por el poder de Dios. Charles Spurgeon dijo: "¡Oh, si Dios pusiera mi salvación en mis manos, estaría perdido en diez minutos, pero mi salvación no está allí, está en las manos de Cristo!".[209] A pesar de los enemigos presentes y los que vendrán, y aunque

---

[208] Tom Atrode. *La Comisión de Ética y Libertad Religiosa se opone de nuevo a la acción de Biden para proteger el aborto*. (La Habra. California. Internet. Artículo publicado en Baptist Press en Español el 18 de julio del 2022. Consultado el mismo día mes y año), ¿? https://www.baptistpress.com/resource-library/espanol/la-comision-de-etica-y-libertad-religiosa-se-opone-de-nuevo-a-la-accion-de-biden-para-proteger-el-aborto/

[209] Naty Palmazio. *Pensamiento de Charles Spurgeon en Estudios de Teología*. (La Habra, California. Internet. Consultado el 12 de noviembre del 2021), ¿? https://www.facebook.com/groups/650479622251424/

llegue el tiempo en que estemos en peligro de muerte, recordemos las palabras de esperanza del Salmista cuando dijo: "Dios es nuestro amparo y fortaleza, nuestro pronto auxilio en las tribulaciones. Por tanto, no temeremos, aunque la tierra sea removida",[210] y aunque se multipliquen nuestros perseguidores. ¡Dios está con nosotros! Y, en su presencia; ¡Veremos Su Gloria!

210 Salmo 46, (RV, 1960).

¿CUÁNDO JESUCRISTO ES GLORIFICADO?

"... algunos griegos. ... se acercaron a Felipe, que era de Betsaida, un pueblo de Galilea, y le rogaron: —Señor, queremos ver a Jesús. Felipe fue y se lo dijo a Andrés, y los dos fueron a contárselo a Jesús. Jesús les dijo entonces: —Ha llegado la hora en que el Hijo del hombre va a ser glorificado. Les aseguro que, si el grano de trigo al caer en tierra no muere, queda él solo; pero si muere, da abundante cosecha. El que ama su vida, la perderá; pero el que desprecia su vida en este mundo, la conservará para la vida eterna. Si alguno quiere servirme, que me siga; y donde yo esté, allí estará también el que me sirva. Si alguno me sirve, mi Padre lo honrará".

Juan 12:20-26, (DHH).

Introducción.

El 12 de octubre del 2021, La BBC News Mundo, anuncio diciendo que: "Desde hace unos años, la Tierra está 'perdiendo brillo. Es decir, nuestro planeta está reflejando —o devolviendo— menos luz del Sol hacia el espacio, de acuerdo con un nuevo estudio publicado en la revista Geophysical Research Letters, de la Unión Geofísica Estadounidense (AGU), en septiembre.

Los autores de la investigación, de Estados Unidos y España, llegaron a esta conclusión después de analizar datos de la cantidad de luz que la Tierra refleja en la Luna, reunidos durante los últimos 20 años por satélites y por el Observatorio Solar Big Bear de California. "Ahora hay menos nubes —por lo tanto, menos superficies blancas y brillantes que reflejen la luz— en el Pacífico oriental, frente a las costas occidentales de América del Norte y del Sur, según datos del Sistema de Energía Radiante de las Nubes y la Tierra (CERES), de la NASA. Esta reducción de las nubes se debe a un aumento en la temperatura del mar, 'con probables conexiones con el cambio climático global', dijo la AGU en un comunicado en septiembre"[211] del 2021.

Mientras la tierra está perdiendo su iluminación o su brillo, con los nuevos descubrimientos literarios y arqueológicos y la tecnología electrónica, Jesucristo está brillando más en el mundo. Es cierto que muchos no lo quieren aceptar como su Salvador y Señor, pero eso no opaca el brillo de su presencia en el mundo. Así que la pregunta para hoy es: ¿Cuándo Jesucristo es o será glorificado? Y mi respuesta es:

I.- Cuando se siembre la semilla del Evangelio.

Jesús seleccionó o eligió a Doce hombres, les enseñó las doctrinas de Su Evangelio, los entrenó en el ministerio del evangelismo y los envió a sembrar la semilla de su Palabra con el fin de que ella diera mucho fruto. Juan dice que "había ciertos griegos entre los que habían subido a la fiesta".[212] Se refiere a la Fiesta de la Pascua. "Ninguno de los otros evangelios nos relata este incidente; pero es muy

---

[211] BBC News Mundo. *¿Por qué la Tierra está "brillando" menos en los últimos años?* (La Habra, California. Internet. Artículo publicado el 12 de octubre del 2021 en el Periódico La Opinión: Noticias; Mundo. Consultado 21 13 de octubre del 2021), ¿? https://laopinion.com/2021/10/12/por-que-la-tierra-esta-brillando-menos-en-los-ultimos-anos/?placement_id=4&utm_source=La%20Opini%C3%B3n%20-%20Noticias%20M%C3%A1s%20Populares&utm_medium=email&utm_campaign=La%20Opinion%20-%20Noticias%20Editorial%20%28Morning%29&utm_term=LO%20-%20Noticias%20Mas%20Populares

[212] Juan 12:20, (RV, 1960).

significativo que lo encontremos en este - Evangelio de Juan -. El Cuarto Evangelio fue el que se escribió especialmente para presentar la verdad del evangelio de manera que los griegos lo pudieran entender y aceptar".[213]

Entonces, pues, es posible que los griegos que querían ver a Jesús eran personas que habían aceptado el judaísmo o que eran simpatizantes de la doctrina judía y que estaban convencidos de que Jesús era el Mesías prometido por Dios para salvar al Pueblo de Dios de su esclavitud terrenal. Es posible que también "pudiera tratarse de judíos de habla griega, los conocidos como *helenistas* (Hech.6:1), o referirse a griegos, en sentido de gentiles".[214] Lo más probable pudiera ser que se tratara de gente nacida en Grecia, es decir, gentiles.

Ahora bien, Jesucristo se enfocó en la nación de Israel. Realizó un enfoque nacional. Todo su ministerio lo realizó entre el pueblo judío. No tenía mucho tiempo para su ministerio, además, su enfoque fue la nación judía. Pero sin duda, algunos de los milagros o enseñanzas de Jesús habían sido hechos y escuchadas entre gente de otras nacionalidades que, ya fuera por el comercio, la política o el turismo de ese entonces, llegaron al territorio judío y allí

---

[213] William. Barclay. *Comentario al Nuevo Testamento: Volumen 6: JUAN II.* (Terrassa (Barcelona), España. Editorial CLIE. 1995), 139.

[214] Samuel Pérez Millos. *Comentario exegético al texto griego del Nuevo Testamento. JUAN.* (Viladecavalls (Barcelona), España. Editorial CLIE. 2016), 1185.

escucharon las enseñanzas de Jesús o fueron testigos de sus milagros y se convirtieron al judaísmo. Oh, por lo menos fueron simpatizantes de las prácticas religiosas de los judíos. Como en este caso, llegaron algunos griegos en tiempo de la Fiesta de la Pascua judía.

Así que, estos griegos que querían ver a Jesús llegaron para estar en la Fiesta de la Pascua judía. Jesús había dicho que, *primeramente*: No había sido "enviado sino a las ovejas perdidas de la casa de Israel".[215] *Luego*, dijo que, si era levantado de la tierra, atraería a todos a hacia él.[216] Entonces, el contacto con los griegos anunciaba dos importantes eventos en el ministerio terrenal de Jesús.

Primero: Que una de las profecías de Isaías estaba próxima a cumplirse. El profeta había anunciado lo siguiente: "En aquel día se alzará la raíz de Isaí como estandarte de los pueblos; hacia él correrán las naciones, y glorioso será el lugar donde repose".[217] Esta es una de las profecías que anunciaba el regreso o el llamado al regreso del pueblo de Israel a la Tierra Prometida. Isaías había profetizado el Cautiverio Babilónico, pero también el regreso del Pueblo Israelita a su patria. El Evangelio de Jesucristo, es un

---

215 Mateo 15:24, (RV, 1960).

216 Juan 12:31, (Nueva Biblia Latinoamericana).

217 Isaías 11:10, (NVI).

llamado no solo a la libertad del pecado sino mucho más a la Patria Celestial. En la profecía de Isaías que lanza contra Babilonia, el profeta habla de agitar la bandera desde un monte pelado para llamar a gritos a los soldados para que entren a la conquista de Babilonia.[218] Fue una profecía para llamar al pueblo de Israel hacia la Tierra Prometida.

Segundo: Que Jesús ampliaría esa profecía hacía los gentiles; es decir, a todos los seres humanos. ¿De qué manera, Jesús, ampliaría la profecía de Isaías? En los tiempos bíblicos no había teléfonos, ni telegramas, ni celulares, ni mensajes de texto. Las cartas tardaban días en llegar a su destino. En caso de una guerra inminente, ¿Cómo llamaban a los soldados para alistarse para la guerra? Usualmente se hacía de dos maneras: La primera era por medio de hacer sonar un cuerno o las trompetas especiales para tal llamado. La segunda era que: "Frecuentemente se colocaba una asta con una bandera sobre una colina como señal para reunir a las tropas (13:2). En Isaías era una señal para congregar a las naciones y traer a Israel de vuelta a casa (11:11-12; 49:22; 62:10)".[219] Esta misma profecía Jesús la expande hacia Su glorificación, la cual sería en el tiempo en que tendría

---

218 Isaías 13:1-3.

219 Nota de pie de página en la *Biblia de Estudio NVI Arqueológica: Un viaje ilustrado a través de la cultura y la historia bíblicas.* (Miami, Florida. Editorial Vida. 2009), 1093.

que ser levantado sobre el monte Calvario para morir por los pecados no solo del pueblo de Israel sino de todos los seres vivientes del planeta tierra.

Los cuatro evangelistas; Mateo, Marcos, Lucas y Juan, aseguran que Jesús de Nazaret fue levantado mientras era colgado de una cruz en la cúspide del monte Calvario; un escenario en donde pudo ser visto desde las calles, las casas y del mismo Palacio del Gobernador Poncio Pilato. ¡Y allí, fue glorificado! Fue allí en donde dijo: "*—Todo está cumplido*".[220] Irónicamente, con su muerte, Jesús, fue glorificado.

Cuando, pues, Jesús escuchó que unos griegos lo buscaban, entonces, "Jesús les respondió, diciendo: Ha llegado la hora para que el Hijo del Hombre sea glorificado. En verdad, en verdad os digo que, si el grano de trigo no cae en tierra y muere, queda él solo; pero si muere, produce mucho fruto. El que ama su vida la pierde; y el que aborrece su vida en este mundo, la conservará para vida eterna…".[221]

Pues bien, aquellos griegos se acercaron a Felipe *"y le rogaron: —Señor, queremos ver a Jesús"*. Interesante petición. Una petición que encierra por lo menos cuatro importantes lecciones para nuestro caminar en la voluntad de Dios.

220 Juan 19:30, (DHH).

221 Juan 12:23-25, (RV, 1960).

Primeramente, ***noten el respeto que manifestaron los griegos.***

Aquellas personas se acercaron a Felipe y le dijeron, *Señor*. Y luego agregan: "*Queremos ver a Jesús*". Muy poca gente se acerca a nosotros para pedirnos que quieren saber de Jesucristo. Y cuando se acercan, en algunas ocasiones no se acercan a nosotros con respeto sino con ironía, con burlas o con desprecio. Nos dicen: *A ver, tú que eres aleluya dime por qué tengo que creer en Dios.* La verdad es que no quieren saber de Dios, pero lo dicen para molestarnos. Otros se burlan diciéndonos: *A ese cristianito es un borrego que se deja guiar por lo que dice la Biblia, un libro muy antiguo, pasado de moda.* Aunque la mayoría no sabe lo que realmente dice la Biblia, pero, aun así, se burlan de nosotros. Otros más, con desprecio nos dicen: *Eres una persona antisocial; no quieres convivir con nosotros en las fiestas y en las parrandas.* En este caso, quieren que seamos sus borregos llevados al matadero.

Cuando Nehemías comenzó la reparación del muro de la ciudad de Jerusalén recibió burlar y desprecios por parte de los representantes de los pueblos vecinos. El relato bíblico dice que: "… cuando - Nehemías - les contó la forma tan bondadosa en que Dios le había ayudado y las palabras que le había dicho el rey, ellos respondieron: —¡Comencemos la reconstrucción! Y con muy buen espíritu se animaron unos a otros. Pero cuando lo supieron Sambalat el de Horón, Tobías el funcionario amonita, y Guésem el árabe, ***se burlaron*** de nosotros y nos dijeron con ***desprecio***: —¿Qué se traen ustedes entre manos? ¿Acaso piensan rebelarse contra el rey?".[222] Cuando se comienza una obra para Dios, los burladores y los despreciadores surgirán.

Y, sin embargo, a pesar de las ironías, de las burlas y los desprecios, la mayoría de las veces somos nosotros los que tenemos que acercarnos a ellos para presentarles el glorioso mensaje de salvación en Cristo Jesús. Esa es nuestra tarea; esa es nuestra Comisión Divina. Jesucristo, nuestro Señor, nos ha dicho: "… vayan y hagan discípulos de todas las naciones, bautizándolos en el nombre del Padre y del Hijo y del Espíritu Santo, enseñándoles a obedecer todo lo que les he mandado a ustedes".[223]

Entonces, pues, ¿cuándo Jesucristo es glorificado? Cuando vayamos y sembremos la Semilla del Evangelio del Señor Jesús.

En segundo lugar: ***Los griegos estaban buscando un encuentro personal con Jesús***.

Sí, es muy cierto que hoy tenemos ironías, burlas, desprecios y hasta quejas y comentarios del mal

---

222 Nehemías 2:18.19, (DHH). Las **bolds o negritas** y las *itálicas* son mías.

223 Mateo 28:19-20, (NVI).

comportamiento de cristianos que no están sujetos al Señorío de Cristo, pero, también existen personas que desean tener un encuentro personal con Jesucristo. Son personas necesitadas del perdón y del amor de Jesucristo. ¿Quién las guiará hacia el perdón y el amor de Jesús? Tú y yo. ¡Esa es nuestra Misión! ¡Esta es nuestra Tarea Misional!

Una noche se le acercó a Jesús un hombre llamado Nicodemo y le dijo: "—Maestro, sabemos que Dios te ha enviado a enseñarnos, porque nadie podría hacer los milagros que tú haces, si Dios no estuviera con él".[224] Nicodemo fue directamente a Jesús para tener un encuentro personal con El. Jesucristo lo atendió y le dio el mensaje de salvación. Nicodemo era un fariseo. Jesús nunca rechazó a una persona por su raza o creencia y nunca lo hará.

Jesucristo será glorificado cuando anunciemos el Evangelio de las Buenas Nuevas a todas las razas de este globo terráqueo. Comencemos por nuestro barrio. Nuestro territorio necesita saber del perdón que existe en Cristo Jesús.

En tercer lugar: ***Los griegos encontraron un medio para conocer a Jesús.***

Aquellos hombres bien podrían por sí mismos buscar a Jesús entre la multitud que había llegado para

[224] Juan 3:2b, (DHH).

celebrar la Fiesta de la Pascua judía, sin embargo, se acercaron a Felipe para que él los introdujera a Jesús.

Dios te ha llamado a ti para que seas tú el canal o el medio para aquellos que desean el perdón y el amor de Dios en sus vidas. El Señor te apuesto para que ellos puedan llegar a Jesucristo. Tú eres la persona indicada para decirles a estos necesitados de Dios que el Señor Jesús es el camino la verdad y la vida y que, por lo tanto, en Jesucristo existe una esperanza gloriosa. Una esperanza que no avergüenza, sino que provee una seguridad presente y futura y una paz como nadie más la puede dar.[225] ¡Tú eres el medio para que otros lleguen a conocer al Señor Jesús!

Así que te vuelvo a preguntar: ¿Cuándo Jesucristo será glorificado? Cuando tú te dejes usar por el Señor para que la muerte de Jesús no sea en vano, sino que, como dijo el profeta Isaías, las gentes lleguen a Jesucristo y sean parte de su ejército; Es decir, para que sean parte del Pueblo de Dios. ¡Para que sean parte de Su Iglesia!

En cuarto lugar: ***Los griegos llegaron a Felipe***.

Inmediatamente después de que Felipe escuchó la petición de los griegos, "Felipe se lo dijo a Andrés; entonces Andrés y Felipe se lo dijeron a Jesús".[226] Al

---

225 Juan 14:6; Romanos 5:4-5; Juan 14:27.

226 Juan 12:22, (RV, 1960).

parecer la petición de los griegos sorprendió a Felipe y este, se lo comentó a Andrés, que, sin duda alguna, también se sorprendió.

¿Por qué la sorpresa? Estaban en la Fiesta de la Pascua. Ahora bien, para poder celebrar la Fiesta deberían de estar ritualmente limpios o puros. De acuerdo con las leyes tradicionales, los judíos no deberían tener trato con los gentiles, de lo contrario, estarían impuros y, por lo tanto, no podrían participar de la ceremonia del partir el pan. "Esto es vital de comprender, pues para un judío del primer Siglo se le estaba prohibido el juntarse con gentiles. *La Misnhá*[227] dice: "Las moradas de los gentiles [literalmente," cananeos ", que significa gentiles en la tierra de Israel] son ritualmente impuras" (Ohalot 18: 7)".[228] Y, sin embargo, Felipe y Andrés se lo dijeron a Jesús. Y, ambos, ¡llevaron a los griegos ante la presencia del Señor!

---

[227] *La Mishná o Misná* (del hebreo הָנְשִׁמ, 'estudio, repetición') es la primera gran colección escrita de las tradiciones orales judías conocida como la Torá oral. También es la primera obra importante de la literatura rabínica. La Mishná fue redactada por Yehudah haNasí a principios del siglo III d. C., en una época en la que, según el Talmud, la persecución de los judíos y el paso del tiempo plantearon la posibilidad de que se olvidaran los detalles de las tradiciones orales de los fariseos del período del Segundo Templo (536 a. C.-70 d. C.). La mayor parte de la Mishná está escrita en hebreo mishnaico, mientras que algunas partes están en arameo. (Wikipedia. La Habra, California. Internet. Consultado el 4 de febrero del 2022), ¿? https://es.wikipedia.org/wiki/Mishn%C3%A1

[228] *La ley judía de no juntarse con los gentiles.* (La Habra, California. Internet. Consultado el 3 de febrero del 2022), ¿? https://www.bing.com/search?q=La%20ley%20judia%20de%20no%20juntarse%20con%20los%20gentiles&qs=n&form=QBRE&=%25eManage%20Your%20Search%20History%25E&sp=-1&pq=la%20ley%20judia%20de%20no%20juntarse%20con%20los%20gentiles&sc=0-44&sk=&cvid=35870627652143ADAD5724ACA86A5572

Seguramente que este fue un escándalo entre los lideres judíos. Judíos acompañados por griego en una Fiesta de suma importancia y, además, su Gran Líder, Jesús de Nazaret, recibe a los gentiles. ¡Sí que debió ser un acto criticable! Hoy día, cuando la sangre de Jesucristo nos ha limpiado de todo pecado, debemos de sembrar la semilla del Evangelio de Jesucristo en cualquier oportunidad, y lugar, y a cualquier persona, para que el Señor sea glorificado.

¿Cuándo será glorificado Jesucristo? Ya fue glorificado en la Cruz del Calvario, pero hoy debemos de seguir glorificándolo mientras sembramos la Semilla de Su Evangelio.

II.- CUANDO EL GRANO MUERA.

He comentado que Jesucristo ya fue glorificado con su muerte en la Cruz del Calvario. Poco ante de ser colgado de Cruz, en la última Fiesta de la Pascua judía, unos griegos buscaban a Jesús, querían conocerle. Como ya se ha dicho, ellos eran probablemente gentiles. "Los griegos eran buscadores de la verdad por encima de todo. No era raro encontrar a un griego que hubiera pasado de una escuela de filosofía a otra, y de una religión a otra, y de un maestro a otro en busca de la verdad".[229] En

[229] William. Barclay. *Comentario al Nuevo Testamento: Volumen 6: JUAN II.* (Terrassa (Barcelona), España. Editorial CLIE. 1995), 140.

esta ocasión, estos griegos que menciona Juan se quieren acercar a La Verdad que Cristo Jesús.

Pues bien, cuando Jesús escuchó por parte de Felipe y Andrés que los griegos lo querían ver, dijo unas palabras interesantes: "… —Ha llegado la hora en que el Hijo del hombre va a ser glorificado. Les aseguro que, si el grano de trigo al caer en tierra no muere, queda él solo; pero si muere, da abundante cosecha. El que ama su vida, la perderá; pero el que desprecia su vida en este mundo, la conservará para la vida eterna".[230] Esta es una clara declaración de que los gentiles serán participantes de la salvación. Por eso dijo: Ha llegado la hora en que el Hijo del hombre va a ser glorificado. "Pero ¿cómo ha de ser glorificado? Jesús lo explica diciendo: "De cierto, de cierto os digo, que, si el grano de trigo no cae en la tierra y muere, queda solo; pero si muere, lleva mucho fruto".[231] "El sentido del pasaje parece ser este: 'Los gentiles están viniendo. En su salvación yo seré glorificado. No puedo llegar a aquella gloria sino por medio de mi cruz'."[232] El grano cae a tierra para morir y llevar fruto Jesús fue alzado en la cruz y morir colgado de ella para hacer posible la salvación a todas las razas humanas porque, recodemos que, "¡En

---

230 Juan 12:23-25, (DHH).

231 Juan 12:24, (RV,1960).

232 B. H. Carroll. *Comentario Bíblico: Los cuatro evangelios: Libro II: Tomo 6*. Trd. Sara A. Hale. (Terrassa (Barcelona), España. Editorial CLIE. 1986), 268.

ningún otro hay salvación! Dios no ha dado ningún otro nombre bajo el cielo, mediante el cual podamos ser salvos".[233] ¡SOLAMENTE en Jesucristo!

Llegamos, pues, a la conclusión de que Jesús de Nazaret tenía que morir para poder ser glorificado. Su misión fue derrotar al pecado y a la muerte física y espiritual con Su muerte en el Cruz y Su Resurrección de entre los muertos. Este es el Mensaje del Evangelio de Jesucristo: ¡Este es el mensaje que debemos anunciar! Este es el mensaje profetizado en el Antiguo Testamento, historializado en los Evangelios y proclamado en las epístolas del Nuevo Testamento. Un mensaje que dice que Jesucristo fue glorificado al morir en la Cruz del Calvario. Con Su muerte en la cruz, Cristo lleva, hasta la fecha, mucho fruto; Su Iglesia sigue viva y creciendo en el mundo. Cuando anunciamos estas Buenas Nuevas de Salvación, Jesucristo, sigue siendo glorificado. ¡Su muerte lleva mucho fruto!

III.- CUANDO MURAMOS A NUESTROS PECADOS.

Un día, Jesucristo llevó a sus discípulos "a la región de Cesarea de Filipo, y allí les preguntó: —¿Quién dice la gente que es el Hijo del hombre?".[234]

---

233 Hechos 4:12, (NTV).

234 Mateo 16:13, (NVI).

Le dieron cuatro respuestas: "—Unos dicen que es Juan el Bautista, otros que Elías, y otros que Jeremías o uno de los profetas".[235] Luego Jesús les preguntó a ellos lo que pensaban de Él. Pedro le dio una correcta respuesta: "—Tú eres el Cristo, el Hijo del Dios viviente".[236] De inmediato, Jesús, les comenta que debe de ir a Jerusalén "… y sufrir muchas cosas a manos de los ancianos, de los jefes de los sacerdotes y de los maestros de la ley, y que era necesario que lo mataran y que al tercer día resucitara".[237] Esto no les gustó a los discípulos y mal interpretaron sus palabras, por lo que Pedro lo llevó aparte y comenzó a reprenderlo: —¡De ninguna manera, Señor! ¡Esto no te sucederá jamás!"[238]

En otra ocasión sus discípulos y otros más que estaba con Jesús: "… le preguntaron, diciendo: Señor, ¿restituirás el reino a Israel en este tiempo?"[239] Es decir que más de una vez, los seguidores de Jesús malentendieron el Ministerio de la Glorificación del Señor. El vino para morir por nuestros pecados. Cuando reconocemos que Su ministerio salvífico y perdonador es para transformarnos, entonces, morimos al pecado. Y al morir al pecado, Jesucristo

235 Mateo 16:14, (NVI).

236 Mateo 16:16, (NVI).

237 Mateo 12:21, (NVI).

238 Mateo 16:22, (NVI).

239 Hechos 1:6, (Reina Valera 1909).

es glorificado y nosotros podemos ver su gloria, la gloria como del unigénito del Padre, lleno de gracia y de verdad".[240] De gracia porque es el don que Dios nos ha dado en Cristo Jesús para ser salvos.[241] Y de verdad porque entre los miles de millones de dioses, Jesucristo es UNICO; ¡Él es la verdad! "En un mundo que cree en muchos dioses Él es el único Dios verdadero. … Jesús quien dice ser: la respuesta a nuestros más profundos deseos y el único camino a Dios – Él es – la creencia verdadera en una persona verdadera que me dio ayuda verdadera".[242]

Ravi Zacharías, quien nació y vivió en una cultura que es abrumadoramente hindú aceptó confiar en Cristo como su Dios personal. Él dice que: "La India es una tierra llena de dioses; 300 millones de ellos, para ser exacto. Buscar al Dios verdadero en ese medio ambiente es casi risible. … Pero tenía hambre de la realidad. Y la realidad está solamente en encontrar a Jesús".[243] ¡Jesucristo es el Dios verdadero! Y es en Él que podemos ver la gloria de Dios.

---

[240] Juan 1:14.

[241] Efesios 2:8-9.

[242] Ravi Zacharías, y Kevin Johnson. *Jesús entre otros dioses: La verdad absoluta del mensaje cristiano: Edición para jóvenes.* (Betania sin ciudad editora y sin fecha de edición), 2

[243] Ravi Zacharías, y Kevin Johnson. *Jesús entre otros dioses: La verdad absoluta del mensaje cristiano: Edición para jóvenes.* (Betania sin ciudad editora y sin fecha de edición), 5.

Una de las enseñanzas claves para la glorificación de Jesús era la muerte. Ya se ha comentado que si el trigo de grano no muere no podrá dar fruto; una referencia a su Obra Salvífica. Una muerte con la cual a todos los debe salvar, aunque no todos son salvos. Jesucristo, debería de hacer con su muerte un pueblo santo para Dios. Es decir, ¡mucho fruto espiritual! Es como si Jesús les hubiera dicho a los discípulos: "No puedo alcanzar ninguna gloria ni dar fruto hasta que haya muerto".[244] Y es aquí en donde Jesús anuncia su principio general: "El que ama su vida, la perderá; pero el que desprecia su vida en este mundo, la conservará para la vida eterna. Si alguno quiere servirme, que me siga; y donde yo esté, allí estará también el que me sirva. Si alguno me sirve, mi Padre lo honrará".[245]

Cuando un ser querido muere físicamente "decimos: 'se fue'. Podemos decir esto porque sabemos que el espíritu de la persona ha salido del cuerpo. *La muerte significa separación*".[246] En la muerte al pecado es también una separación; una separación de todo aquello que sea maldad y que nos produzca una vida infeliz. La glorificación de Jesucristo es una unión con El. Es una separación del

---

[244] B. H. Carroll. *Comentario Bíblico: Los cuatro evangelios: Libro II: Tomo 6*. Trd. Sara A. Hale. (Terrassa (Barcelona), España. Editorial CLIE. 1986), 268.

[245] Juan 12:25-26, (DHH).

[246] P. D. Bramsen. *Un Dios un Mensaje: Descubre el misterio, haz el viaje*. Trd. Carlos Tomás Knott. (Grand Rapids, Michigan. Editorial Portavoz. 2011), 127.

pecado y una unión con el que ha sido glorificado y sigue siéndolo.

¡Tenemos que morir a nuestros pecados! "En otras palabras, así como Cristo murió para ser glorificado, debe de haber la obra marchitadora en nuestro corazón del Espíritu Santo antes de – realizar la obra salvadora -".[247] Compelidos o acelerados por el Espíritu Santo, no solamente tenemos que morir a nuestros pecados, sino que también tenemos que proclamar la Buenas Nuevas de Salvación para que Jesucristo siga siendo glorificado con la transformación de nuevas vidas. Y, que, el mundo también pueda ver la gloria de Dios en Jesucristo por medio de Su Iglesia.

He dicho que tenemos una Misión: Anunciar las Buenas Nuevas de Salvación. Es aquí en donde tenemos que morir a nuestros pecados. No es correcto anunciar la libertad del pecado mientras aún no se ha muerto a él. ¡Hay que morir al pecado!, es aquí en donde con este acto de morir, Jesucristo es glorificado. No mal interpretemos la Obra de Jesucristo. La ironía es: Morir para ganar. ¡Morir para ser glorificado!

---

[247] B. H. Carroll. *Comentario Bíblico: Los cuatro evangelios: Libro II: Tomo 6*. Trd. Sara A. Hale. (Terrassa (Barcelona), España. Editorial CLIE. 1986), 268-269.

CONCLUSIÓN.

Si queremos o deseamos que Jesucristo siga siendo glorificado en Su Iglesia debemos de sembrar la Semilla del Evangelio del Señor Jesús en cualquier oportunidad, en cualquier lugar y a cualquier persona. ¡Esa es nuestra Misión!

Si deseamos que nuestro Salvador Jesucristo siga siendo glorificado debemos de proclamar su muerte, no como algo trágico, sino con el significado divino que le otorga el relato bíblico. Es decir, que, de una manera irónica, Jesús fue glorificado con Su muerte en la Cruz.

Si proclamamos que con la muerte de Jesús de Nazaret somos libres del pecado y con este acto, el Señor Jesús es glorificado, entonces, ¡Hay que morir al pecado!

¿Cuándo Jesucristo será glorificado nuevamente? Cuando sembremos la Semilla del Evangelio; cuando proclamemos que Su muerte no es en vano, sino que es para vida eterna y, cuando muramos al pecado. Entonces, El Señor Jesús, ¡será glorificado! Y, nosotros, ¡veremos su gloria!

Nueva glorificación

"Ahora todo mi ser está angustiado, ¿y acaso voy a decir: 'Padre, sálvame de esta hora difícil'? ¡Si precisamente para afrontarla he venido! '¡Padre, glorifica tu nombre!'

Se oyó entonces, desde el cielo, una voz que decía: 'Ya lo he glorificado, y volveré a glorificarlo'. La multitud que estaba allí, y que oyó la voz, decía que había sido un trueno; otros decían que un ángel le había hablado.

—Esa voz no vino por mí, sino por ustedes —dijo Jesús—. El juicio de este mundo ha llegado ya, y el príncipe de este mundo va a ser expulsado. Pero yo, cuando sea levantado de la tierra, atraeré a todos a mí mismo".

Juan 12:27-32, (NVI).

INTRODUCCIÓN.

"Cuando el evangelista Pat Kelly jugaba al béisbol para el Baltimore Orioles, un equipo de la liga nacional, su *manager* era el fogoso y triunfador Eart Weaver. Lo mismo que muchos dirigentes destacados, Weaver concentraba su mente en una cosa – ganar partidos de béisbol.

Un día Kelly se detuvo para hablar con su *manager*. 'Weave', le dijo Pat, 'es cosa buena andar con Jesús'. 'Esto está bien', le contestó su *manager*, 'pero me gustaría más que anduvieses con las bases cargadas'.

Este intercambio de pareceres es un buen ejemplo de la diferencia entre dos puntos de vista de la vida – el *temporal* y el *permanente*. Cuando estamos en lo primero, podemos quedar absortos en las cosas de esta tierra. Podemos olvidar que esta vida es solo un tiempo para prepararse para la eternidad. Pero con la visión de lo permanente reconocemos la importancia de prepararnos para la eternidad confiando en Cristo y viviendo para Él".[248]

Jesucristo se enfocó en lo permanente. Aunque estaba angustiado por lo que tendría que pasar, es decir, la muerte en la cruz, aun así, su enfoque fue lo eternal. Con esa firmeza en lo que es permanente,

---

[248] J. D. B. *Temporal frente a permanente*. (Nuestro Pan diario: Julio-agosto-septiembre-octubre-noviembre-diciembre. (Horeb en Villadecalvalls (Barcelona), España Publicado por M. C. E. 1993). Devocional del día 14 de julio.

suplica a Su Padre que lo apoye, diciéndole: "¡Padre, glorifica tu nombre!".

En el mensaje anterior le hablé sobre la glorificación del Señor Jesús. Ahora vuelvo con el mismo tema: La glorificación. Pero ahora les hablaré de la glorificación del Padre. Dios ya había sido glorificado, pero ahora me permito comunicarles sobre la Nueva glorificación del Padre en la persona y ministerio de Jesucristo.

Así que les invito para que meditemos sobre este asunto doctrinal de suma importancia para el cristianismo contemporáneo. Y lo explico con los siguientes tres testimonios que presenta el evangelista Juan en este pasaje del capítulo 12 de Su Evangelio.

I.- TESTIMONIO CELESTIAL.

Un testimonio nada nuevo, como lo veremos más adelante. Dios siempre estuvo al tanto del ministerio de Su Amado Hijo. Él lo había enviado a este mundo en el que nos movemos y nunca lo dejó, aunque, llegó un momento, de una manera misteriosa, en que tuvo que ocultarse de la presencia de Jesús. Lo amaba con un amor incondicional que, cuando, Jesús, cargó con el pecado de la toda la humanidad, fue, o demasiado doloroso para el Padre o fue algo sumamente indigno ante sus santos ojos que no quiso ver en ese momento a Su Amado Hijo en esas condiciones.

El testimonio celestial tiene, por lo menos tres aspectos o puntos que nos enseñan la grandeza de este testimonio en este texto bíblico que hemos leído. Esto es que, el testimonio de nuestro Gran Dios no puede ser agotado; pero, nos muestra algo de su grandeza. Así que, hoy te invito a que notemos estos puntos:

A.- Revelación de Su humanidad.

En este testimonio dado desde el cielo, que dice: "*... se oyó una voz del cielo, que decía: 'Ya lo he glorificado, y lo voy a glorificar otra vez'*, Jesús hace una revelación de su humanidad. En el mensaje anterior notamos que Jesús les dijo a los griegos que era necesario que el grano de trigo muriera para que pudiera llevar mucho fruto. Una referencia a la muerte de Jesús en la Cruz del Calvario. Al pensar humanamente en los dolores físicos y espirituales por los que pasaría, pues, Jesús, siendo omnisciente, sabía lo que le sucedería, dijo: "¡Siento en este momento una angustia terrible! ¿Y qué voy a decir? Diré: '¿Padre, líbrame de esta angustia?' ¡Pero precisamente para esto he venido! Padre, glorifica tu nombre. Entonces se oyó una voz del cielo, que decía: 'Ya lo he glorificado, y lo voy a glorificar otra vez'."[249]

"En muy poco tiempo se cumpliría lo determinado eternamente y el Hijo del Hombre daría Su vida para

---

[249] Juan 12:27-28, (DHH).

la obra redentora, abriendo la puerta de la esperanza a todo el que cree en El".[250] Getsemaní estaba en su mente, los juicios de los sacerdotes y el de Poncio Pilato, los sufrimientos en la Cruz, el desamparo del Padre porque llevaría el pecado del mundo, ¡Todo era conocido por Él! ¡Él ya había visto esa película! Con justa razón, desde lo más profundo de su ser, exclamó, diciendo: "Ahora todo mi ser está angustiado".[251] ¡Sí, con justa razón! Le esperaba algo terrible. En el huerto de Getsemaní volvió a sentir lo que le esperaba en pocos minutos y por eso su agonía se agrandó. ¡Era algo terrible!

B.- Diferencia entre la divinidad y la humanidad de Jesús.

Es de suma importancia hacer notar que el apóstol Juan hace una clara diferencia entre la *humanidad* y la *divinidad* de Jesús de Nazaret. "En Su deidad conoce todo lo que – sucedería a – la *hora* de la redención – es omnisciente -; en Su humanidad el desconocimiento de ciertos aspectos, como era la solución que Dios daría a Su muerte espiritual en sustitución por el pecador, le llenaba de angustia".[252]

---

250 Samuel Pérez Millos. *Comentario exegético al texto griego del Nuevo Testamento. JUAN.* (Viladecavalls (Barcelona), España. Editorial CLIE. 2016), 1200.

251 Juan 12:27, (NVI).

252 Samuel Pérez Millos. *Comentario exegético al texto griego del Nuevo Testamento. JUAN.* (Viladecavalls (Barcelona), España. Editorial CLIE. 2016), 1200.

Existen cosas que sabemos porque Dios nos las ha prometido en su Palabra, pero, como todavía viviendo en la humanidad; es decir en esta carne, no sabemos a ciencia cierta el *cuándo*, el *cómo* y el en *dónde*. Por ejemplo, Dios ha prometido que el cristiano, al morir, estará en la presencia de Dios.

Ahora bien, sabemos que vamos a morir, pero ¿cuándo? No lo abemos. ¿Cómo vamos a morir? No lo sabemos. Esta misma semana – 02/11/2022 -, el pastor *Rott McKinney*, pastor en la Iglesia Bautista Huntington Beach, California, quien era el pastor del Departamento "*El Garage*",[253] partió a la presencia de Dios. Un mes antes, estaba muy contento por haber logrado que el piso de *La Capilla: El Garage,* su lugar de reuniones fuera alfombrado, pintado y con sillas nuevas. Nadie esperábamos su muerte tan repentina. ¿Cuándo vamos a morir? ¡No lo sabemos!

¿En dónde estaremos con la presencia de Dios? Algunos nos dicen que en el Paraíso de Dios; otros que en un estado intermedio; Otros que en una especia de *Sala de espera* en el Sehol;[254] Otros más

---

253 *Huntington Beach Church* está compuesta por la Iglesia de los Anglos, su pastor es Jason Robertson; *la Iglesia* "*El Garage*", que estaba siendo pastoreada por el pastor Rott McKnney; *la Iglesia Coreana*, pastoreada por John Kim y *Ministerios Cristianos*, pastoreada por Eleazar Barajas.

254 *Seol.* Según la Biblia hebrea, morada de los muertos o, específicamente, de los injustos que han muerto. Es una de la muchas palabras y frases que designa la muerte, los muertos y el destino de quienes pasaron más allá de esta vida. … En varios textos se habla de personas que descienden al Sehol o a los lugares profundos (Salmo 88:6-10; Amós 9:2). Calcada, Leticia: Editora General. *Diccionario Bíblico Ilustrado Holman.* (Nashville, Tennessee. USA. B&H Publishing Group. 2008), 1474.

en un purgatorio o en un limbo; El apóstol Pablo dijo que seremos arrebatados hacia las nubes y "así estaremos siempre con el Señor".[255] Jesucristo dijo que estaría preparando una casa o morada para Sus seguidores en la Casa de su Padre.[256]

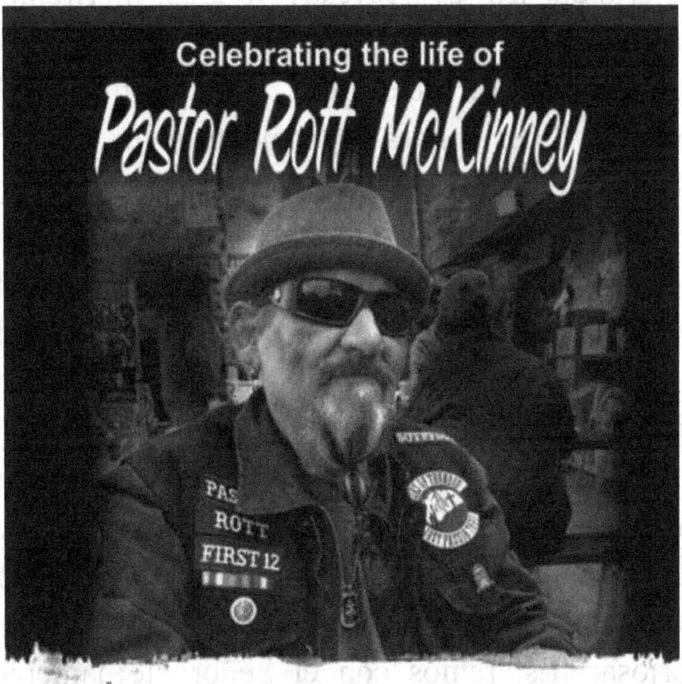

Pastor en:

Huntington Beach Church

8121 Ellis Ave.
Huntington Beach, California. 92646

---

255 I Tesalonicenses 4:17.

256 Juan 14:6.

Lo cierto de todo esto es que, si Jesucristo fue glorificado y el Padre también nuevamente sería glorificado, entonces, nosotros que estamos en Cristo, también seremos glorificados en Cristo Jesús. El apóstol Pablo dijo: "Fíjense bien en el misterio que les voy a revelar: No todos moriremos, pero todos seremos transformados, en un instante, en un abrir y cerrar de ojos, al toque final de la trompeta. Pues sonará la trompeta y los muertos resucitarán con un cuerpo incorruptible, y nosotros seremos transformados. Porque lo corruptible tiene que revestirse de lo incorruptible, y lo mortal, de inmortalidad. Cuando lo corruptible se revista de lo incorruptible, y lo mortal, de inmortalidad",[257] y, ¡entonces estaremos listos para la glorificación!

Esta es la verdad bíblica y teológica: Aunque nuestras almas se angustien en esta tierra por ver toda la maldad y por pasar por los sufrimientos físicos, emocionales y sociales, existe una esperanza gloriosa; ¡Estaremos con el Señor eternamente! Jesucristo fue glorificado, el Padre tendrá una NUEVA GLORIFICACION y, nosotros en ellos, seremos transformados.

¿Por qué digo esto? Porque si Jesucristo fue glorificado al ser levantado en la Cruz del Calvario y luego llevado al cielo para estar con Su Padre, entonces, los que estamos en Cristo, también seremos

---

[257] I Corintios 15:51-54, (NVI).

levantados, no en una cruz. Eso ya lo hizo Jesús por nosotros, sino levantados con Cristo Jesús hacia la presencia del Padre Dios; es decir "… nosotros los que vivimos, los que hayamos quedado, seremos arrebatados con ellos en las nubes para recibir al Señor en el aíre, y así estaremos siempre con el Señor".[258] Y en ese levantar, en un momento dado, *seremos transformados* y luego *glorificados* para poder estar en la presencia de Dios eternamente.

C.- Siempre quiso glorificar al Padre.

Pues bien, es esta verdad que es testificada desde el cielo con una fuerte voz; ¡Es un testimonio celestial! Jesús no buscaba Su gloria, él siempre quiso glorificar al Padre. Aquí, en este relato juanino, Jesús le dice al Padre: *"... glorifica tu nombre".*[259] Es como si Jesús, en ese preciso momento le hubiera dicho a Su Padre: "… Padre, concédeme que, a través de mi perfecta obediencia a tu voluntad, dondequiera que esta voluntad me dirija (especialmente en mi sufrimiento y muerte), tu nombre sea glorificado".[260] La respuesta a la petición de Jesús no se hizo esperar. Una voz del cielo se escuchó. Fue una fuerte voz, pues

---

258 I Tesalonicenses 4:17, (RV, 1960).

259 Juan 12:28, (RV, 1960).

260 Samuel Pérez Millos. *Comentario exegético al texto griego del Nuevo Testamento. JUAN.* (Viladecavalls (Barcelona), España. Editorial CLIE. 2016), 1203.

algunos pensaron que había sido un trueno. Fue una voz que todos los presentes ante Jesús escucharon.

La voz dijo que ya lo había glorificado pero que lo volvería a glorificar. Es decir, habló de un NUEVA GLORIFICACION. Habló de que el Padre ya había sido glorificado por las obras que Jesús había hecho, como en la resurrección de Lázaro en donde: "… Jesús, mirando al cielo, dijo: —Padre, te doy gracias porque me has escuchado. Yo sé que siempre me escuchas, pero lo digo por el bien de esta gente que está aquí, para que crean que tú me has enviado".[261]

Así que, el Padre fue glorificado en cada obra y palabra de Jesús y, sin embargo, "volvería a ser glorificado en la entrega redentora del Hijo, en Su resurrección y en Su glorificación, así como en el envío del Espíritu Santo (cf. 14:12; 17:1)".[262]

Dios Padre fue glorificado por la obediencia perfecta de Jesús y, luego fue nuevamente glorificado con la obra redentora, la resurrección y la glorificación de su amado Hijo Cristo Jesús. ¡Dios fue NUEMENTE GLORIFICADO!

Una voz del cielo fue audible cuando Jesús fue bautizado por Juan el Bautista. En la trasfiguración de Jesús en el llamado *monte de la trasfiguración*, también se escuchó una voz del cielo afirmando que

---

[261] Juan 11:41-42, (DHH).

[262] Samuel Pérez Millos. *Comentario exegético al texto griego del Nuevo Testamento. JUAN*. (Viladecavalls (Barcelona), España. Editorial CLIE. 2016), 1203.

Jesús era su Amado Hijo.[263] Es decir que "la voz el cielo aparece varias veces en la Escritura, tanto en el Antiguo como en el Nuevo Testamento (cf. Dan.4:31; Hech.9:4; 11:9)",[264] siempre afirmando, no solamente una unidad de trabajo salvífico entre Dios Padre y Jesucristo sino que, además, mostrando que ambos son glorificados de diferentes maneras; el Padre glorifica al Hijo por su labor Salvífica/Redentora y el Hijo glorifica al Padre por su obediencia hasta la misma muerte y, muerte de cruz.

Esto nos asegura que la próxima vez que se escuche la voz de mando del Señor, la voz del arcángel y el sonido de la trompeta es porque habrá llegado el tiempo de nuestra transformación. ¡Dios NUEVAMENTE SERA GLORIFICADO!

II.- Testimonio terrenal.

El segundo testimonio de que el Padre NUEVAMENTE SERIA GLORIFICADO fue el testimonio terrenal. ¿A qué me refiero con testimonio terrenal? "La gente que estaba allí – en Jerusalén - escuchando, decía que había sido un trueno; pero algunos afirmaban: —Un ángel le ha hablado".[265] Fue una voz con un mensaje "claramente destinado

263 Marcos 1:11; 9:7.

264 Samuel Pérez Millos. *Comentario exegético al texto griego del Nuevo Testamento. JUAN.* (Viladecavalls (Barcelona), España. Editorial CLIE. 2016), 1203.

265 Juan 12:29, (DHH).

al pueblo, para que puedan ver la intimidad entre el Padre y el Hijo".[266]

Todos los judíos que estaban presentes escuchando las enseñanzas de Jesús sabían que Dios le había hablado a Moisés desde una nube; sabían que le había hablado en el monte Horeb, estaba este conocimiento dentro de su educación teológica. Pero en los tiempos de Jesús la idea de que Dios hablara directamente se había esfumado. En ese tiempo se pensaba que era la "*bat qól.* Expresión hebrea que quiere decir *hija de la voz* o *voz hija.* … no era la voz directa de Dios, sino lo que llamaríamos un eco de su voz, un distante suave murmullo en vez de una comunicación viva y directa".[267] Pero esto no fue lo que Jesús y los otros escucharon, ellos escucharon directamente una voz, no un eco. ¡Fue la voz de Dios! Esta no fue la primera vez que esto sucedía. En su bautismo se escuchó esta misma voz. En el monte de la transfiguración cuando Jesús había decidido encaminarse a Jerusalén para ser crucificado y, ahora, en Juan 12:28, "cuando Su humanidad necesitaba la ayuda divina para el suplicio de la cruz",[268] la voz de Dios se volvió a escuchar.

---

266 Raymond E. Brown. *El Evangelio y las cartas de Juan.* Td. María del Carmen Blanco Moreno. (Bilbao, España. Editorial Desclee de Brouwer, S. A. 2010), 111.

267 William Barclay, *Comentario al Nuevo Testamento: Volumen 6: JUAN II.* (Terrassa (Barcelona), España. Editorial CLIE. 1995), 148.

268 William Barclay, *Comentario al Nuevo Testamento: Volumen 6: JUAN II.* (Terrassa (Barcelona), España. Editorial CLIE. 1995), 148.

Ahora bien, si esto era normal en la cultura judía, ¿por qué la expresión: *"un ángel le ha hablado"*? ¿por qué confundir la voz de Dios con la de un ángel? En el tiempo de la vida terrenal de Jesucristo el helenismo y el judaísmo eran ideologías paralelas. El helenismo[269] invadió a toda Palestina. Una de las doctrinas dentro de la cultura helena fue el gnosticismo, una filosofía ecléctica que "incorporó sus materiales de muchos lugares y mitologías, griegas, persas, egipcias, indias, y de las filosofías y teofanías de esos países".[270] Entre sus doctrinas estaba la adoración a los ángeles, una idea que estaba en la mente de las personas que estaban escuchando las enseñanzas de Jesús.

Recordemos que, Jesús, no fue bien recibido por el liderazgo religioso de su tiempo. Ellos tenían mucha influencia sobre el pueblo. Así que, Jesús tenía a su alrededor judíos que dudaban de sus enseñanzas y otros que definitivamente lo rechazaban. Con esa mentalidad y ese corazón de rebeldía al mensaje de Jesús, seguramente que no querían escuchar la voz de Dios o sencillamente la confundieron. Es decir

---

[269] Helenismo. Según el *Baker's Dictionary of Theology*, podemos definir el helenismo como la cultura, el lenguaje y la filosofía de la vida corriente en el mundogreco/roamno en tiempos de Cristo. José Flores. cristología de Juan. (Terrassa (Barcelona), España. Editorial CLIE. 1975), 101.

[270] José Flores. *cristología de Juan*. (Terrassa (Barcelona), España. Editorial CLIE. 1975), 105.

que, "nuestro problema no es que Dios no nos hable, sino que no Le queremos oír".[271]

Y como no queremos que Dios nos hable, buscamos la manera de escuchar de escuchar cualquier otra voz o desvirtuar la voz de Dios.

Los falsos maestros del tiempo de Pablo estaban enseñando en la iglesia de Colosas que había que adorar a los ángeles. "Parece ser que los falsos maestros enseñaban a los colosenses que los ángeles podían pedir a Dios en su favor, cuando hacían sus oraciones. Pero eso algo que solo el Espíritu Santo (Ro. 8:26-27) y Cristo mismo (Ro. 8:39), pueden hacer".[272] El apóstol Pablo enseñó en contra de esta doctrina diciéndoles a los colosenses: "No dejen que los condenen esos que se hacen pasar por muy humildes y ***que dan culto a los ángeles***, que pretenden tener visiones y que se hinchan de orgullo a causa de sus pensamientos humanos".[273]

Cuando Pablo estaba en la cárcel de Roma, algunos estaban predicado el evangelio con intereses diferentes a los de Pablo. Ante esta situación, Pablo les dijo a los hermanos de Filipos: "Es verdad que algunos anuncian a Cristo por envidia y rivalidad, pero otros lo hacen con buena intención. Algunos

---

[271] William Barclay, *Comentario al Nuevo Testamento: Volumen 6: JUAN II.* (Terrassa (Barcelona), España. Editorial CLIE. 1995), 148.

[272] Comentario de pie de página en la *Biblia de Estudio Esquematizada.* (Brasil. Sociedades Bíblicas Unidas. 2010), 1786.

[273] Colosenses 2:18, (DHH). Las **negritas** e *itálicas* son mías.

anuncian a Cristo por amor, sabiendo que Dios me ha puesto aquí para defender el evangelio; pero otros lo hacen por interés personal, y no son sinceros, sino que quieren causarme más dificultades ahora que estoy preso. Pero ¿qué importa? De cualquier manera, con sinceridad o sin ella, anuncian a Cristo; y esto me causa alegría".[274] De la misma manera, "la multitud que estaba allí, con Jesús, y había oído la voz, decían que había sido un trueno. Otros decían: Un ángel le ha hablado", ¡Y qué importa lo que hayan dicho! Con sus palabras dieron un testimonio terrenal de que un Ser superior a ellos había hablado desde el cielo en respuesta de la declaración de Jesús, cuando dijo: "Padre, glorifica tu nombre".[275]

Con buena o mala intensión; con buena o mala teología, la multitud dio testimonio de que Jesucristo era y es una persona que podía glorificar a Dios con su vida y ministerio.

III.- Testimonio de Jesucristo.

El mundo puede oír y oír y volver a oír la Palabra de Dios y, aun así, ¡El mensaje de Dios sigue siendo ignorado! Aquellos que rodeaban a Jesús mientras les comunicaba el mensaje de salvación y que escucharon la voz desde el cielo no entendieron o no

[274] Filipenses 1:15-18, (DHH).

[275] Juan 12:28, (RV, 1960).

quisieron entender el mensaje o testimonio celestial. Así que Jesús, al ver su negativa e incertidumbre, da su propio testimonio acerca de lo que habían escuchado. Y, entonces, "Jesús les dijo: —No fue por mí por quien se oyó esta voz, sino por ustedes. Éste es el momento en que el mundo va a ser juzgado, y ahora será expulsado el que manda en este mundo. Pero cuando yo sea levantado de la tierra, atraeré a todos a mí mismo. Con esto daba a entender de qué forma había de morir".[276]

Notemos que, en este testimonio, Jesús hace referencia a el Príncipe de este mundo. ¿A quién se refiere? El Señor, cuando habla del Príncipe de este mundo se refiere a "el diablo, el jefe de las fuerzas del mal".[277] Y, dice que este personaje será juzgado cuando el Señor Jesús sea levantado. ¿Qué es el significado de estas palabras divinas?

El Señor hace referencia a su muerte en la cruz. Notemos una vez más que, Jesucristo dijo: "Pero yo, cuando sea levantado de la tierra, atraeré a todos a mí mismo".[278] De acuerdo con algunos comentaristas, esta expresión – *levantado de la tierra* -, tiene dos sentidos: ser crucificado y revelar la naturaleza

---

276 Juan 12:30-33, (DHH).

277 Nota de pie de página en la *Biblia de Estudio Esquematizada*. (Brasil. Sociedades Bíblicas Unidas. 2010), 1588.

278 Juan 12:32, (NVI).

divina, es decir, ser glorificado".[279] En el dialogo entre Jesús y el fariseo Nicodemo, Jesús le dijo que nadie ha subido al cielo sino el que descendió del cielo, es decir, Jesucristo. Y, luego, Jesús, le recuerda a Nicodemo algo que él sabía de Números 21:9, pues era un estudiante de las Escrituras hebreas: "Y así como Moisés levantó la serpiente en el desierto, así también el Hijo del hombre tiene que ser levantado, para que todo el que cree en él tenga vida eterna".[280]

Jesucristo le aseguró a Nicodemo que el Hijo del Hombre – es decir, Jesús -, tendría que ser levantado tanto en una cruz como hacia el cielo.[281] El Testimonio de Jesucristo es que él había llegado a este mundo con el fin de morir por los pecadores y así cumplir el deseo de Dios de tener una Iglesia para El. Dios deseaba liberar a la gente que estaba atada al poder del Príncipe de este mundo, el cual. Con la glorificación de Jesucristo, sería "echado fuera".[282] A esto se refería Jesús cuando dijo que *ahora será expulsado el que manda en este mundo.* Es decir que el Príncipe de este mundo; Satanás, sería juzgado y nosotros podríamos ver su Gloria.

---

[279] Nota de pie de página en la *Biblia de Estudio Esquematizada.* (Brasil. Sociedades Bíblicas Unidas. 2010), 1588.

[280] Juan 3:14-15, (DHH).

[281] Juan 8:28; 12:32-34; 18:32.

[282] Juan 12:31.

CONCLUSIÓN.

Dios ya ha sido glorificado. Sus obras en el Antiguo Testamento lo glorificaron: Las plagas en Egipto, los milagros en el desierto en la peregrinación de Israel a Palestina, la conquista de la Tierra Prometida, el establecimiento de la monarquía, las profecías anunciadas por medio de los profetas con su encabezado: Así dice el Señor y sumo cuidado de Su Pueblo, son evidencias de la glorificación de Dios en el Antiguo Testamento.

En el Nuevo Testamento, Jesucristo se encargó de la Nueva glorificación del Padre Dios. Su absoluta obediencia para cumplir fielmente los deseos de Dios Padre, en especial desde que fue bautizado en el rio Jordán por Juan El Bautista hasta su ascensión al lado de Su Padre, mostraron, cada palabra, cada milagro y cada paso de Jesús que el Padre era glorificado.

A la gente de su tiempo, les dijo en sus últimas horas de obediencia para que su Padre fuera glorificado: "Ahora todo mi ser está angustiado, ¿y acaso voy a decir: 'Padre, sálvame de esta hora difícil'? ¡Si precisamente para afrontarla he venido! '¡Padre, glorifica tu nombre!'."[283] ¡Y su nombre fue glorificado! ¡Y nosotros vimos su Gloria!

Testimonio a la gente de la unidad entre Jesucristo y el Padre Dios, no le ha faltado. Testimonio desde

---

283 Juan 12:27, (NVI).

el mismo Cielo, para que la gente crea en Dios, no ha faltado. Testimonio de la presencia de Dios en la tierra, no ha faltado. La gente vio los milagros hechos por Jesús, escuchó las enseñanzas del Señor y fueron testigos de la comunión entre Dios y Jesús al oír más de una vez la voz de Dios desde el mismo cielo. Es esta parte de la razón por la cual el apóstol Juan dijo: "Y vimos su Gloria".

Testimonio para que la gente crea en Dios no ha faltado. Un testimonio más fue el anunciado por Jesús al decir: "—Esa voz no vino por mí, sino por ustedes —dijo Jesús—. El juicio de este mundo ha llegado ya, y el príncipe de este mundo va a ser expulsado. Pero yo, cuando sea levantado de la tierra, atraeré a todos a mí mismo".[284]

Dios ha manifestado su gracia y su poder salvífico, todo lo que el ser humano necesita hacer es creer y aceptar el regalo que Dios ha hecho por medio de Jesucristo: la salvación.

¡Existe suficiente testimonio para creer en la glorificación de Dios por medio de Sus obras!

---

[284] Juan 12:30-32, (NVI).

"Yo no te juzgo"

"Si alguno escucha mis palabras, pero no las obedece, no seré yo quien lo juzgue; pues no vine a juzgar al mundo, sino a salvarlo.

El que me rechaza y no acepta mis palabras tiene quien lo juzgue. La palabra que yo he proclamado lo condenará en el día final.

Yo no he hablado por mi propia cuenta; el Padre que me envió me ordenó qué decir y cómo decirlo. Y sé muy bien que su mandato es vida eterna. Así que todo lo que digo es lo que el Padre me ha ordenado decir».

Juan 12:47-50, (NVI).

Introducción.

El Dr. Adrián Rogers, en su Devocional del 14 de octubre del 2021: *El Amor Que Vale*, comentando sobre las palabras del proverbista cuando dijo: "Porque cuál es su pensamiento en su corazón, tal es él. Come y bebe, te dirá; más su corazón no está contigo".[285] El doctor Rogers dijo que: "Una maestra le pidió a un niñito que terminara este proverbio: 'La limpieza es próxima a…' Y él le contestó: 'La limpieza es próxima a la imposibilidad'.

Bueno, amigo, el niñito no estaba tan lejos de la verdad, ¿o lo estaba? Es asombroso lo que la gente hace con el fin de tratar de purificarse a sí mismos: ayunan, oran, se arrodillan, caminan, se autoflagelan, invernan, se aíslan. Con todo, tristemente descubren que el esfuerzo humano no es el camino a la pureza porque continúan con una mente mundana. Antes de pretender poseer una vida de pureza, debemos tener una vida de pensamiento limpia. Dios trabaja de adentro hacia fuera. Él conoce que usted no puede purificar el agua contaminada con tan sólo pintar el pozo por fuera".[286]

Es por esta y otras razones que hoy te invito a que meditemos en lo que dicen las palabras de Jesucristo escritas en este Evangelio de Juan. En el párrafo que hemos leído, existen tres fuertes razones para no pasar el mensaje de Dios inadvertido. Es decir, para no *pintar el pozo por fuera* y creer que las puertas del cielo se abrirán a nuestra llegada a la presencia

---

[285] Proverbios 23:7, (RV, 1960.

[286] Dr. Adrian Rogers. *El amor que Vale: Tesoros de la Palabra.* (La Habra, California. Internet. Devocional del 14 de octubre del 2021. Consultado el mismo día y año), ¿? https://www.lightsource.com/ministry/el-amor-que-vale/devotionals/tesoros-de-la-palabra/tesoros-de-la-palabra-14-de-octubre-2018-11799381.html

de Dios. La primera de ellas es el propósito de Jesús al venir a este mundo.

I.- Propósito: Salvar, no juzgar.

Es importante hacer notar que: "Según Juan, estas son las últimas palabras de la enseñanza pública de Jesús. A partir de aquí, enseñará a Sus discípulos; y más adelante Se encontrará ante Pilato. Pero estas son las últimas palabras que dirigió al público en general".[287] Es decir que esa fue la última oportunidad de escuchar el mensaje de Dios y de creer en quien lo estaba predicando. Para aquella audiencia que escuchaba las enseñanzas de Jesús, fue su última oportunidad de arreglar cuentas con Dios por medio de Jesucristo. Allí, en Jerusalén, a la multitud, Jesucristo les dijo: "Si alguno escucha mis palabras, pero no las obedece, no seré yo quien lo juzgue; pues no vine a juzgar al mundo, sino a salvarlo".[288] Jesucristo llegó a nuestro mundo con propósito Salvífico/Redentor, no justiciero. Más bien, de acuerdo con el apóstol Pablo, en Cristo somos justificados por la fe en él.[289] ¡Dios nos justifica en Cristo Jesús!

---

[287] William. Barclay. *Comentario al Nuevo Testamento: Volumen 6: JUAN II.* (Terrassa (Barcelona), España. Editorial CLIE. 1995), 155.

[288] Juan 12:47, (NVI).

[289] Romanos 5:8.

El teólogo y escritor, Agustín de Hipona, dijo que "estas palabras – de Jesús dichas en Juan 12:47 - deben entenderse de este modo: 'Yo no le juzgo ahora', teniendo presente que en otro lugar – Jesús - dijo (Jn 5:22): 'El Padre ha dado todo juicio al Hijo'. Y en las palabras siguientes muestra por qué ahora no juzga: 'Porque no he venido a juzgar al mundo, sino a salvar al mundo'. Es decir que … ahora es tiempo de misericordia, más tarde lo será de juicio".[290]

Así que, si *la limpieza es próxima a la imposibilidad*, el juicio de Dios es una posibilidad escatológica. La Santa Trinidad será el Juez Supremo en el Juicio Divino de aquel día.

A.- No la ira, sino su amor.

Ahora bien, los evangelios Mateo Marcos y Lucas hacen notar que el Ministerio Terrenal de Jesús, fue de diversas sanidades, de dominio contra toda clase de fuerzas maligna y de salvación. Mientras tanto, en el Evangelio de Juan, se enfatiza que el propósito de Jesús fue Salvar a la humanidad de sus pecados. Es decir que El no vino al mundo para condenarlo, sino para salvarlo. "No fue la ira de Dios lo que envió

---

[290] San Agustín ut supra, en Aquino, Santo Tomás De. Cantena Aurea. *Comentarios sobre el Evangelio de San Juan.* (San Bernardino, California. Ivory Fall Books. 2016), 381.

a Jesús a la Tierra, sino su amor".[291] Así es que, en ese amor divino, "Jesús llama a la gente a creer en El. Muchos de ellos, afirmaban creer en Dios, pero no en Jesús".[292]

Nada nuevo en nuestro mundo contemporáneo; aquí, en Estados Unidos, todos creen en Dios, en algún dios. "Una encuesta de la empresa Harris Online reveló que la gran mayoría de estadounidenses cree en Dios, los milagros y el demonio. Según el estudio, el 82 por ciento de los estadounidenses adultos cree en Dios, el 79 por ciento milagros, el 70 por ciento en el cielo y el 60 por ciento en el diablo y el infierno. Asimismo, un 70 por ciento de los estadounidenses se considera religioso".[293]

Pero no creen en Jesús como Su Dios; como Su Salvador y Su Señor. "La consecuencia es clara: el que cree en Jesús, no está creyendo en el hombre que era, el de Nazaret, sino en el Padre, aquí, en la forma velada de '*el que me ha enviado*'." La Teología bíblica enseña que es Jesús en el Padre y

---

291 William. Barclay. *Comentario al Nuevo Testamento: Volumen 6: JUAN II.* (Terrassa (Barcelona), España. Editorial CLIE. 1995), 155.

292 Samuel Pérez Millos. *Comentario exegético al texto griego del Nuevo Testamento. JUAN.* (Viladecavalls (Barcelona), España. Editorial CLIE. 2016), 1233.

293 Redacción ACI Prensa. *Encuesta confirma que en Estados Unidos la mayoría sí cree en Dios.* (La Habra, California. Internet. Articulo publicado el 7 de diciembre de 2007 - 8:17 PM. Consultado el 12 de octubre del 2022), ¿? https://www.aciprensa.com/noticias/encuesta-confirma-que-en-estados-unidos-la-mayoria-si-cree-en-dios#:~:text=Una%20encuesta%20de%20la%20empresa%20Harris%20Online%20revel%C3%B3,por%20ciento%20en%20el%20diablo%20y%20el%20infierno.

el Padre en Jesús. "Yo y el Padre uno somos".[294]- Dijo Jesús –. Es decir, tú y yo no podemos creer en Dios y rechazar a Jesucristo el Salvador de nuestras personas y asegurar un futuro con un propósito de salvación. Dios nos ha enviado el medio por el cual podemos ser salvos. La Biblia dice que "no hay más que un Dios, y un solo hombre que sea el mediador entre Dios y los hombres: Cristo Jesús. Porque él se entregó a la muerte como rescate por la salvación de todos".[295] ¡El propósito de Jesucristo fue salvar a la humanidad de sus pecados! Su tarea ministerial fue salvar no juzgar ni condenar.

B.- Todo mundo tenía prisa.

¿Alguna vez has pensado que está sería la última vez que puedas escuchar el mensaje de Dios? En un video que me enviaron por el correo electrónico el miércoles 16 de febrero del 2022, noté que una mujer estaba parada en un mercado de la ciudad El Salvador, en el país del Salvador Centro América. Con un micrófono y una hermosa bocina leyó parte de la Biblia y luego exhortó a que se separarán del mundo y se acercaran a Dios; les prometió que Dios les ayudaría y los salvaría de sus pecados, que no eran el brujo el que los podía ayudar ni las imágenes.

---

294 Juan 10:30, (RV, 1960).

295 I Timoteo 2:5-6, (DHH).

Más de una vez, los invitó a ser salvos en Cristo Jesús.

Mientras veía el video, noté que la gente pasaba sin detenerse, la escuchaban sin pararse para meditar o pensar en lo que ella hablaba.[296] Todo mundo tenía prisa por hacer sus cosas. Así que, mientras la veía y escuchaba en el video, me pregunté: ¿Cuántas de esas personas que ignoraron las palabras de la mujer parada en una banqueta con su Biblia en la mano, de la ciudad del Salvador, fue su última oportunidad de escuchar el mensaje de salvación?

El propósito de Jesucristo fue y sigue siendo salvar a todo aquel que cree en El. Jesucristo no vino para juzgarte por tus pecados o tu manera de vivir, ¡El vino para salvarte de todos tus pecados y darte vida eterna! Detente por un momento y escucha el mensaje de salvación. Nunca te arrepentirás de haber parado de tus actividades unos minutos para escuchar el mensaje de Jesucristo; nunca te arrepentirás de haber escuchado el mensaje de salvación.

C.- Los prosélitos con un nuevo cambio.

Durante el ministerio de Jesucristo en esta tierra existían dos tipos de personas que eran llamada

[296] *Se termina el tiempo.* (La Habra, California. Internet. Video enviado a mi correo por Arely Monterrosa el 16 de febrero del 2022. Consultado el mismos día, mes y año), ¿? https://www.facebook.com/permalink.php?story_fbid=1675689452774789 &id=100010012513849

prosélitos. Estaban los llamados "*tzedek Ger* (religiosos prosélitos justos): eran gentiles convertidos al judaísmo, que cumplían con todas las doctrinas judaicas y los *toshav Ger* (prosélitos de la puerta). Personas que vivían en Israel y que seguían algunas de las costumbres de los judíos. Muchos de ellos seguían solamente los Siete Preceptos de Noé:[297] no adorar a los ídolos, no blasfemar el nombre de Dios, no cometer asesinato, no cometer actos sexuales inmorales, no robar, no rasgar el miembro de un animal vivo, y establecer tribunales de justicia. Estos prosélitos iban a las sinagogas, como Cornelio".[298]

Pero cuando escucharon el mensaje de salvación por la misma boca de Jesucristo, algunos de ellos lo aceptaron; dejaron el judaísmo y en lugar de seguir siendo prosélitos, llegaron a ser cristianos. Algunos de ellos fueron parte de los que se convirtieron cuando Pedro predicó en el Día de Pentecostés.

Con el nuevo cambio en sus vidas, llegaban a las sinagogas o las reuniones de los cristianos con el propósito de darle gracias a Dios por su salvación.

---

[297] Según Rab Aharon Shlezinger, *Los siete preceptos de Noé* son los mandamientos entregados por Dios a toda la humanidad. A través del cumplimiento de estas pocas y aparentemente sencillas normas, se puede alcanzar un grado supremo y heredar el Mundo Venidero. (La Habra, California. Internet. Consultado el 3 de febrero del 2022), ¿? https://www.libreriajudaica.com/producto/los-7-preceptos-de-noe/#:~:text=Los%20siete%20preceptos%20de%20No%C3%A9%20son%20los%20mandamientos,un%20grado%20supremo%20y%20heredar%20el%20Mundo%20Venidero.

[298] Wikipedia, la enciclopedia libre. *Prosélito.* (AD 49 Hechos 15:20-21). (La Habra, California. Internet. Consultado el 3 de febrero del 2022), ¿? https://es.wikipedia.org/wiki/Pros%C3%A9lito

Ellos no llegaban a la sinagoga judía con el fin de juzgar. Sabían que Dios los había salvado y que nunca los había juzgado por sus pecados o por su nacionalidad. Seguían el ejemplo doctrinal y teológico de las enseñanzas y Ministerio de Jesucristo. ¿Qué ejemplo seguimos nosotros? No me lo digan, solo piensen en esto.

El propósito de la muerte de Jesús en la Cruz del Calvario fue para salvarte. Él nunca se preocupó de tu físico ni de tu raza, ni de tu posición social; Él se preocupó por rescatarte del poder del pecado y de las ataduras del Príncipe de este mundo. El no vino a este mundo y a tu vida para juzgarte, sino para salvarte.

En esta acción divina, "hemos contemplado su gloria, la gloria que corresponde al Hijo unigénito del Padre, lleno de gracia y de verdad".[299] Por lo que, hoy podemos decir: ¡A Él sea la Gloria!

II.- Palabra de justicia.

Podemos hacer lo que se nos antoje en esta vida, aceptar o rechazar a Jesucristo y su mensaje Salvífico y Redentor. Podemos vivir una vida honesta, pero sin Dios y, aun podemos asistir a la iglesia, pero, esto no evita que el juicio divino sea algo obsoleto o inescapable. Jesucristo fue terminante y concreto en este asunto doctrinal y escatológico, al decir: "El que

[299] Juan 1:14, (NVI).

me rechaza y no acepta mis palabras tiene quien lo juzgue. La palabra que yo he proclamado lo condenará en el día final".[300] El patriarca de Constantinopla y gran predicador del siglo III de la Era Cristiana, Juan de Antioquía, apodado Crisóstomo, dijo: Después, para que con estas palabras no se hiciesen perezosos y negligentes, - Jesús – habla enseguida de su terrible juicio: 'El que me desprecia y no recibe mis palabras, tiene quien le juzgue'."[301] Es decir, existe una Palabra de justicia a la cual todos tenemos que responder en aquel Gran Día del Juicio.

He comentado que no fue la ira de Dios la que envió a Jesús a la tierra, sino que fue el inmenso amor de Dios por la humanidad. Y, "sin embargo, la venida de Jesús conlleva inevitablemente el juicio. ¿Por qué? Porque por su actitud ante Jesús, cada persona se revela como es en realidad; y, por tanto, recibe el veredicto".[302] No podemos escondernos de la profunda y penetrante mirada de Dios.

Cuando Jesucristo se le presentó al anciano Juan en la isla de Patmos, una isla que "queda en el mar Adriático, a unos 100 kilómetros al sudoeste de la ciudad de Éfeso. Al parecer, Juan había sido llevado allí como prisionero por las autoridades romanas,

---

300 Juan 12:48, (NVI).

301 Juan Crisóstomo ut supra. En Aquino, Santo Tomás De. Cantena Aurea. *Comentarios sobre el Evangelio de San Juan.* (San Bernardino, California. Ivory Fall Books. 2016), 382.

302 William. Barclay. *Comentario al Nuevo Testamento: Volumen 6: JUAN II.* (Terrassa (Barcelona), España. Editorial CLIE. 1995), 155-156.

por haber persistido en anunciar el mensaje de Dios (1:9)".[303] En esa visión de Jesús Resucitado, Juan dice que: "Su cabeza y sus cabellos eran blancos como blanca lana, como nieve; sus ojos como llama de fuego; …".[304] "*Sus ojos como llama de fuego*, pueden representar su conocimiento de los secretos de todos los corazones, y de los acontecimientos más lejanos".[305]

¿Existe algo que le puedas esconder a Dios? ¡Nada! Así que cuando eres juzgado por Dios es un justo juicio. Dios lo hace con justa conciencia de que conoce y sabe todo lo que tú y yo somos y pensamos. Es decir que, ¡Su veredicto es justo! Nos guste o no. Legamos, pues a la conclusión de que "Jesús vino por amor, pero Su venida implica un juicio … - y que – las palabras que habían oído aquellas personas serían sus jueces".[306] Nadie es juzgado ante Dios por no saber; más bien es juzgado por saber y no responder correctamente a ese conocimiento.

---

303 Lugar donde fue escrito el Apocalipsis de Juan. Comentario en la *Biblia de Estudio Esquematizada*. (Brasil. Sociedades Bíblicas Unidas. 2010), 1890.

304 Apocalipsis 1:14, (RV, 1960.

305 Mathew Henry. *Comentario sobre Apocalipsis 1:14*. (La Habra, California. Internet. Apocalipsis 1. Comentario de Matthew Henry, traducido del inglés. Consultado el 16 de febrero del 2022), ¿? https://bibliaparalela.com/comentario/revelation/1-14.htm#:~:text=Sus%20ojos%20como%20llama%20de%20fuego%2C%20pueden%20representar,sus%20citas%2C%20y%20la%20excelencia%20de%20sus%20actuaciones.

306 William. Barclay. *Comentario al Nuevo Testamento: Volumen 6: JUAN II*. (Terrassa (Barcelona), España. Editorial CLIE. 1995), 156.

La Palabra de Dios es Salvación, pero su rechazo es la consecuencia de un juicio divino.[307]

III.- Mandato de vida eterna.

Para los judíos, la Torah es la última y única verdad literaria en cuanto a la ley de Dios. Para el cristianismo la Torah es el Pentateuco. Jesucristo había dicho que El no vino a violar lo que está escrito en el Pentateuco, sino que vino para cumplir todo lo que en él está escrito.[308] Dios Padre, quien le reveló a Moisés la Torah es el mismo que envió a Jesucristo para cumplirla al pie de la letra, durante su ministerio terrenal siguió fielmente todo lo que el Padre le había enviado a hacer y decir.

Fue en base a esa obediencia al Padre celestial que Jesús le dijo a su audiencia: "Yo no he hablado por mi propia cuenta; el Padre que me envió me ordenó qué decir y cómo decirlo. Y sé muy bien que su mandato es vida eterna. Así que todo lo que digo es lo que el Padre me ha ordenado decir".[309] Y si el Padre ha dicho que por el hecho de creer en Jesucristo como el Salvador de nuestras vidas podemos tener la vida eterna, entonces, ¡Los creyentes la tenemos!

---

[307] Juan 3:36.

[308] Mateo 5:17-18.

[309] Juan 12:49-50, (NVI).

Es decir que, "Jesús presenta el hecho que Dios Padre es la base de toda Su vida: que en Jesús la humanidad se encuentra ante Dios. Escucharle a Él es escuchar a Dios; verle a Él es ver a Dios. En Jesús, Dios se encuentra con la humanidad y la humanidad se encuentra con Dios".[310] Esta es la justa razón por la cual el mismo Señor Jesús dijo que Él era el camino, la verdad y la vida y que nadie podría o podía llegar al Padre Dios sino era por medio de Él.[311] ¡Él es el Camino a la Vida Eterna! El mandato de Dios de escuchar el mensaje de Su Hijo y creer en él como el UNICO SALVADOR de su alma, ¡es el camino a la vida eterna!

"Siendo, pues, el Hijo la Palabra del Padre que en toda su integridad revela, o esclarece y expone, dice que Él ha recibido como mandato lo que ha de decir y hablar. … y se prosigue que su mandato es vida eterna".[312] Si no fue así, entonces, Jesús nunca hubiera dicho que en la casa de su Padre existen muchas habitaciones que ya están preparadas y esperando a que los creyentes en Cristo lleguen para habitarlas.[313] Allí, todos seremos rodeados de la

---

[310] William. Barclay. *Comentario al Nuevo Testamento: Volumen 6: JUAN II.* (Terrassa (Barcelona), España. Editorial CLIE. 1995), 155.

[311] Juan 14:6.

[312] Teofilacto. En Aquino, Santo Tomás De. Cantena Aurea. *Comentarios sobre el Evangelio de San Juan.* (San Bernardino, California. Ivory Fall Books. 2016), 382.

[313] Juan 14:2, trasliterado por Eleazar Barajas.

Gloria de Dios. Allá, no diremos: *Y vimos su gloria,* sino que viviremos en su gloria.

Volviendo a nuestro mundo, al Aquí y al Ahora, "Shimón el Tsadiq (el justo) señala la existencia de tres cosas de las que depende el mundo: la Torah, el servicio a Dios y la práctica de la misericordia".[314] Estas últimas prácticas; el servicio a Dios y la práctica de la misericordia son parte del mandato de vida eterna porque el mandato de vida eterna incluye el amor en acción. El apóstol Juan dijo: "Queridos hermanos, si Dios nos ha amado así, nosotros también debemos amarnos unos a otros".[315] El amor en acción es no pensar en amarse a sí mismo sino amar al hermano; amar a la persona que podemos ver, de esta manera se muestra que se ama a Dios y viceversa; si en verdad se ama a Dios, entonces, se amará también a la persona que puede ver. El mismo apóstol Juan dijo: "Si alguno dice: 'Yo amo a Dios', y al mismo tiempo odia a su hermano, es un mentiroso. Pues si uno no ama a su hermano, a quien ve, tampoco puede amar a Dios, a quien no ve".[316]

"La enseñanza de Jesús - rotunda, tajante, clara – deja de manifiesto que la manera de identificar a sus seguidores nunca serán los elementos milagrosos, los

---

[314] Cesar Vidal. *Más que un Rabino. La vida y enseñanzas de Jesús el judío.* (Nashville, TN. B&H Publishing Group. 2020), 110.

[315] I Juan 4:11, (DHH).

[316] I Juan 4:20, (DHH).

episodios prodigiosos, los logros espectaculares",[317] sino el servir a los demás con el Evangelio de Jesucristo para que, en el Aquí y el Ahora y en un futuro cercano, lleguen a tener la vida eterna.

A.- Amor para con los demás.

"Piensa en esto. ¿Alentamos y edificamos a otros? (I Ts 5:11). ¿Les ayudamos de manera material? (I Jn 3.17). ¿Nos sacrificamos por ellos? (I Jn 3:16). … ¿Somos perdonadores? (Ef 4:32). Nada demuestra nuestro amor para con Dios más que nuestro amor para con los demás".[318] Esto puede ser el mandato de vida eterna a la cual Jesús hizo referencia, es decir, existe un *algo* mejor que pensar en solamente en nosotros mismos para vivir el Aquí y el Ahora. Amor para con los demás, es el Hacer en el Ahora para un futuro seguro: Es Amar y Hacer para que cada uno de los amados llegue a ser poseedor de la vida eterna Aquí y en el Más Allá. Es amar y Hacer para que los beneficiados puedan ver la Gloria de Dios de la misma manera como el apóstol Juan la vio en la persona de Jesucristo. Jesús amaba y obraba y Juan dice que en ello: "… hemos visto su gloria, la

[317] Cesar Vidal. *Más que un Rabino. La vida y enseñanzas de Jesús el judío.* (Nashville, TN. B&H Publishing Group. 2020), 124.

[318] J. D. B. *El amor en acción.* (Nuestro Pan diario: Julio-agosto-septiembre-octubre-noviembre-diciembre. (Horeb en Villadecalvalls (Barcelona), España Publicado por M. C. E. 1993). Devocional del día 22 de julio sobre I Juan 4:11).

gloria que recibió del Padre, por ser su Hijo único, abundante en amor y verdad".[319]

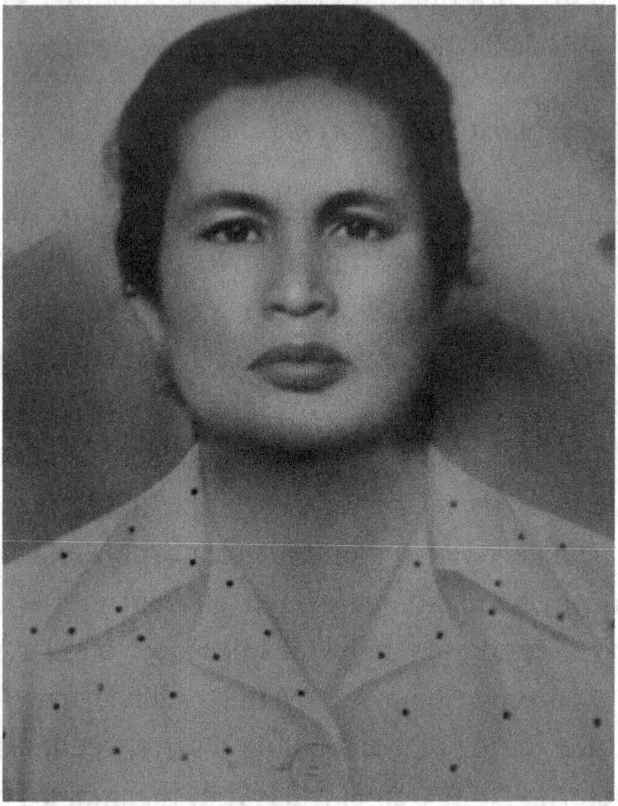

Señorita Elena Santiago López.
15 de marzo del 1905 – 13 de diciembre del 1994

En el siglo pasado, la Gloria de Jesucristo, es decir, ese *amor* y esa *verdad,* Dios la compartió con una señorita de origen campesina que entregó toda su vida al servicio de la voluntad de Dios. Fue una señorita

[319] Juan 1:14, (DHH).

que durante toda su existencia terrenal mostró el amor que le tenía a Dios y que al mismo tiempo mostró ese amor de Dios a todo ser humano que la conoció. Ella fue la enfermera Elena Santiago López.

La señorita Elena, desde su juventud y recién graduado de la Escuela de Enfermería comenzó a trabajar en la Casa Hogar "*El Buen Pastor*" en la ciudad de Pátzcuaro, Michoacán, México. Años después, *El Hogar*, como muchos le decimos, fue trasladado a la ciudad de Morelia, en el mismo estado mexicano y allí, la señorita Elena siguió mostrando que amaba a Dios.

B.- Hasta el final de sus días terrenales.

La señorita Elena, a quien de cariño la llamábamos *La Sunta*, en la Casa Hogar y fuera de ella, mostró lo que Juan dice en su carta: Un amor hacia Dios y hacia las personas. Fue la persona que nos alentó, que nos edificó. Ella fue el medio para que recibiéramos la ayuda económica que necesitamos en nuestra niñez. Fue la persona que se sacrificó por nosotros a tal grado que nunca se casó, todo su amor lo dedicó a sus hijos; a los que estábamos internos en la Casa Hogar. Como un testimonio personal, digo que, aparte de Jesucristo, si alguien mostró un verdadero amor perdonador por mí, fue la señorita Elena.[320]

---

[320] I Tesalonicenses 5:11; I Juan 3.17; I Juan 3:16; Efesios 4:32.

Fue, pues, una persona que, hasta el último día de su vida terrenal, mostró que "el amor es la fe con ropa de trabajo"[321] Mostró que su vida estaba segura en la Roca que es Jesucristo. ¡Siempre le creyó a Dios! En el caminar cristiano es bien sabido que "el que asienta su vida sobre los principios de El (de Dios) actúa como el que construye su casa sobre unos cimientos de roca que permiten resistir las inundaciones y las riadas; el que no se comporta así, está levantando su existencia sobre una base de arena condenada a desplomarse ante las primeras dificultades de peso (Mateo 7:24-27)".

La señorita Elena mostró a lo largo de su vida que el mandato de vida eterna era imperativo y, a él se dedicó.

C.- Vivir como hermanos.

Si algo nos enseñó Jesucristo es a vivir como hermanos. Si algo nos enseñó de gran valor la señorita Elena fue amar a Dios, leer su Palabra cada día y vivir como hermanos. Valores que los seres humanos no valoramos. El Doctor Martin Luther King, en uno de sus mensajes dijo: "Hemos aprendido a volar como los pájaros, a nadar como los peces; pero

---

[321] J. D. B. *El amor en acción.* (Nuestro Pan diario: Julio-agosto-septiembre-octubre-noviembre-diciembre. (Horeb en Villadecalvalls (Barcelona), España Publicado por M. C. E. 1993). Devocional del día 22 de julio sobre I Juan 4:11). NOTA: La historia completa de la vida y ministerio de la señorita Elena Santiago López se encuentra en mi libro titulado: *Mujeres ejemplares.* Libro publicado por la Editorial Palibrio. Pág. 49-124.

no hemos aprendido el sencillo arte de vivir como hermanos".[322]

CONCLUSIÓN.

No sé cómo está tu vida ni lo que estes haciendo, "*Yo no te juzgo*" por lo que hagas o digas. Yo no te juzgo si aun crees que por "pintar el pozo por fuera y creer que las puertas del cielo se abrirán a tu llegada a la presencia de Dios". Yo no tengo la menor intención de juzgarte porque creo que la misión de Jesucristo fue salvar, no juzgar, es decir que El no tu juzga por ser pecador, sino que te ama y desea tu salvación; desea que seas libre del poder del pecado.

Tú sabes que Dios es amor pero que esto no impide su justicia; es decir que podemos hacer lo que se nos antoje en esta vida, aceptar o rechazar a Jesucristo y su mensaje Salvífico y Redentor, pero, aun así, su amor y su justicia serán los que te juzguen. Tú decides aceptar el amor de Dios y su perdón o esperar la ejecución de su justicia. "Si el más grande pecador que tú conoces no eres tú, entonces no te conoces muy bien",[323] y en esa condición, no puedes entender el gran amor perdonador de Dios. Tienes

---

[322] Martin Luther King, en: Akifrases. *Frase de Martin Luther King.* (La Habra, California. Internet. Consultado el 19 de septiembre del 2021), ¿? https://akifrases.com/frase/118187

[323] Jean Larroux. *Iglesia solo Escritura.* (La Habra, California. Internet. Publicado el 6 de septiembre del 2021. Consultado el 20 de septiembre del 2021), ¿? www.escueladeevangelismo.com

que reconocer que eres una persona que necesita del perdón de Dios no esperes un juicio divino; ¡Dios no lo desea para ti!

El otro lado de la moneda es que Dios ha prometido vida eterna en la persona y Obra Redentora de Jesucristo. Es decir que Jesús y nadie más es el que te puede hacer una verdadera justificación de tus pecados: ¡Nadie más lo puede hacer! ¡Él es el Camino a la Vida Eterna! El mandato de Dios de escuchar el mensaje de Su Hijo y creer en él como el UNICO SALVADOR de tu alma, ¡es el camino a la vida eterna! Es el Camino que te motivará a amar y servir a los demás de la misma manera como lo han hecho aquellos y aquellas que han sido justificados de sus pecados.

"*Yo no te juzgo*", - te dice Jesucristo-, "*Yo he venido para salvarte, no para juzgarte*". ¡Jesucristo quiere ser tu Salvador personal!

¿Se equivocó Jesús con Judas?

"Ciertamente les aseguro que ningún siervo es más que su amo, y ningún mensajero es más que el que lo envió. ¿Entienden esto? Dichosos serán si lo ponen en práctica. No me refiero a todos ustedes; yo sé a quiénes he escogido. Pero esto es para que se cumpla la Escritura: 'El que comparte el pan conmigo me ha puesto la zancadilla'. ... Dicho esto, Jesús se angustió profundamente y declaró: —Ciertamente les aseguro que uno de ustedes me va a traicionar. ... —Señor, ¿quién es? —preguntó él, reclinándose sobre Jesús. —Aquel a quien yo le dé este pedazo de pan que voy a mojar en el plato —le contestó Jesús. Acto seguido, mojó el pedazo de pan y se lo dio a Judas Iscariote, hijo de Simón. Tan pronto como Judas tomó el pan, Satanás

entró en él. —Lo que vas a hacer, hazlo pronto —le dijo Jesús.

Juan 13:16-18; 21; 25-27, (NVI).

Introducción

Creo que nadie nos escapamos de las llamadas por teléfono ofreciéndonos ofertas tan llamativas que pensamos que son realmente ciertas. Un dialogo telefónico entre Mike Royko y un vendedor por teléfono, dice así:

> "Se oyó una fuerte respiración del otro lado de la línea.
>
> - ¿Cuántas? – preguntó el vendedor, incrédulo.
> - Varios millones – le repetí con la mayor naturalidad.
>
> El vendedor comenzaba ya a saborear la victoria. Entonces le propuse un trato.
>
> - Le compro las acciones si me firma un documento.
> - ¿Qué clase de documento?
> - Uno que diga que, si la inversión no resulta productiva, usted se suicidará.
>
> Se quedó de una pieza.

- ¿Espera usted que me mate?
- A mí me parece lo más razonable -le dije-. Me pide que arriesgue el alimento y el techo de mi familia en una operación que, según usted, es absolutamente segura. Creo que lo menos que puede hacer es ofrecer su vida como garantía.

El tipo tartamudeaba:

- Debe de estar bromeando.
- No, no bromeo – le contesté en tono grave -. Si no voy a perder dinero en este negocio y usted es tan gentil como para proponérselo a un perfecto desconocido en vez de sus amigos y a sus seres queridos, ¿Por qué no está dispuesto a arriesgar su vida en él?

Hubo una larga pausa. Luego dijo mi interlocutor:

- Es lo más absurdo que he escuchado en toda mi vida.

Ahora era yo el que se sentía herido en mis sentimientos. Aquel hombre trataba de convencerme de que invirtiera los frutos de mi trabajo en un negocio, y se ponía quisquilloso por un detalle sin importancia.

- Entonces, ¿no acepta quitarse la vida?

- Es absurdo – volvió a decir -.
- Tanto como su ofrecimiento, señor – respondí -.
- Colgó. Yo sabía que no hablaba con la verdad".[324]

Lo que sí es verdad es lo que Jesucristo dijo en aquella última cena que tuvo con sus discípulos en el Aposento Alto la noche antes de ser crucificado durante la Fiesta de Pascua. Él dijo: "—Ciertamente les aseguro que uno de ustedes me va a traicionar".[325] Jesús habla de la muy pronta traición de Judas.

Así es que le invito a que pensemos en esta verdad dicha por Jesucristo. Comencemos por pensar en:

I.- La salida del traidor.

Les comenté en el mensaje anterior que Jesús dijo sus últimas palabras en público, las cuales están escritas en el capítulo doce de Juan. Así es que, al comenzar el capítulo trece de este Evangelio de Juan, "La tarea pública de Jesús ya ha terminado".[326] Desde ese tiempo en adelante, el relato juanino se enfoca en una íntima relación de Jesús con sus discípulos. Una relación "que tiene lugar alrededor de la mesa en lo

---

324 Mike Royko. *De los vendedores por teléfono, ¡líbranos, Señor!* Selecciones del Reader's Digest. (Hollywood, Florida, USA, St. Ives Ing. diciembre de 1993), 10-11.

325 Juan 13:21, (NVI).

326 Samuel Pérez Millos, *Comentario exegético al texto griego del Nuevo Testamento. JUAN.* (Viladecavalls (Barcelona), España. Editorial CLIE. 2016), 1247

que se conoce como *La última cena*".[327] Jesucristo tomó esas pocas horas para consolar a sus amados discípulos; tomó el tiempo para enseñarles y alentarlos porque Él sabía que había llegado el principio de los momentos críticos para ambos; para él y para los suyos. Tomó, pues, el tiempo para despedirse de los discípulos. No los volvería a ver juntos otra vez hasta el momento de Su ascensión hacia el Padre.[328]

Con la salida del traidor del *Grupo Apostólico* en aquella noche mientras Jesús cenaba con ellos, Judas, se perdió la bendición de ser un mensajero de Jesucristo. Se perdió la bendición de ser lleno del Espíritu Santo en el *Día del Pentecostés*. Se perdió la bendición de poder ver a las personas transformadas por el poder del Resucitado.

Judas se perdió de ser parte del mandato de ir y hacer discípulos a todas las naciones. El mandato del que Judas se perdió, incluía el bautismo en agua; una figura de lo que es tener una íntima relación con la Santa Trinidad, pues: "Ser bautizado en el nombre del Padre es tener a Dios como Padre (Mt 6:9); ser bautizado en el nombre del Hijo es recibir los beneficios de lo que el Hijo de Dios hizo por la humanidad (Hch 2:38); ser bautizado en el nombre del Espíritu Santo es tener la presencia y el

---

327 Samuel Pérez Millos, *Comentario exegético al texto griego del Nuevo Testamento. JUAN.* (Viladecavalls (Barcelona), España. Editorial CLIE. 2016), 1247

328 Mateo 28:16-20; Marcos 16:19-20; Lucas 24:50-53

poder del Espíritu de Dios, que da vida".[329] De estas bendiciones, el traidor se perdió; ni él las recibió ni pudo ver estos beneficios.

Apartarse de Dios por las razones que sean es, no solo una traición al que nos ha salvado, sino que también es perderse las bendiciones que existen en el caminar con Dios. Apartarse de Dios es encaminarse a un suceso fatal; Judas se ahorcó.

Judas no se quedó para escuchar las enseñanzas de Jesús. Judas no escuchó el misterio de Dios para la salvación; no escuchó el mensaje de la doctrina de salvación ni el compañerismo por medio del Espíritu Santo que Jesús les prometió a los Once que se quedaron con él en el Aposento Alto. Nada de esta enseñanza recibió la mente y el alma Judas; nada que lo protegiera de las artimañas del enemigo, nada en que apoyarse para defenderse de los ataques que le vendrían después de haberse apartado de los compañeros de milicia y de Jesucristo. Apartarse de Dios y caminar solo es fragilidad.

El Predicador Bíblico dijo que: "Uno solo puede ser vencido, pero dos pueden resistir. – y que - ¡La cuerda de tres hilos no se rompe fácilmente!".[330] "En el pasaje bíblico está claro que el autor se refiere a la importancia de la unidad para poder afrontar con

---

329 Nota de pie de página en la *Biblia de Estudio Esquematizada*. (Brasil. Sociedades Bíblicas Unidas. 2010), 1440.

330 Eclesiastés 4:12, (NVI).

vigor cualquier circunstancia de la vida".[331] Algo que Judas y muchas personas, incluyendo a cristianos, no entienden. Su afán por algo supuestamente mejor que estar con Dios y los cristianos, les motiva a traicionar al que les da la vida y al que les puede ayudar en los momentos más críticos de su existir. Jesucristo.

Permanecer a su lado y en compañía de los que aman a Dios es tener la bendición, no solo de la protección espiritual, sino también de poder seguir viendo su gloria.

II.- No fue una sorpresa.

En aquella noche crucial; en *La última cena*, Jesús lavó los pies de los discípulos. Pedro se negó a que Jesús se los lavara. Para Pedro, "aquello era un contrasentido que no estaba dispuesto a permitir. El Santo de los santos, a quién reconocían como el Hijo de Dios, tomando los pies sucios de quien en Su presencia había reconocido que era un hombre pecador (Lc 5:8). No era posible acceder a la demanda de Jesús".[332] Ante esa negativa, el Señor le dijo que si no se dejaba lavar los pies no tendría parte con él. Pedro, aunque no entendió muy bien este mensaje, no

---

[331] Kevin H. Dávila. *¿Qué significa el Cordón de Tres Dobleces?* (La Habra, California. Internet. Artículo publicado el 25 de julio de 2020 en purabiblia.org. Consultado el 10 de septiembre del 2022), ¿? https://www.purabiblia.org/matrimonio/que-significa-el-cordon-de-tres-dobleces/

[332] Samuel Pérez Millos, *Comentario exegético al texto griego del Nuevo Testamento. JUAN.* (Viladecavalls (Barcelona), España. Editorial CLIE. 2016), 1263.

quería perder el compañerismo con Su Maestro. Así que le dijo: "Señor, ¡no solo los pies, sino también las manos y la cabeza!".[333]

Ahora, notemos la respuesta de Jesús y el comentario de Juan. Jesucristo le dijo a Pedro: "—El que ya se ha bañado no necesita lavarse más que los pies —le contestó Jesús—; pues ya todo su cuerpo está limpio. ***Y ustedes ya están limpios, aunque no todos***. Jesús sabía quién lo iba a traicionar, y por eso dijo que no todos estaban limpios".[334]

Nosotros, ahora, entendemos que "el único que no estaba limpio era Judas, *el que le había de entregar.* – Notemos que – la identidad del traidor no es revelada. Lo único que los discípulos sabían era que entre ellos había uno que no estaba limpio".[335] La expresión *todo su cuerpo está limpio*, es una figura que "se refiere a la pureza espiritual que la persona necesita tener para mantener con Dios una relación de redención (Mt 5:8), y para vivir una vida fructífera (Jn 15:2-5)".[336]

Judas no pudo ser participante de este lavamiento espiritual, pues nunca confesó su pecado; es decir que estaba sucio espiritualmente, el que está en pecado

---

333 Juan 13:9, (NVI).

334 Juan 13:10-11, (NVI). Las **Bolds** e *itálicas* son mías.

335 Samuel Pérez Millos, *Comentario exegético al texto griego del Nuevo Testamento. JUAN.* (Viladecavalls (Barcelona), España. Editorial CLIE. 2016), 1271.

336 Nota de pie de página en la *Biblia de Estudio Esquematizada.* (Brasil. Sociedades Bíblicas Unidas. 2010), 1589.

no puede disfrutar de la presencia de Dios; ¡El que está en pecado, no puede ver la gloria de Dios!

La Biblia dice que Judas era ladrón. Cuando María derramó el perfume sobre Jesús, Judas, hizo este comentario: "—¿Por qué no se ha vendido este perfume por el equivalente al salario de trescientos días, para ayudar a los pobres? Pero Judas no dijo esto porque le importaran los pobres, sino porque era ladrón, y como tenía a su cargo la bolsa del dinero, robaba de lo que echaban en ella".[337]

"Es muy poco lo que sabemos de – de Judas - antes de que llegara a ser un apóstol de Jesús. Era conocido como '*Iscariote*', un hombre de Queriot, una ciudad en la tribu de Judá (Jos 15:25). Si esto fuera así, probablemente sería el único de los doce apóstoles que no era de Galilea".[338] Aunque nosotros sabemos muy poco de Judas Iscariote, Jesús lo conocía muy bien. Tan bien lo conocía que, en aquella *última cena*, después de haber lavado los pies de los discípulos: "Jesús se angustió profundamente y declaró: —Ciertamente les aseguro que uno de ustedes me va a traicionar".[339]

No hay nada que le podamos esconder al Señor Jesucristo. Puedes quedarte cayado acerca de tu

---

[337] Juan 12:4-5, (DHH).

[338] Anónimo. *Judas: ladrón y traidor (Juan 12:4-6)*. (La Habra, California. Internet. Consultado el 21 de febrero del 2022), ¿? https://www.escuelabiblica.com/estudios-biblicos-pdf/judas-ladron-y-traidor.pdf

[339] Juan 13:10-

pecado; puede que nadie se dé cuenta de tus pecados y, aun puedes llegar a pensar que no estás pecado o que no has pecado, pero, el Señor te conoce muy bien. Él sabe perfectamente lo que has hecho o lo que estás haciendo.

Antes de pensar en el siguiente punto de este mensaje, te invito a que pensemos nuevamente en la humanidad de Jesús. La escena que nos presenta Juan es que Jesús lavó los pies de los discípulos, luego les anunció su muerte por parte de los líderes político/religiosos y, "Habiendo dicho Jesús esto, se conmovió en espíritu, y declaró y dijo: De cierto, de cierto os digo, que uno de vosotros me va a entregar".[340] Lo que notamos en esta expresión es que "la humanidad de Cristo se hace presente de nuevo. El espíritu, en sentido de Su intimidad espiritual y sensitiva, se estremeció, en sentido de impactarse, no inquietarse, porque la inquietud no estaba en su alma ya que él sabía lo que le iba a ocurrir. Sin embargo, el hecho de que alguno de los que habían sido elegidos para estar con Él le vaya a entregar, es más que suficiente para que Jesús se estremeciese".[341] Jesús no era un super hombre como algunos hombres de las mitologías y de la ciencia ficción presentan. Jesús ERA y ES un

---

[340] Juan 13:21, (RV, 1960).

[341] Samuel Pérez Millos, *Comentario exegético al texto griego del Nuevo Testamento. JUAN.* (Viladecavalls (Barcelona), España. Editorial CLIE. 2016), 1287.

hombre igual todos los otros hombres, aunque sin pecado y al mismo tiempo Dios.

Y, sin embargo, "el hecho de que sea el Hijo de Dios, y que tiene todo bajo control, no significa que, como hombre perfecto, tenga una sensibilidad mayor que la que el hombre, afectado por el pecado, pueda tener".[342] Fue, pues, en esta humanidad que Jesús se estremeció o se conmovió. Su conmoción se debe a que uno de sus amados lo va a traicionar. Creo que la mayoría de nosotros haríamos lo mismo al saber que un amigo nos traiciona. ¿Tú que sentirías? Es posible que sintieras una conmoción de rabia en lugar de tristeza. ¿Cierto?

Es aquí en donde nos preguntamos: ¿Se equivocó Jesús al escoger a Judas para formar parte del Grupo Apostólico? Mateo dice que Jesús llamó a "sus doce discípulos y que les dio autoridad sobre los espíritus inmundos, para que los echasen fuera, y para sanar toda enfermedad y toda dolencia. Los nombres de los doce apóstoles son estos: primero Simón, llamado Pedro, y Andrés su hermano; Jacobo hijo de Zebedeo, y Juan su hermano; Felipe, Bartolomé, Tomás, Mateo el publicano, Jacobo hijo de Alfeo, Lebeo, por sobrenombre Tadeo, Simón el cananista,

---

[342] Samuel Pérez Millos, *Comentario exegético al texto griego del Nuevo Testamento. JUAN.* (Viladecavalls (Barcelona), España. Editorial CLIE. 2016), 1287.

y ***Judas Iscariote,*** el que también le entregó".[343] ¡Judas era uno de los Doce!

Judas era uno de los escogidos por Jesús para que fuera parte del *Grupo Apostólico*. El mismo afirma esta elección. Él dijo: "Ciertamente les aseguro que ningún siervo es más que su amo, y ningún mensajero es más que el que lo envió. ¿Entienden esto? Dichosos serán si lo ponen en práctica. No me refiero a todos ustedes; ***yo sé a quiénes he escogido***. Pero esto es para que se cumpla la Escritura: 'El que comparte el pan conmigo me ha puesto la zancadilla'."[344] Notemos que Jesús afirma que El escogió a Judas.

Así que la pregunta es: ¿Se equivocó Jesús en escoger a Judas para ser parte del *Cuerpo Apostólico*? Definitivamente no. ¿Claro que no! Los propósitos y llamamientos de Dios son asombrosos e indescriptibles. Notemos que, Judas ya había hecho arreglos con los principales sacerdotes para entregarles a Cristo.[345] El Señor también dijo que la Escritura tenía cumplirse.[346] "Pero ¿qué quiso decir el Señor cuando declaró que Judas pereció 'para que la Escritura se cumpliese' (Juan 17:12; cf. 13:18)? Es muy probable que la 'escritura' aludida sea el

---

343 Mateo 10:1-4, (RV, 1960). Las **bolds** e *itálicas* son mías.

344 Juan 13:16-18, (NVI). Las **bolds** y las *itálicas* son mías.

345 Mateo 26:14-16; Marcos 14:10-11; Lucas 22:3-6.

346 Juan 13:18; 17:12.

Salmo 41:9. Allí el escritor sagrado (probablemente David) hizo referencia principalmente a alguien que le traicionó. Él escribió: 'Aun el hombre de mi paz, en quien yo confiaba, el que de mi pan comía, alzó contra mí el calcañar'.

Es interesante que cuando el Señor citó este pasaje, omitió 'en quien yo confiaba' (Juan 13:18), ya que Él 'sabía desde el principio quiénes eran los que no creían, y quién le había de entregar (Juan 6:64). El Señor nunca confió en Judas".[347] Pero tampoco lo obligó a ser un traicionero.

Cuando estaban cenando, Jesús le dijo que uno del *Grupo Apostólico* lo iba a traicionar. Cada uno empezó a preguntarle: Soy yo Señor. Judas hizo la misma pregunta y la respuesta de Jesús fue: "—Lo que vas a hacer, hazlo pronto".[348] Judas, entonces, usó su libre albedrio para proceder en la traición. "El erudito presbiterano, Albert Barnes, escribió lo siguiente al comentar sobre Juan 13:18: 'Esto no significa que se forzó a Judas para que las Escrituras se cumplieran'."[349] Judas procedió voluntariamente acicateado por Satanás que ya había entrado en su persona. Y, sin embargo, para Jesús, ¡No fue una sorpresa!

---

[347] Wayne Jackson. *¿Estuvo Judas "Predestinado" a Traicionar a Cristo?* (La Habra, California. Internet. Consultado el 23 de febrero del 2022), ¿? https://www.ebglobal.org/articulos-biblicos/estuvo-judas-predestinado-a-traicionar-a-cristo

[348] Juan 13:27, (DHH).

[349]

Cuando Satanás te zarandea como el viento al trigo, no es ninguna sorpresa para Dios, él sabe lo que has hecho y el por qué le abriste la puerta al enemigo. Existen muchas sorpresas en Dios, pero Él nunca es sorprendido.

A Dios no le sorprende tu pecado. Cuando Satanás te zarandea como el viento al trigo, no es ninguna sorpresa para Dios, él sabe lo que has hecho y el por qué le abriste la puerta al enemigo.

Judas tuvo la oportunidad de arrepentirse de su mal proceder, pero, lo hizo voluntariamente.

A ti y mi, aunque Satanás nos incita para pecar pensando que con ello sorprenderemos a Dios, no nos obliga. Pecamos porque queremos; pecamos voluntariamente. Existen muchas sorpresas en Dios, pero Él nunca es sorprendido.

Así que hoy, si existe algún pecado en tu vida, es mejor que te arrepientas y en lugar de preguntarle a Dios: "*Soy yo, Señor*". Mejor pídele perdón por tus pecados. Por muy grandes que sean, como el traicionar a Dios, ¡Él te perdonará!

III.- Vendido como un esclavo.

La Fiesta de la Pascua se acercaba, a Jesucristo le quedaban solamente unas veinticuatro horas de vida terrenal. "Los sumos sacerdotes conspiraban cobarde y vilmente para prender a Jesús y matarlo.

Había algo que les preocupaba: como detenerlo de tal manera que el pueblo no formara tumultos. Por eso recurrieron a la astucia. A medida que se iba a cercando la fiesta, los sucesos se sucedían con gran rapidez hacia su clímax. Mateo hace notar que a Cristo no le sorprendió el plan de sus adversarios. Lo sabía todo y se lo dio a conocer a sus discípulos".[350] ¡Nada está escondido en la Omnisciencia de Dios!

Fue en esas horas que Judas Iscariote se ofreció voluntariamente a traicionar a Jesús. Nadie lo obligó, ciertamente la Biblia dice que Judas era el hijo de perdición,[351] pero eso no es una base para decir que Judas tenía que traicionar a Jesús; ¡Siempre existe una salida al pecado! ¡Siempre la gracia de Dios está disponible para agarrarse de ella!

La pregunta que nos inquieta en esta ocasión es: "Cómo es posible que una persona traicione a su mejor amigo?". El doctor Lucas nos da la repuesta, él dice que: "Estaba ya cerca la fiesta en que se come el pan sin levadura, o sea la fiesta de la Pascua. Los jefes de los sacerdotes y los maestros de la ley, que tenían miedo de la gente, buscaban la manera de matar a Jesús. ***Entonces Satanás entró en Judas***, uno de los doce discípulos, al que llamaban Iscariote.".[352] Más

---

[350] Hoff, Pablo. *Se Hizo Hombre: La fascinante historia del Dios Hombre como se relata en los Evangelios Sinópticos.* (Estados Unidos. Editorial Vida. 1990), 248.

[351] Juan 17:12.

[352] Lucas 22:1-3, (DHH). Las **bolds** e *itálicas* son mías.

de una vez los líderes religiosos buscaron la manera de atrapar a Jesús. A estas alturas de la historia del ministerio terrenal de Jesús su popularidad "ha impedido que los dirigentes judíos pudieran echarle mano. Todo esto cambia cuando Judas, uno de los Doce, se ofrece para entregarle".[353] Así que, en este episodio, Judas les facilita este trabajo. "Los líderes religiosos ya habían decidido matar a Jesús (19:47), pero tenía miedo el pueblo. ... todo se facilita cuando Judas se reúne con ellos para planear como les va a entregar a Jesús".[354]

Noten las palabras en bols y preguntémonos: ¿De qué trata esta declaración ***Satanás entró en Judas***? ¿Se trata de una posesión? "Por primera vez desde Lucas 4:1-13, se menciona a Satanás como participante activo en los acontecimientos, afirmando que este entró en Judas".[355] Si fue o no una posesión demoniaca, lo que se puede notar es que fue una influencia muy directa de Satanás en Judas. Fue Satanás quien lo guio para traicionar a su Maestro.

El espíritu materialista que habitaba en Judas, alimentado por el espíritu satánico, le llevó a preguntar a los sumos sacerdotes cuanto le darían si

---

353 Darrell L. Bock. *Comentarios Bíblicos con Aplicación: Lucas. Del Texto bíblico a una aplicación contemporánea.* (Miami, Florida. Editorial Vida. 2011), 498.

354 Comentario en la *Biblia de Estudio Esquematizada.* (Brasil. Sociedades Bíblicas Unidas. 2010), 1546.

355 Darrell L. Bock. *Comentarios Bíblicos con Aplicación: Lucas. Del Texto bíblico a una aplicación contemporánea.* (Miami, Florida. Editorial Vida. 2011), 499.

les entrega a Jesús. Con este pensamiento en mente, Judas, "fue a ver a los jefes de los sacerdotes y a los oficiales del templo, y habló con ellos sobre cómo entregarles a Jesús. Ellos se alegraron y prometieron darle dinero a Judas. Y él aceptó y comenzó a buscar un momento oportuno, en que no hubiera gente, para entregarles a Jesús".[356] El arreglo se hizo y, "Judas fue capaz de vender, entregar y traicionar a Jesús por treinta monedas de plata, ***el precio legal de un esclavo*** - por esa cantidad, Judas -, vendió la vida del Señor y perdió su propia identidad".[357]

Definitivamente, "la traición de Judas para entregar a Jesús fue una obra diabólica. … El diablo había determinado y planeado la traición que iba a llevarse a cabo en aquella misma noche".[358] Y, Judas fue el medio para esa traición.

¿Se arrepintió Judas de su traición?

No. Definitivamente no. Al parecer, el carácter de Judas fue alterado por el remordimiento. Arrepentimiento y remordimiento son dos elementos emotivos diferentes. "El término remordimiento es un término que se utiliza comúnmente para hacer

[356] Lucas 22: 4-6, (DHH).

[357] Hoff, Pablo. *Se Hizo Hombre: La fascinante historia del Dios Hombre como se relata en los Evangelios Sinópticos.* (Estados Unidos. Editorial Vida. 1990), 248.

[358] Samuel Pérez Millos, *Comentario exegético al texto griego del Nuevo Testamento. JUAN.* (Viladecavalls (Barcelona), España. Editorial CLIE. 2016), 1256

referencia a un sentimiento de angustia y pesar que puede crecer en una persona luego de realizar una acción de la que no se siente orgulloso o feliz, sino todo lo opuesto, lo entristece y lo inquieta porque sabe que con ella ha causado un pesar o problema en otros".[359] En cambio el arrepentimiento es el "cambio de la mente y el corazón respecto del pecado, de modo que se aparte del mismo (Mt. 27:3; 2 Corintios 7:9,10). El arrepentimiento es indispensable para la salvación (Mt. 3:2, 8; 4:17)".[360]

En base a estas declaraciones, el remordimiento nos frustra por la acción que hemos hecho y nos lleva a cometer unas de las perores maldades de la humanidad: La criminalidad y el suicidio. Judas no mató directamente al Señor Jesús, pero fue parte del plan criminalista. Y, después, se suicidó. El arrepentimiento es confiar en que existe un salvador a pesar de haber cometido el pecado; es sentir la pena de haber fallado, pero con una motivación a restaurar su vida. Es decir que, "no hay salvación para quien no confía en Jesús hasta el fin". No hay arrepentimiento para el que no espera ser perdonado por el Señor Jesús.

"La palabra arrepentimiento viene de la palabra griega '*metanoia*', que significa cambio de actitud,

---

359 Definición ABC. *Remordimiento.* (La Habra, California. Internet. Consultado el 12 de octubre del 2022), ¿? https://definicionabc.com/remordimiento/

360 Merrill C Tenney. *Arrepentimiento: Diccionario Manual de la Biblia.* (Miami, Florida. Editorial Vida. 1976), 29.

cambio de comportamiento”.[361] En griego es μεταμεληθεὶς, pronunciada *metameletheisque* viene de *metamelomai*. Es una palabra que la Versión King James traduce como arrepentimiento. Judas estaba con un sentimiento de angustia y eso le produjo el remordimiento no el arrepentimiento. No, definitivamente, Judas no fue salvo. ¿Por qué? Porque en el existió un remordimiento no un arrepentimiento. El remordimiento no hace cambios de mente y corazón, solo el arrepentimiento. Con el remordimiento, la gente sigue siendo mala. Existe un dialogo muy antiguo que data de las civilizaciones de Mesopotamia y Egipto. Es un dialogo del alma que se titula: *La queja del desesperado,* y que dice así:

> “¿A quién hablar hoy? Los hermanos son malos,
> No sabríamos amar a los amigos de hoy . . .
> ¿A quién hablar hoy? Invisibles son las caras,
> Cada uno tiene la cara baja delante de su hermano.
> ¿A quién hablar hoy? Los corazones están ávidos,

---

[361] Revista: Tesoros Cristianos. *El falso arrepentimiento.* (La Habra, California. Internet. Consultado el 12 de octubre del 2022), ¿? https://revista.tesoroscristianos.co/el-falso-arrepentimiento/#:~:text=Un%20ejemplo%20b%C3%ADblico%20claro%20de%20remordimiento%20fue%20el,Este%20es%20un%20ejemplo%20claro%20de%20falso%20arrepentimiento.

El hombre sobre el cual uno se apoya no tiene corazón.

¿A quién hablar hoy? No hay hombres justos,

La tierra está entregada a los malhechores…

¿A quién hablar hoy?

El pecado que hiere al país no tiene fin".[362]

¿Por cuánto, en ocasiones, vendemos al Señor Jesús? ¡Cuidado! El que Satanás haya entrado en Judas no fue algo raro en las Escrituras.[363] Pero si debemos de preguntarnos. "¿se trataba de una alianza, una posesión, o de una profunda identificación con el maligno? – No sabemos exactamente que sucedió -. Lo cierto es que Satanás no podría haber entrado a la vida de Judas si este no le hubiera abierto la puerta". [364]

En nuestro tiempo, también tenemos judas. Es decir, "Judas Iscariote representa a una 'persona de confianza' que realmente no lo es en absoluto. Conspira taimadamente contra aquel a quien afirma conocer como cumplimiento de la promesa

---

362 Jean-Charles pichón. *Historia Universal de las sectas y sociedades secretas. La queja del desesperado por Selim Dirami, en Lecttre a Sybné* (El Cairo, 1964). (Barcelona, España. Editorial Bruguera. 1976), 87.

363 Mateo 4:24

364 Hoff, Pablo. *Se Hizo Hombre: La fascinante historia del Dios Hombre como se relata en los Evangelios Sinópticos.* (Estados Unidos. Editorial Vida. 1990), 248.

de Dios. Judas nos recuerda que no todo el que está estrechamente vinculado con Jesús le conoce verdaderamente. Según Juan 6:30, Judas estaba vinculado al diablo".[365]

¿Cuándo le abrimos la puerta de nuestra persona a satanás? Cuando nos desilusionamos de los planes de Dios. Judas se desilusionó cuando Jesús no hacía nada para establecer Su Reino usando la ciudad de Jerusalén como la Capital mundial del Reino de Jesucristo. Judas esperaba un reino terrenal; esperaba una revuelta contra el imperio romano; ¡Esperaba ser un gobernante en el Reino del Señor Jesús! Pero, cuando vio que Jesús tomó otro rumbo, el rumbo espiritual y no político, ¡se desilusionó!

¡Sí, cuando te desilusionan los planes de Dios les abres la puerta a Satanás! Y, entonces, cometes los más viles actos. Judas había sido "llamado personalmente por Jesús para que tuviera comunión con El; para que fuera un apóstol; uno de los fundadores de la iglesia; para que tuviera un puesto glorioso en el Reino de los cielos. El traidor había sido testigo de la compasión y los prodigios del Señor; había escuchado sus enseñanzas incomparables; había sido investido de poder sobrenatural para obrar milagros y predicar en su nombre. Sin embargo, le volvió la espalda a todo y traicionó al Mesías por treinta

---

365 Darrell L. Bock. *Comentarios Bíblicos con Aplicación: Lucas. Del Texto bíblico a una aplicación contemporánea.* (Miami, Florida. Editorial Vida. 2011), 500.

piezas de plata",[366] como si se tratara de la venta de un esclavo.

¡Cuidado con desilusionarte de los planes de Dios!

"En conclusión, la palabra utilizada en Mateo 27:3 para la acción de Judas se utiliza en el Nuevo Testamento tanto para el arrepentimiento mental (2 Corintios 7:8) como para el arrepentimiento activo (Mateo 21:29, 32; 2 Corintios 7:8), pudiendo significar Hebreos 7:21 cualquiera de los dos".[367]Sin embargo, los hechos demuestran que clase de arrepentimiento fue el de Judas; un arrepentimiento mental que lo llevó a un remordimiento y este lo llevó al suicidio: Si hubiese sido un arrepentimiento para cambiar de actitud, nunca se hubiera suicidado.

Conclusión.

Desafortunadamente Judas nunca se arrepintió y su sentencia o juicio comenzó con sus propias manos, se suicidó. Una persona que se arrepiente de una manera sincera o bíblica regresa a pedir perdón y busca la ayuda, nunca hace juicio sobre su persona.

---

366 Hoff, Pablo. *Se Hizo Hombre: La fascinante historia del Dios Hombre como se relata en los Evangelios Sinópticos.* (Estados Unidos. Editorial Vida. 1990), 248.

367 Frank Luke: En Actualidad Cristiana. Pregunta: *En Mateo 27:3, ¿Judas se «arrepintió» o «sintió remordimiento»?* (La Habra, California. Internet. Artículo publicado el 13 de septiembre, 2021. Consultado el 12 de octubre del 2022), ¿? https://www.actualidadcristiana.net/en-mateo-27-3-judas-se-arrepintio-o-sintio-remordimiento/

Los que se suicidan están con un remordimiento por cómo ven la actuación de la sociedad, la familia, la política o la iglesia.

Cuando sientas que Dios no está cumpliendo tus deseos, ¡ten cuidado! Puede que Satanás tome ventaja y te lleve por el camino del remordimiento; puede que te lleve por el sendero de hacerte sentir tan mal que la única solución sea quitarte la vida.

Dios nunca te rechazará, aunque hayas cometido el peor de los casos, el Señor siempre está con los brazos abiertos para abrazarte y perdonarte. Todo lo que tienes que hacer es arrepentirte y volver a Dios en humildad y en actitud de ser perdonado. De lo demás, Dios se encarga. ¡Déjale a Dios el trabajo de restaurarte!

"Ahora no, después".

"Simón Pedro le preguntó a Jesús: —Señor, ¿a dónde vas? —A donde yo voy —le contestó Jesús—, no puedes seguirme ahora; pero me seguirás después.

Pedro le dijo: —Señor, ¿por qué no puedo seguirte ahora? ¡Estoy dispuesto a dar mi vida por ti!"

Juan 13:36-37, (DHH).

Introducción.

Había llegado el tiempo en que Moisés debería de reunirse con sus antepasados. Así que, en las últimas horas antes de morir en la cumbre del monte Nebo, Moisés cantó, junto con Josué, un largo cantico.[368] A Moisés se le permitió ver desde la cumbre del monte la Tierra Prometida. Poco antes de subir al monte y morir, Moisés, se despidió bendiciendo a las tribus de Israel y al resto el pueblo.

[368] Deuteronomio 31:30-32:1-44.

Después de la despedida, "Moisés ascendió de las llanuras de Moab al monte Nebo, a la cima del monte Pisgá, frente a Jericó".[369] Desde allí contempló la Tierra que Dios les había prometido a los descendientes de Abraham, Isaac y Jacob. Y, "Allí en Moab murió Moisés, siervo del Señor, tal como el Señor se lo había dicho. Y fue sepultado en Moab, en el valle que está frente a Bet Peor, …".[370]

Aproximadamente 2,000 años después, Jesucristo viajó de Galilea a Jerusalén para morir en el monte Calvario. Moisés, desde el Pisgá, se reunió con sus antepasados. El Señor Jesucristo desde el Calvario comenzó su ascensión para reunirse con su Padre celestial. Es decir que, "Jesús empezó su ascendencia a la gloria. El anuncio de su partida, una amenaza para 'los judíos', fue para sus discípulos una despedida, llena de ternura y tristeza".[371] Al igual que Moisés, Jesús, antes de morir, se despidió de sus discípulos. Fue en esa despedida que encontramos el dialogo entre Jesús y Pedro que hemos leído en Juan 13:36-37.

¿A qué se refería Jesús cuando dijo: "—A donde yo voy —, … no puedes seguirme ahora; pero me seguirás después? ¿A qué se refería Pedro cuando dijo: "—Señor, ¿por qué no puedo seguirte ahora?

---

369 Deuteronomio 34:1, (NVI).

370 Deuteronomio 34:5-6, (NVI).

371 Brown. E. Raymond. *El Evangelio y las cartas de Juan.* Td. María del Carmen Blanco Moreno. (Bilbao, España. Editorial Desclee de Brouwer, S. A. 2010), 119-120.

¡Estoy dispuesto a dar mi vida por ti!?" Me parece que estas expresiones se refieren a tres eventos muy importantes; un evento es del Señor Jesús y otros dos son de Pedro. Hablamos, pues de tres lecciones o referencias.

I.- Referencia a una separación momentánea.

A nadie nos gustan las despedidas de los amados. Y, sin embargo, algunas de ellas son inevitables. Este fue el caso con Jesús y sus amados discípulos, llegó el momento en que Jesús tendría que dejarlos solos por unos días. Les anuncia que irá a un lugar en donde ellos no lo podrán acompañar. Pedro, el cual tiene la característica de hablar demasiado, intrigado por lo que escuchó de la boca de Jesús, le preguntó: "¿A dónde vas?" "El deseo de conocer lo que no conocemos conduce a formular preguntas que siendo simple curiosidad no recibirán respuesta".[372] Por ejemplo, en esta ocasión, aunque Pedro recibe una respuesta no es una respuesta completa.

Es decir que, "Cristo responde a la pregunta. Siempre lo hizo. No hubo pregunta que le formularan que no fue contestada. La respuesta es sencilla pero directa. En ella hay todavía un aire misterioso en el

---

[372] Samuel Pérez Millos. *Comentario exegético al texto griego del Nuevo Testamento. JUAN.* (Viladecavalls (Barcelona), España. Editorial CLIE. 2016), 1312.

sentido de indefinición directa del lugar a donde él iba".[373]"—A donde yo voy —le contestó Jesús—, no puedes seguirme ahora; pero me seguirás después".[374] Es como si Jesús le dijera: Ahora no, Pedro, después me seguirás.

No siempre las respuestas de Dios son sí, llegan los días en los que sus respuestas son negativas. Esto no debe sorprendernos, como cristianos debemos de entender que "cuando la respuesta de Dios sea negativa; Su razón es afirmativa".[375] Pedro y los demás discípulos no podrían estar en el lugar que estaría su Maestro, por *ahora*. El Señor Jesús seria abofeteado, maltratado, maldecido, despreciado, burlado y asesinado en una cruz. El *ahora* no, era porque en ese tiempo era el tiempo de Jesús, él se entregaría por amor a los suyos. ¡Era su tiempo!

El *me seguirás después*, se cumple en el Libro de los Hechos de los Apóstoles. Allí, en Hechos, encontramos los relatos de Pedro y los demás apóstoles proclamando en diferentes lugares a Jesús Resucitado. Les había llegado el tiempo del "*me seguirás después*". Los desprecios, las cárceles, las burlas y la misma muerte que narra el escrito lucano

---

373 Samuel Pérez Millos. *Comentario exegético al texto griego del Nuevo Testamento. JUAN.* (Viladecavalls (Barcelona), España. Editorial CLIE. 2016), 1313.

374 Juan 13:36, (NVI).

375 Harbert Vander Lugt. *Cuando Dios dice que no.* (Nuestro Pan diario: Julio-agosto-septiembre-octubre-noviembre-diciembre. (Horeb en Villadecalvalls (Barcelona), España Publicado por M. C. E. 1993). Devocional del día 17 de septiembre sobre Mateo 26:36-46.

sobre la vida y el ministerio de los apóstoles en el Libro de los Hechos, fueron las consecuencias de: "*Ahora no, después me seguirás*".

Después de cenar en el Aposento Alto con sus amados discípulos, salieron rumbo al monte Getsemaní, el ultimo lugar en donde estarían juntos: fue allí en donde las palabras de Jesús se cumplieron; "*A donde yo voy no me puedes seguir ahora*". Durante la pasión de Jesucristo, unas mujeres, y el discípulo amado fueron los únicos que acompañaron a Jesús, pero, no pudieron hacer nada en su favor, es como si Jesús estuviese completamente solo.

Después de que Jesús resucitó, Los discípulos estuvieron 40 días fuera del compañerismo con Jesús; fue solo por un tiempo, aunque no necesariamente fuera de estar ministrando, porque notamos que, después de haber resucitado, Jesús, se les apareció a algunos de los miembros del Grupo Apostólico, a María, a varios creyentes, a su hermano Santiago y por último a Pablo. Aunque sin la presencia corporal de Jesús, fue un ministerio de 40 días muy activo por parte de Jesucristo. Un ministerio que el apóstol Pablo lo resume en siete versículos de esta manera:

> "En primer lugar les he enseñado la misma tradición que yo recibí, a saber, que Cristo murió por nuestros pecados, según las Escrituras; que lo sepultaron y

> que resucitó al tercer día, también según las Escrituras; y que se apareció a Cefas, y luego a los doce. Después se apareció a más de quinientos hermanos a la vez, la mayoría de los cuales vive todavía, aunque algunos ya han muerto. Después se apareció a Santiago, y luego a todos los apóstoles.
>
> Por último, se me apareció también a mí, que soy como un niño nacido anormalmente. Pues yo soy el menos importante de los apóstoles, y ni siquiera merezco llamarme apóstol, porque perseguí a la iglesia de Dios".[376]

El *ahora no, sino después*, se termina con los 40 días de espera, de temor, de angustia, de desesperación y de expectativa. Así que, el *después* tiene que esperar. Mientras tanto, el *ahora* debe activarse. "Seguimiento es la razón del discipulado. Los discípulos tenían una misión en el mundo, por lo tanto, deberían de seguir aquí. El Señor había acabado la suya y por lo tanto iba al Padre que lo había enviado".[377]

Es en el *ahora* que no vemos a Jesucristo corporalmente cuando es el tiempo de ministrar en

---

[376] I Corintios 15: 3-9, (DHH).

[377] Samuel Pérez Millos. *Comentario exegético al texto griego del Nuevo Testamento. JUAN.* (Viladecavalls (Barcelona), España. Editorial CLIE. 2016), 1313.

su nombre; es el *ahora* y no *después* que debemos de estar en espera de Aquel que dijo: "*Ahora no, pero me seguirás después*". Nosotros estamos en ese "Después". Es, por tanto, hoy, cuando debemos de seguir a Jesús amándolo con todo nuestro corazón, con toda nuestra alma, con toda nuestra mente y con todas nuestras fuerzas[378]

II.- Referencia a la negación de Pedro.

Hemos leído que, "Simón Pedro le preguntó a Jesús: —Señor, ¿a dónde vas? —A donde yo voy —le contestó Jesús—, no puedes seguirme ahora; pero me seguirás después".[379] Una respuesta que no dejó satisfecha la inquietud de Pedro. En esa inquietud, nuevamente Pedro, habla sin pensar bien en las palabras que salen de su boca y, repito, sin pensarlo, hace una promesa muy atrevida: "Mi vida pondré por ti".[380] "A la promesa de Pedro sigue la respuesta de Jesús. La primera parte se formula mediante una pregunta retórica: ¿Tu vida darás por mí? … El Señor lleva a Pedro a reflexionar, como decimos coloquialmente a que pensara dos veces antes de hablar".[381] Así era Pedro.

---

378 Marcos 12:30, (NVI), agregado el *nuestro y nuestra* por Eleazar Barajas.

379 Juan 13:36, (NVI).

380 Juan 13:17b, (RV, 1960).

381 Samuel Pérez Millos. *Comentario exegético al texto griego del Nuevo Testamento. JUAN.* (Viladecavalls (Barcelona), España. Editorial CLIE. 2016), 1316.

"Pedro afirmó solemnemente que el nunca caería. No se daba cuenta que no podía sostener a base de confiar en sí mismo sino solamente por la fe en el poder de Cristo".[382] En su empeño y valentía humana, afirmó que el nunca negaría a Jesús. Pedro estaba dispuesto a seguir a Jesús hasta lo último. Y, sin embargo "Jesús le contestó: 'En esta noche, antes que el gallo haya cantado dos veces, me negaras tres veces (Marcos 14:30)".[383] Esta profecía de Jesús hacia Pedro es una de las profecías que en minutos se cumplió. Jesús le dijo: "*En esta noche*". "La noche para los judíos se dividía en cuatro partes: *el anochecer* o *la noche*, desde las seis hasta las nueve de la tarde; *la media noche*, de nueve a doce: *el canto del gallo*, después de las doce hasta las tres; y, finalmente, *la mañana*, desde las tres hasta las seis. De manera que antes de las tres, Pedro le negaría tres veces".[384]

Y, la profecía se cumplió. Jesús fue llevado a la casa del sumo sacerdote Caifás y Pedro lo siguió hasta ese lugar. Se sentó a calentarse junto a una fogata encendida en medio del patio de la casa del sumo sacerdote y al lado de los soldados. Una criada

---

382 Hoff, Pablo. *Se Hizo Hombre: La fascinante historia del Dios Hombre como se relata en los Evangelios Sinópticos.* (Estados Unidos. Editorial Vida. 1990), 252.

383 Hoff, Pablo. *Se Hizo Hombre: La fascinante historia del Dios Hombre como se relata en los Evangelios Sinópticos.* (Estados Unidos. Editorial Vida. 1990), 252.

384 Samuel Pérez Millos. *Comentario exegético al texto griego del Nuevo Testamento. JUAN.* (Viladecavalls (Barcelona), España. Editorial CLIE. 2016), 1316.

lo descubrió y allí, el temor invadió a Pedro y negó conocer a Jesús. Otro también lo reconoció que seguidor de Jesús y dijo que Pedro era uno de ellos, de los discípulos de Jesús. Pedro volvió a negar al Señor diciendo que no lo conocía. Un tercero afirmó que ciertamente Pedro era uno de los que seguían a Jesús porque era galileo y, Pedro, nuevamente negó conocer a Jesús diciendo: "hombre, no se lo que dices". "En ese mismo momento, mientras Pedro aún estaba hablando, cantó un gallo".[385] ¡Y la profecía se cumplió!

¡Sí, Pedro negó al Señor! El relato bíblico no lo pasa por alto. Nadie que hubiese escuchado la declaración de Pedro al confesar quien era en realidad Jesús de Nazaret, en el retiro de Fenicia, pensaría o esperaría que Pedro llegara a negar su amistad con Jesús. ¡Nadie lo esperaba! Pero, el Señor, el cual es omnisciente, sabía de la negación de Pedro. En una ocasión, Jesús les dijo a sus discípulos acerca de las intenciones de Satanás contra ellos, pero en especial contra Pedro. Jesús, les dijo: "—Simón, Simón, mira que Satanás los ha pedido a ustedes para sacudirlos como si fueran trigo; ***pero yo he rogado por ti, para que no te falte la fe***. Y tú, cuando te hayas vuelto a mí, ayuda a tus hermanos a permanecer firmes".[386]

---

385 Lucas 22:60, (DHH).

386 Lucas 22:31-32, (DHH). Las **bolds** e *itálicas* son mías.

No justifico a Pedro, sin embargo, existe una diferencia entre un pecado deliberadamente hecho a uno que es espontáneo. Por ejemplo, Judas, deliberadamente traicionó a Jesús, lo planeo todo. En cambio, la negación de Pedro no fue nada planeada. Es decir que "la negación de Pedro no tuvo nada de deliberada. Jamás pensó en hacerlo; se vio arrastrado en un momento por la debilidad y por las circunstancias. Por un momento su voluntad fue demasiado débil, pero su corazón no lo traicionó".[387] Las palabras de Jesús, cuando dijo: *"Y tú, cuando te hayas vuelto a mí, ayuda a tus hermanos a permanecer firmes"*, hacen referencia a que Pedro no negó al Señor deliberadamente, sino que tenía un corazón de pastor. Jesús sabía esto. Jesús conocía a Pedro muy bien. "Jesús sabía que Pedro Le amaba. Hiciera Pedro lo que hiciera, Jesús sabía que Le amaba".[388]

Así que, el *ahora no, sino después*, tiene que ver con que cada uno tiene su ministerio y cada uno tiene que cumplirlo a su tiempo. Jesús estaba terminando Su ministerio terrenal y se encaminaba hacia Su Padre, lugar en donde Pedro y los demás discípulos, por ese tiempo, no podrían estar físicamente con el

---

[387] William Barclay. *Comentario al Nuevo Testamento: Volumen 6: JUAN II.* (Terrassa (Barcelona), España. Editorial CLIE. 1995), 174.

[388] William Barclay. *Comentario al Nuevo Testamento: Volumen 6: JUAN II.* (Terrassa (Barcelona), España. Editorial CLIE. 1995), 174.

Señor Jesús. Les llegaría el *después* para volver a estar con Jesús, pero, *ahora no, sino después*.

III.- Referencia a la muerte de Pedro.

¡Ay, Pedro! ¿Por qué abriste la boca? Pedro abrió su boca y pronunció una promesa sin pensar en las consecuencias. Pedro le dijo – a Jesús -: —Señor, ¿por qué no puedo seguirte ahora? ¡Estoy dispuesto a dar mi vida por ti!".[389] El carácter impulsivo de Pedro lo llevó a decir esta declaración: "*¡Estoy dispuesto a dar mi vida por ti!*". "Los cierto es que Pedro no daría la vida por Jesús, como había prometido, pero no es menos cierto que Jesús la daría por Pedro".[390]

"irónicamente, las palabras de Pedro son similares a las que Jesús usó en Juan 10:11".[391] En aquella ocasión, Jesús había dicho: "Yo soy el buen pastor. El buen pastor da su vida por las ovejas".[392] Es decir que Jesús ya le había dicho a Pedro de una manera muy directa que él moriría por Pedro y no Pedro por Jesús. Aunque, debemos de reconocer que las palabras de Pedro al decir: "¡Estoy dispuesto a dar mi

---

389 Juan 13:37, (NVI).

390 Samuel Pérez Millos. *Comentario exegético al texto griego del Nuevo Testamento. JUAN.* (Viladecavalls (Barcelona), España. Editorial CLIE. 2016), 1316.

391 Comentario de pie de página en *La Biblia de las Américas: Biblia de Estudio.* (The Lockman Foundation. Publicado por: Nashville, Tennessee. B&H ¡Español! Publishing Group. 2000), 1480.

392 Juan 10:11, (NVI).

vida por ti!",[393] "muestran la decisión y obediencia de Pedro al Señor cuando Jesús es arrestado (18:10)".[394]

Ahora bien, Jesús escuchó con mucha atención la promesa que Pedro le hizo y, para que Pedro se diera cuenta de la magnitud de lo que acaba de decir, le contesta con una profecía, diciendo: "Te aseguro que cuando eras más joven, te vestías para ir a donde querías; pero cuando ya seas viejo, extenderás los brazos y otro te vestirá, y te llevará a donde no quieras ir. ***Al decir esto, Jesús estaba dando a entender de qué manera Pedro iba a morir*** y a glorificar con su muerte a Dios. Después le dijo: —¡Sígueme!".[395] Noten esta expresión juanina: *"Jesús estaba dando a entender de qué manera Pedro iba a morir"*. Es decir, ser muerto o ejecutado (Juan 13:36-37). Según la tradición, Pedro fue crucificado en los días del emperador romano Nerón (54.68 d. C.)".[396]

El *me seguirás después*, llegó a su cúspide con la muerte de Pedro. Antes, Jesús le había dicho que no lo podía seguir, pues Jesús se encaminaba hacia Su Padre Celestial y, en ese tiempo, Pedro no lo podía seguir, pero llegó el *después* y lo que Cristo le había

---

393 Juan 13:37, (NVI).

394 Comentario de pie de página en *La Biblia de las Américas: Biblia de Estudio.* (The Lockman Foundation. Publicado por: Nashville, Tennessee. B&H ¡Español! Publishing Group. 2000), 1480.:

395 Juan 21:18-19, (DHH). Las **bolds** e *itálicas* son mías.

396 Comentario de pie de página en la *Biblia de Estudio Esquematizada.* (Brasil. Sociedades Bíblicas Unidas. 2010), 1605

dicho a Pedro, tuvo su cumplimiento. "Según la historia eclesiástica, Pedro murió crucificado. Dice la tradición que pidió ser crucificado boca abajo, porque no se sentía digno de morir de la misma forma en que había muerto Su Señor".[397] Llegó, pues, el *después* para Pedro. Llegó el tiempo de seguir a Jesús hasta las Mansiones Celestiales.

No podemos pasar por alto el atrevimiento de Pedro al decirle al Señor que estaba dispuestos a ir hasta la muerte con Jesús, evento que se cumplió en el tiempo del emperador Nerón. Tampoco podemos pasar por alto la negación que hizo Pedro de Jesús en los momentos en que más Jesús necesitaba el apoyo moral de su amado discípulo. Y, sin embargo, en Juan 21:15-17, Jesús comisiona a Pedro para que sea el pastor de las ovejas del Señor Jesús.

¡Wauuu!, ¡esto es admirable! ¡¿Cómo es posible que a uno que es voluble, que tiene un carácter explosivo y que en ocasiones habla sin pensar y que además tiene rasgos de cobardía a tal grado de negar a su propio Maestro, sea escogido para pastorear la Grey de Dios?! Es aquí en donde está lo grande y lo maravilloso del amor y la sabiduría de Dios. Es decir que, "la grandeza de Jesús está en que El ve al héroe cuando no es más que un cobarde, El tiene el amor de ver lo que podemos ser, y el poder para ayudarnos

397 Samuel Pérez Millos. *Comentario exegético al texto griego del Nuevo Testamento. JUAN.* (Viladecavalls (Barcelona), España. Editorial CLIE. 2016), 1313.

a alcanzarlo".[398] Su amor y su poder están ahora que no lo vemos corporalmente con nosotros hasta aquel día en que el *después* se cumpla en nuestras vidas.

CONCLUSIÓN.

"*Ahora no, después*". La mayoría de nosotros esperamos que las cosas buenas sucedan ahora y no después. Y, sin embargo, existen eventos que deben de suceder *después*. Moisés *después* de contemplar la tierra prometida fue llevado para reunirse con los suyos en las Mansiones Celestiales. Jesucristo, *después* de cumplir su ministerio terrenal, fue a reunirse con Su Padre.

El apóstol Pedro, *después* de haber negado a Su Maestro, se arrepintió y fue comisionado para ser el pastor de las ovejas del Señor Jesús. Y, *después* de haber cumplido su ministerio, siguió los pasos de Jesús hacia la Patria Celestial.

Todos tenemos un *después*. Pero mientras llegue ese *después*, tenemos un *ahora* para tomar las mejores decisiones. Algunas de ellas son:

1.- *Dios no te ha abandonado.*

En los momentos en que pienses que Dios ya no está contigo, que se a alejado de ti, recuerda que El siempre está a tu lado, aunque en ese tiempo no

---

398 William Barclay. *Comentario al Nuevo Testamento: Volumen 6: JUAN II.* (Terrassa (Barcelona), España. Editorial CLIE. 1995), 175.

lo puedas ver corporalmente, él está en el Espíritu Santo para ayudarte y consolarte. Permite a Dios ser tu ayudador en el ahora.

2.- *Jesús es tu mejor amigo.*

No niegues que Jesucristo es el Señor y que es tu mejor amigo. En las peores circunstancias, no permitas que tu boca exprese palabras negativas acerca del Señor Jesús antes de que el gallo cante. La mejor decisión es alabar al Señor, aunque estés en peligro de muerte y cantar: "Yo solo espero ese día cuando Cristo volverá".

3.- *Ahora no, después.*

Está consciente de que el *ahora* un día se terminará para dejar el lugar para el *después*. Un día caminaremos hacia Dios. Cuando llegue ese *después*, la mejor decisión es agradecer al Señor por la vida terrenal que nos ha concedido.

Hoy, el Señor Jesús te dice: *Ahora no*, porque tienes que afirmar tu fe y cumplir el propósito de Dios para tu vida. Sino *después*, porque llegarás a estar con el Señor por toda la eternidad.

Promesa incomprensible

"En aquel día ustedes se darán cuenta de que yo estoy en mi Padre, y ustedes en mí, y yo en ustedes".

Juan 14:20, (NVI).

Introducción

El 12 de octubre del 2021, el periodista Alejandro Faría en su artículo titulado: *Ondas de radio inusuales en el centro de la Vía Láctea desconciertan a los científicos*, dijo que: "Científicos descubrieron unas ondas de radio con propiedades inusuales en el centro de la Vía Láctea. Según un estudio, las propiedades de las señales no se parecen a ningún fenómeno conocido por la ciencia actualmente, sin embargo, el objeto que las emite será objeto de investigaciones durante los próximos años.

Ziteng Wang, autor principal del nuevo estudio en The Astrophysical Journal (*El Diario astrofísico*), dijo que **el brillo del objeto varía drásticamente**, además de que se apaga y se enciende al azar aparentemente. 'La propiedad más extraña de esta nueva señal es que tiene una polarización muy alta.

Esto significa que su luz oscila en una sola dirección, **pero esa dirección gira con el tiempo'**, escribió Wang en un comunicado.

El equipo de científicos nombró al objeto ASKAP J173608,2-321635.

Según Tara Murphy, profesora del Instituto de Astronomía de Sydney y coautora del estudio, dijo que el objeto fue único porque 'comenzó siendo invisible, se volvió brillante, se desvaneció y luego reapareció', lo que su parecer fue 'impresionante'."[399]

También es muy impresionante la actuación del Dios Trino entre sí y su relación asombrosa que se hace presente en la vida de los cristianos. Les invito para que pensemos en tres aspectos en los que Dios se "*volvió brillante*" y como "*reapareció*" en la historia de la vida de los seres humanos.

I.- Cristo en el Padre.

El apóstol Juan en su Evangelio en el capítulo 5:1 habla de una fiesta judía, es probable que haya sido la fiesta de los tabernáculos (7:2), aunque no es seguro si se refiere a ella. Juan menciona una fiesta judía

[399] Alejandro Faría. *Ondas de radio inusuales en el centro de la Vía Láctea desconciertan a los científicos.* (La Habra, California. La Opinión: Noticias, Mundo. Artículo publicado el 12 de octubre el 2021, Consultado el 13 de octubre del 2021), ¿? https://laopinion.com/2021/10/12/ondas-de-radio-inusuales-en-el-centro-de-la-via-lactea-desconciertan-a-los-cientificos/?utm_source=La%20Opini%C3%B3n%20-%20Noticias%20M%C3%A1s%20Populares&utm_medium=email&utm_campaign=La%20Opinion%20-%20Noticias%20Editorial%20%28Morning%29&utm_term=LO%20-%20Noticias%20Mas%20Populares

pero no dice cual es. Pues bien, en aquella fiesta, Jesús, como el Verbo encarnado, fue rechazado por los judíos. Fue aquel rechazo que Juan lo relata desde el capítulo 5:1 hasta 12:50, aunque dicho rechazo se puede notar en todo el Evangelio juanino con ciertas pautas de aceptación, como la hospitalidad de Lázaro y sus hermanas que le dieron en Betania.[400]

Fue, pues, en aquella fiesta que Jesús dijo estas sencillas, pero al mismo tiempo muy profunda palabras: "El Padre y yo somos uno solo".[401] El profesor y escritor español Samuel Pérez Millos pone estas palabras en el griego de esta manera: égῶ kaí ó Patήr én ésmen y, dice que "el adjetivo έν, *uno* que precede al verbo *ser*, es neutro, por tanto, no se refiere a una Persona, sino al Ser Divino. Esto es, a la esencia y naturaleza de Dios. Es la manifestación suprema de lo que Él es".[402] Esta declaración de Jesús fue una bomba teológica para sus oyentes. ¡Jesús se presentó como UNO entre Dios Padre y Él! ¡Les dijo que Él era Dios! Para la teología y tradición Judía esto era una blasfemia que merecía la muerte.

Los judíos estaban aferrados a la declaración mosaica que dice: "Oye, Israel: Jehová nuestro Dios, Jehová uno es".[403] El hecho, pues, de que Jesús se

---

[400] Juan 12:1-2.

[401] Juan 10:30, (DHH).

[402] Samuel Pérez Millos. *Comentario exegético al texto griego del Nuevo Testamento. JUAN.* (Viladecavalls (Barcelona), España. Editorial CLIE. 2016), 1038.

[403] Deuteronomio 6:4, (RV, 1960).

compare con Dios en una unidad, es lo que menos esperaban. ¡Esto era una blasfemia! Y, sin embargo, en su función mesiánica, Jesucristo, "trasciende todo cuanto los judíos pudieran haber esperado, presentándose en la unidad del Ser Divino, junto al Padre".[404] Esto es, Jesús en el Padre y el Padre en Jesús.

Las palabras declaratorias de Jesús: "*El Padre y yo somos uno solo*", hablan de una unidad. Hablan de Cristo en el Padre. Hablan de que "el Hijo está en el seno del Padre, en lo intimo de la divinidad; luego actúa, como Palabra creadora, en la formación del cosmos; a continuación, por razones soteriológicas, se anuncia la encarnación de esa Palabra o Verbo (*Logos*), y, finalmente, ya vemos, en toda su gloria, esa Palabra actuando 'en carne', es decir, 'en forma de hombre', siendo a un mismo tiempo Dios verdadero y hombre verdadero".[405]

El concepto teológico de Dios en Cristo y Cristo en Dios nos lleva a pensar en la Trinidad; Nos lleva a pensar en el Dios Triuno. "La doctrina de la Trinidad es una revelación progresiva que alcanza su dimensión plena en el Nuevo Testamento, sin embargo, Jesús anticipa esa verdad señalando en - las palabras: *El Padre y yo somos uno solo* - la unidad esencial con

---

[404] Samuel Pérez Millos. Comentario exegético al texto griego del Nuevo Testamento. JUAN. (Viladecavalls (Barcelona), España. Editorial CLIE. 2016), 1038.

[405] José Flores. *Cristología de Juan.* (Tarrasa (Barcelona), España. Editorial CLIE. 1975), 147.

el Padre".[406] Es decir, el Padre en Cristo y Cristo en el Padre. El teólogo y filosofo Agustín, el obispo de Hipona, en cuanto la unidad trinitaria "afirma con plena seguridad que el Padre, el Hijo y el Espíritu Santo son una misma sustancia, Dios creador, y que la Trinidad Omnipotente actúa inseparablemente".[407]

Bueno, y, el hecho de Jesús esté en el Padre y el Padre en Jesús, a nosotros los que creemos en Jesucristo como nuestro Salvador Personal, ¿en qué nos beneficia? De acuerdo con la Biblia, Dios es Eterno.[408] Y si Cristo está en el Padre, luego, pues, Él también es Eterno.[409] Por consiguiente, si nosotros estamos en Cristo, entonces, Dios Padre y Jesucristo nos comparten Su eternidad y, de esa manera, ¡somos seres eternos! Además, por el hecho de estar en Cristo, no solamente somos participantes de su bendita gloria, "gloria como la del unigénito de Padre, lleno de gracia y de verdad",[410] sino que además viviremos eternamente con el Padre, con Cristo y con el Espíritu Santo.[411] Y. allí, en la Eternidad, contemplaremos Su Gloria. Hoy podemos

---

406 Samuel Pérez Millos. *Comentario exegético al texto griego del Nuevo Testamento. JUAN.* (Viladecavalls (Barcelona), España. Editorial CLIE. 2016), 1038.

407 San Agustín de Hipona. *La Trinidad.* (San Bernardino, California. Ivory Fall Books. 2017), 95

408 Deuteronomio 33:27

409 Hebreos 13:8

410 Juan 1:14.

411 Juan 14:6.

decir que en actos increíbles de Dios hemos visto su gloria, pero en el futuro cercano, en la Eternidad, ¡viviremos en Su Gloria! Toda esta bendición la recibimos porque estamos en Cristo y Cristo está en el Padre.

II.- Nosotros en Cristo.

Dentro de los millones de criaturas de Dios está la avispa sin alas o la hormiga de terciopelo, pues: "El brilloso abrigo melenudo rojo y negro de la llamada 'hormiga' de terciopelo hace más que advertir a los ingenuos de sus paquetes de aguijones poderosos. Sin embargo, es aquel abrigo melenudo que la protege del calor de su hogar en el desierto.

El insecto, que popularmente se llama la 'hormiga' de terciopelo, es en realidad una avispa sin alas y a menudo se la encuentra en áreas calientes y arenosas del desierto. El abrigo de esta pequeña avispa melenuda le ayuda a aislarle del calor de la arena del desierto que puede alcanzar temperaturas tan altas como 130 grados".[412] Esta hormiga de terciopelo es una de las obras maestras de Dios. Una obra en la que se puede ver la gloria de Dios.

La gloria que Juan y los otros discípulos vieron en Jesús no comenzó después de que Jesús fue

---

412 Momentos e la Creación. *La melenuda avispa.* (La Habra, California. Internet. Consultado el 13 de octubre del 2021), ¿? <lightsource@crosswalkmail.com>

bautizado, sino miles de años antes. Hemos dicho que Jesucristo y Dios Padre son una unidad; es decir que son uno. Pues bien, cuando aquella primera pareja de seres humanos Adán y Eva pecaron, se vieron desnudos. Siempre habían estado en esa condición, pero a causa de su pecado, se avergonzaron de su naturaleza. En su fracaso, el amor de Dios actúa, y entonces: "Dios el Señor hizo ropa de pieles para el hombre y su mujer, y los vistió".[413] Un símbolo de protección similar al terciopelo de la avispa sin alas.

¿Por qué Dios los vistió?

En el Nuevo Testamento, ese mismo Dios amoroso que cubrió el pecado de la primera pareja humana se presenta como el buen Pastor, diciendo: "***Yo soy el buen pastor***; y conozco mis ovejas, y las mías me conocen, así como el Padre me conoce, y yo conozco al Padre; y pongo mi vida por las ovejas".[414] Noten la expresión en bold e *itálica*: *"Yo soy el buen pastor; …"*.

A la pregunta: ¿Por qué Dios los vistió? La respuesta es porque de allí, Dios comenzó a mostrar Su amor; Dios comenzó a manifestarse como el Buen Pastor.

Ahora bien, si somos las ovejas de Cristo, como Adán y Eva eran sus criaturas favoritas que Dios mismo había puesto en el huerto del Edén, entonces,

---

413 Génesis 3:21, (NVI).

414 Juan 10:14-15, (RV, 1960).

que por amor, Dios nos ha puesto en Cristo, ¡nosotros estamos en Cristo! El Señor no nos puso en un hermoso huerto, sino en Cristo. Este es un acto de la bondad del Señor que es el Buen Pastor.

Estamos, pues, hablando de un Dios que muestra la bondad hacia Su Rebaño, es un Dios que es bueno. "Por eso el eminente erudito Wetscott nos dice que la forma exacta de expresión es YO SOY EL PASTOR, EL BUENO, y que Cristo no es sólo el 'verdadero' (*alizenós*) pastor, que satisface la misma idea de pastor, sino que es el bueno (kalos), que expresa toda su belleza o hermosura",[415] a tal grado que Juan pudo decir: "Aquel que es la Palabra se hizo hombre y vivió entre nosotros. Y hemos visto su gloria, la gloria que recibió del Padre, por ser su Hijo único, abundante en amor y verdad".[416]

Así que, bíblicamente, Jesucristo, es el Dios BUENO. El *kalos*, como dice el erudito Brooke Foss Westcott.[417]

Dios bueno (*kalos*). Es interesante que Westcott use esta palabra griega para hablar de una de las virtudes de Jesucristo. Esta palabra "en el griego clásico se

---

415 José Flores. *Cristología de Juan.* (Tarrasa (Barcelona), España. Editorial CLIE. 1975), 280.

416 Juan 1:14, (DHH).

417 Wikipedia, la Enciclopedia Libre. *Brooke Foss Westcott* (12 de enero de 1825 - 27 de julio de 1901) clérigo y erudito inglés. Desde 1870 a 1890 fue profesor de Divinidad en Cambridge. Con F. J. A. Hort, publicó El Nuevo testamento en Griego Original (2 vol., 1881).1 Desde 1890 hasta su muerte fue Obispo de Durham. Se ha hecho conocido por sus muchos comentarios sobre la Biblia. (La Habra, California. Internet. Consultado el 20 de diciembre del 2022), ¿? https://es.wikipedia.org/wiki/Brooke_Foss_Westcott

refería a la 'belleza de las formas', ... y se aplicaba a cualquier cosa o persona bella, pero también a lo 'honorable', y así - los griegos - decían: (Homero) 'no es *kalos* robar a los huéspedes; (Jenofonte) 'Ciro es el más *kalos* de todos'; (Herodoto) 'los hombres hacen reglas *kalos*'; (Aristóteles) 'Atenas es *kalos*'; y, del mismo modo, encontramos en el Nuevo Testamento que los cristianos 'han de procurar hacer las cosas *kalos*' (2 Cor.8:2)".[418] Y, además, de acuerdo a Juan, ¡Jesucristo es *Kalos*!

Entonces, pues, ese Dios BUENO (*kalos*), ¿Por qué vistió a Adán y a Eva?

A.- Porque eran Su Creación.

En una ocasión, en el tiempo de Dios, él se dijo así mismo: "Hagamos al hombre a nuestra imagen, conforme a nuestra semejanza".[419] No importa del color que seas, de que raza seas, la clase de cultura en la que vives y prácticas, y aun no importa si eres pecador o uno en proceso de ser santificado; no importa tu educación o tu posición social, lo que sí importa es que eres una creación de Dios y, el amor de Dios siempre estará a tu alcance. Dios buscará lo mejor para ti. Es decir que "el Pastor, el Bueno, el bello, el excelente, el sin defecto y competente,

---

[418] José Flores. *Cristología de Juan*. (Tarrasa (Barcelona), España. Editorial CLIE. 1975), 281.

[419] Génesis 1:26, (NVI).

el único, en fin, el Buen Pastor, trasmite a sus ovejas el alimento que El prepara y que contiene las vitaminas bellas, excelentes, in adulteración, que nos alimentan a nosotros sus ovejas que oímos su voz y que rechazamos la voz de los extraños".[420]

Esta es la razón por la cual, Jesucristo, dejó Su trono y Su gloria para llegar hasta la humanidad y mostrar la Gloria de Dios en su persona. "¡Y vimos su gloria!", dijo el apóstol Juan.[421]

Por favor, no me malentiendan, no estoy justificando tu pecado ni haciendo de la Redención en Cristo Jesús un tipo de juguete que lo puedes usar por un tiempo y después desecharlo. El hecho de que seas una creación de Dios y que él se preocupe por tu bienestar no significa que puedes vivir en pecado y al mismo tiempo recibir los beneficios de Dios. ¡Sí, las bendiciones de Dios son para toda su creación! Pero no toda ella las disfruta.

¿Por qué, Pastor no todos los seres humanos disfrutan de las bendiciones de Dios?

Primero, porque Dios es amor, pero también es justo.

Así que, "parte de la justicia de Dios es dejar que un mundo caído sufra las consecuencias de su

---

420 José Flores. *Cristología de Juan*. (Tarrasa (Barcelona), España. Editorial CLIE. 1975), 281.

421 Juan 1:14, (RV, 1960).

pecaminosa depravación".[422] Esto no es del agrado de Dios ni mucho menos un castigo divino, es consecuencia de no seguir los mandatos de Dios; Su gracia está a la disposición, pero al ser rechazada se sufre las consecuencias.

El apóstol Pablo dice que Dios es justo y ha mostrado su justicia al mostrase en la misma creación. Sin embargo, el ser humano, se ha rebelado contra el amor y la justicia divina. ¿Y qué esperan los que no tienen la menor idea de adorar a Dios y seguir su justicia? ¿Esperan que el Señor los aplauda? ¿Esperan que el Todopoderoso cierre sus ojos para no ver sus rebeliones contra El?

¡Sí!, Dios es amor, pero también es justo, por eso, dice el apóstol Pablo que:

> "Ciertamente, la ira de Dios viene revelándose desde el cielo contra toda impiedad e injusticia de los seres humanos, que con su maldad obstruyen la verdad. Me explico: lo que se puede conocer acerca de Dios es evidente para ellos, pues él mismo se lo ha revelado. Porque desde la creación del mundo las cualidades invisibles de Dios, es decir, su eterno poder y su naturaleza divina, se perciben claramente a

---

[422] David C. Egner. *El resultado final.* (Devocional del día 2 de julio en base a el Salmo 73:16-17, en Nuestro Pan Diario. Nuestro Pan diario: Julio-agosto-septiembre-octubre-noviembre-diciembre. (Horeb en Villadecalvalls (Barcelona), España Publicado por M. C. E. 1993). Lectura Salmo 145. Julio 2.

través de lo que él creó, de modo que nadie tiene excusa. A pesar de haber conocido a Dios, no lo glorificaron como a Dios ni le dieron gracias, sino que se extraviaron en sus inútiles razonamientos, y se les oscureció su insensato corazón. Aunque afirmaban ser sabios, se volvieron necios y cambiaron la gloria del Dios inmortal por imágenes que eran réplicas del hombre mortal, de las aves, de los cuadrúpedos y de los reptiles.

Por eso Dios los entregó a los malos deseos de sus corazones, que conducen a la impureza sexual, de modo que degradaron sus cuerpos los unos con los otros. Cambiaron la verdad de Dios por la mentira, adorando y sirviendo a los seres creados antes que, al Creador, quien es bendito por siempre. Amén.

Por tanto, Dios los entregó a pasiones vergonzosas. En efecto, las mujeres cambiaron las relaciones naturales por las que van contra la naturaleza. Así mismo los hombres dejaron las relaciones naturales con la mujer y se encendieron en pasiones lujuriosas los unos con los otros. Hombres con hombres cometieron actos indecentes, y en sí mismos recibieron el castigo que merecía su perversión".[423]

---

[423] Romanos 1:18.25, (NVI).

¡Lamentable declaración paulina! Y, sin embargo, tenemos que aceptar que, además de que Dios es amor también es justo.

El Clarín es un periódico argentino con sede en la ciudad de Buenos Aires y en sus noticias anunciaron un acto muy lamentable de lo que es estar fuera del amor de Dios. Por ejemplo, el Clarín nos sacudió con la violencia que se practicó en una pareja lésbica en Brasil. Sin embargo, "La violencia del crimen no sólo sacudió a Brasil, sino a todo el mundo. Rhuan Maycon, un pequeño de sólo nueve años fue asesinado por su madre y la novia de esta. ¿La razón? La pareja, en realidad, quería una niña.

Rosana Cândido, de veintisiete años y Kacyla Pessoa, de veintiocho años, fueron las autoras del hecho, por el cual ya están detenidas por la policía de Brasil. Según informaron las autoridades, el crimen ocurrió el pasado 31 de mayo, cuando la pareja asesinó al menor con un cuchillo.[424]

Al pequeño Rhuan le habían amputado el pene y los testículos y lo vestían de mujer. Pero como no lograron hacerle una niña, entonces, lo mataron. Parte de su cuerpecito lo quemaron y el resto lo guardaron en maletas.

---

[424] CLARÍN de ARGENTINA. *Matan a su hijo tras amputarle el pene porque querían una niña.* (La Habra, California. Internet. Consultado el 20 de diciembre del 2022), ¿? https://www.lavanguardia.com/sucesos/20190618/462946584220/pareja-lesbianas-brasil-mata-hijo-amputarle-pene-querian-nina.html

Fue una acción tan triste y lamentable que: "Damares Alves, ministra de la Mujer, la Familia y los Derechos Humanos de Brasil, se mostró "conmocionada" por el caso y prometió fortalecer los consejos tutelares para evitar violencia contra niños y adolescentes. "Quiero saber dónde la red de protección falló. Sólo con la participación de todos vamos a cambiar la realidad de los niños del país", afirmó en su cuenta de Twitter".[425] La pareja asesina no disfruta del amor de Dios en la cárcel brasileña sino de la justicia divina. El apóstol Pablo dijo que "en sí mismos recibieron el castigo que merecía su perversión".[426]

Te lo repito, no te equivoques, definitivamente Dios es amor, pero ¡también es justo!

Segundo, otra parte de la justicia de Dios es su ofrecimiento de Su gracia.

Es decir que la "otra parte – de la justicia divina - es que Dios ofrece gracia a todos los que sufren. Y cuando venga su juicio final (2 P 2:9), los abusadores

---

425 CLARÍN de ARGENTINA. *Matan a su hijo tras amputarle el pene porque querían una niña*. (La Habra, California. Internet. Consultado el 20 de diciembre del 2022), ¿? https://www.lavanguardia.com/sucesos/20190618/462946584220/pareja-lesbianas-brasil-mata-hijo-amputarle-pene-querian-nina.html

426 Romanos 1:27, (NVI).

y opresores recibirán su merecido".[427] Entonces, ¿Dónde está su gracia? Su gracia está en que Dios no condena a nadie. El ser humano se condena así mismo al rechazar la gracia de Dios. Sin embargo, el más vil pecador, si acepta a Jesucristo como su Salvador personal, la gracia de Dios entra en acción y, entonces, el perdón y la salvación de parte de Dios se efectúa en la persona. Esto es que, aunque nos parezca insólito, de acuerdo con el amor de Dios; de acuerdo con su bondad y a Su misericordia, Rosana Cândido, y Kacyla Pessoa, si se arrepienten sinceramente de sus pecados y aceptan a Jesucristo como su Salvador y Señor de sus vidas, ¡serán salvas! ¡Esto también es justicia de Dios!

El abogado, profesor, pastor bautista reformado, misionero y escritor Paul Washer, dice que: "Las Escrituras enseñan claramente que todos los que han pecado están bajo la maldición de la ley. Para salvarnos, el Hijo de Dios se hizo hombre, cargó nuestra culpa, y se hizo maldición en nuestro lugar".[428] La maldición sobre su persona lo llevó a

---

[427] David C. Egner. *El resultado final*. (Devocional del día 2 de julio en base a el Salmo 73:16-17, en Nuestro Pan Diario. Nuestro Pan diario: Julio-agosto-septiembre-octubre-noviembre-diciembre. (Horeb en Villadecalvalls (Barcelona), España Publicado por M. C. E. 1993). Lectura del Salmo 145. Julio 2.

[428] Paul Washer. *El Hijo se hizo maldición*. (La Habra, California. Internet. Articulo publicado el 20 de septiembre del 2021 en Teología Sana. Consultado el 20 de diciembre del 2022), ¿? https://teologiasana.com/2021/09/20/el-hijo-se-hizo-maldicion-paul-washer/#:~:text=Para%20salvarnos%2C%20el%20Hijo%20de%20Dios%20se%20hizo,la%20ley%2C%20para%20hacerlas.%20%28G%C3%A1latas%203%3A10%20RV%201960%29

la muerte de cruz y en la cruz, venció al pecado. Jesucristo tomó nuestro lugar para que nosotros fuésemos justos ante la justicia de Dios. ¡Esto es el ofrecimiento de su gracia! No importa que tan perverso sea el ser humano, la gracia de Dios está disponible para salvarle. ¡Todo es de Dios! La Escritura dice que: "Dios los salvó por su gracia cuando creyeron. Ustedes no tienen ningún mérito en eso; es un regalo de Dios. La salvación no es un premio por las cosas buenas que hayamos hecho, así que ninguno de nosotros puede jactarse de ser salvo".[429]

Todas las personas que no han aceptado el ofrecimiento de la gracia de Dios "están perdidas (Ef.2:3). Pero, por la gran misericordia de Dios, somos salvos (Efe. 2:4-10) … somos salvos por la gracia de Dios, por medio de la fe (Ef, 2:4,8)".[430] Esto es que, la otra parte de la justicia de Dios es su ofrecimiento de Su gracia.

Tercero. La desviación hacia la idolatría.

¡Ah, la humanidad! Los seres humanos del tiempo de Pablo que, no son diferentes a los contemporáneos, algunos de ellos, la mayoría, han decidido adorar a la creación en lugar de adorar

---

429 Efesios 2:8-9, (NTV).

430 Comentario en la Biblia *de Estudio Esquematizada.* (Brasil. Sociedades Bíblicas Unidas. 2010), 1765.

y agradecer al Creador por sus bendiciones. El apóstol Pablo hizo un comentario sobre este desvió, diciendo: "Es cierto, ellos conocieron a Dios, pero no quisieron adorarlo como Dios ni darle gracias. En cambio, comenzaron a inventar ideas necias sobre Dios. Como resultado, la mente les quedó en oscuridad y confusión. Afirmaban ser sabios, pero se convirtieron en completos necios. Y, en lugar de adorar al Dios inmortal y glorioso, rindieron culto a ídolos que ellos mismos se hicieron con forma de simples mortales, de aves, de animales de cuatro patas y de reptiles".[431]

Esto es lo que el apóstol Pablo llama la desviación hacia la idolatría. Un claro ejemplo de la idolatría es las practicas dentro de la santería. En ella se adora a la Santa Muerte. Una adoración que: "Surgió en ambientes de brujería, magia y esoterismo, donde las personas buscan una solución fácil a los problemas de la vida. La "Santa Muerte" es una especie de amuleto o ídolo, fabricado por personas que engañan a los incautos. Venden esqueletos de colores porque, según ellos, cada esqueleto tiene su propia tarea.

Ellos dicen que lo único que venció a Jesucristo fue la muerte. La verdad es que Jesucristo venció a la muerte con su Resurrección. Dice la Biblia: 'El último de los enemigos en ser aniquilado, será la muerte, porque todo lo ha sometido Dios bajo los pies

---

[431] Rom. 1:21-23, (NTV).

de Cristo' (cfr. 1Cor 15,24-27)".[432] En el libro o Carta a los Hebreos, el escritor, "después de mencionar la salvación que recibirá el pueblo de Dios (1:14), … entra en mayores detalles acerca de esa gran salvación (2:1-4) y del gran salvador Jesucristo (2:5-18)".[433] En esa aclaración salvífica, dice: "Por tanto, ya que ellos son de carne y hueso, él también compartió esa naturaleza humana para anular, mediante la muerte, al que tiene el dominio de la muerte —es decir, al diablo—, y librar a todos los que por temor a la muerte estaban sometidos a esclavitud durante toda la vida".[434] Esto es que, Jesucristo, con su muerte y resurrección no solo venció a la muerte sino aun más, al autor y sustentador de la muerte, *—es decir, al diablo—*.

Estoy, pues, diciendo que la adoración a la Santa Muerte no solo es un acto de idolatría, sino que es una adoración satánica.

Un antiguo himno que cantábamos en la iglesia cristiana en los días de Pascua dice: "La tumba lo encerró, el alba allí esperó, Cristo el Señor. Cristo la tumba venció y con gran poder resucito; del sepulcro

---

[432] Marta Morales. *El culto a la "Santa Muerte"*. (La Habra, California. Internet. Articulo publicado el 26 de marzo del 2019. Consultado el 20 de diciembre del 2022), ¿? https://www.yoinfluyo.com/tu-voz/el-culto-a-la-santa-muerte/#:~:text=Su%20origen%20es%20pagano%2C%20la%20adoraci%C3%B3n%20a%20la,Veracruz%2C%20le%20dan%20culto%20a%20esta%20macabra%20imagen.

[433] Comentario en la *Biblia de Estudio Esquematizada*. (Brasil. Sociedades Bíblicas Unidas. 2010), 1828.

[434] Hebreos 2:14-15, (NVI).

y muerte Cristo es vencedor. Vive para siempre nuestro Salvador".[435]

¡Cristo es el Vencedor de la muerte! Entonces, pues, ¿por qué adorar a un derrotado en lugar del victorioso? Sencillamente porque al estar en rebelión contra Dios, la desviación hacia la idolatría se hace presente. Y, si no se adora a Dios, la posibilidad es que se adore a Satanás.

Marta Morales se pregunta: "¿Creó Dios la muerte? – y ella misma se da la respuesta - ¡No! La muerte fue consecuencia del pecado de desobediencia de Adán y Eva. La muerte no es algo ni alguien. Se llama muerte a no tener vida. Dios creó la vida".[436] Y no solo la vida física sino también la eterna, Cristo dijo: "Mis ovejas reconocen mi voz, y yo las conozco y ellas me siguen. ***Yo les doy vida eterna***, y jamás perecerán ni nadie me las quitará. Lo que el Padre me ha dado es más grande que todo, y nadie se lo puede quitar. El Padre y yo somos uno solo".[437]

Marta Morales comenta que: "… dice un refrán, que 'el que no conoce a Dios ante cualquier palo se le

435 Robert Lowry. *La tumba le encerró.* Trd. George P. Simmonds. (Himnario Bautista. Casa Bautista de Publicaciones. El Paso, Texas. 1978). Himno Número 125.

436 Marta Morales. El culto a la "Santa Muerte". (La Habra, California. Internet. Artículo publicado el 26 de marzo del 2019. Consultado el 20 de diciembre del 2022), ¿? https://www.yoinfluyo.com/tu-voz/el-culto-a-la-santa-muerte/#:~:text=Su%20origen%20es%20pagano%2C%20la%20adoraci%C3%B3n%20a%20la,Veracruz%2C%20le%20dan%20culto%20a%20esta%20macabra%20imagen.

437 Juan 10:27-30, (DHH). Las ***bolds*** e *itálicas* son mías.

hinca'."[438] Eso es muy cierto. Y, aun así, la gracia y el amor de Dios están disponibles para ellos. El apóstol Juan dice que: "Todo el que ama es un hijo de Dios y conoce a Dios; pero el que no ama no conoce a Dios, porque Dios es amor".[439] Dios desea ardientemente cubrirlos con su Amor Redentor. ¡Es Su creación!

B.- Porque existe una recreación.

Uno de mis textos favoritos es cuando el apóstol Pablo dijo: "De modo que, si alguno está en Cristo, nueva criatura es; las cosas viejas pasaron; he aquí todas son hechas nuevas. Y todo esto proviene de Dios…"[440] ¡Sí, somos creación de Dios! Pero mucho más que eso, el cristiano es, ¡Una Nueva Creación!

El hecho de que nosotros estemos en Cristo es, *primeramente*, porque somos Creación de Dios y, en *segundo lugar*, porque Cristo nos ha hecho nuevas criaturas: ¡Los cristianos somos una Nueva Creación! En esta nueva creación, Dios desea que vayamos creciendo en Su gracia en Su conocimiento. Recuerda que, "a medida que las estaciones cambian y cambian, a veces puede sentirse incómodo,

---

438 Marta Morales. *El culto a la "Santa Muerte"*. (La Habra, California. Internet. Artículo publicado el 26 de marzo del 2019. Consultado el 20 de diciembre del 2022), ¿? https://www.yoinfluyo.com/tu-voz/el-culto-a-la-santa-muerte/#:~:text=Su%20origen%20es%20pagano%2C%20la%20adoraci%C3%B3n%20a%20la,Veracruz%2C%20le%20dan%20culto%20a%20esta%20macabra%20imagen.

439 I Juan 4:7-8, (NTV).

440 2 Corintios 5:17-18ª, (RV, 1960).

pero descansa que el crecimiento ocurre en esos momentos incómodos y lo que nace es algo hermoso. CS Lewis dijo poéticamente una vez: 'Cuando llega la primavera, no deja ningún rincón de la tierra sin tocar' y, al igual que la primavera se expande por el mundo, un nuevo capítulo se expande en tu vida".[441] ¡Somos nuevas criaturas en Cristo Jesús!

Déjame decirte otra gran verdad que la escuché hace mucho tiempo y que en estos días la volví a leer y meditar en ella. Esta es la verdad: "Fuiste concebido por Dios mucho antes de que te concibieran tus padres. Adquiriste forma en la imaginación del Todopoderoso antes de tomar forma en el seno de tu madre. Tú eres su 'obra maestra', expresión que traduce el vocablo griego *poiema*".[442] Esta palabra *poiema*, "del mismo modo que la palabra inglesa 'workmanship' (Hechura) puede referirse tanto a una obra maestra como a una obra mundana – es decir que -, la palabra '*poiema*' puede referirse también a ambas".[443]

---

441 Cally Logan. *¿Cómo saber cuándo Dios te está diciendo que pases al siguiente capitulo?* (La Habra, California. Articulo: Momentos de la Creación. Publicado el 28 de septiembre del 2021, Consultado el mismo día y año), ¿? <lightsource@crosswalkmail.com>Internet.

442 Mark Batterson. *Destino divino: Descubre la identidad de tu alma*. (Miami, Florida. Editorial Vida. 2014), 19.

443 Niobius. *¿Cuál sería una buena traducción de "poiēma"?* (La Habra, California. Internet. Artículo en Actualidad Cristiana. Publicado el 4 de septiembre del 2021. Consultado el 2 de marzo del 2022), ¿? https://www.actualidadcristiana.net/cual-seria-una-buena-traduccion-de-poiema/

Estamos pues hablando de que la palabra griega *poiema* es "una expresión que se refiere a cualquier obra de arte",[444] pero que cuando hablamos de la creación del ser humano, entonces hablamos de que somos creados por Dios y, por lo tanto, somos hechos a Su imagen.

La declaración bíblica dice que, en un momento dado en el tiempo de Dios, él se dijo, asimismo: "Hagamos al hombre a nuestra imagen, conforme a nuestra semejanza". El profeta Isaías afirma esta declaración diciendo: "A pesar de todo, Señor, tú eres nuestro Padre; nosotros somos el barro, y tú el alfarero. Todos somos obra de tu mano". Y, el Salmista le da un tomo más a esta melodía al decir: "¡Reconozcan que el Señor es Dios! Él nos hizo, y le pertenecemos; somos su pueblo, ovejas de su prado".[445]

¿Te das cuenta? "¡Él no puede crear otra cosa que no sea asombrosa! Dios creó una obra maestra cuando creó al hombre. Y, al creer en Jesús, nos hemos convertido en su nueva (impresionante) creación (2 Corintios 5:17)".[446] Esto es que, ¡Nosotros

---

444 Mark Batterson. *Destino divino: Descubre la identidad de tu alma.* (Miami, Florida. Editorial Vida. 2014), 19.

445 Génesis 1:26, (RV, 1960; Isaías 64:8, (NVI); Salmo 100:3, (NTV).

446 Michael Ledner. *¿Cuál sería una buena traducción de "poiēma"?* (La Habra, California. Internet. Artículo en Actualidad Cristiana. Publicado el 4 de septiembre del 2021. Consultado el 2 de marzo del 2022), ¿? https://www.actualidadcristiana.net/cual-seria-una-buena-traduccion-de-poiema/

en Cristo, somos una obra asombrosa! ¿Acaso no es esto un acto maravilloso? ¡Claro que sí lo es!

Hermano y hermana en Cristo Jesús:

> "Tú eres pintura suya,
> Tú eres novela suya,
> Tú eres escultura suya,
> 'Cristo es más artista que los artistas', observa Vincent van Gogh. 'Él trabaja en el espíritu vivo y en la carne viva; en lugar de hacer estatuas, hace hombres'. Dios está pintando un cuadro de gracia en el lienzo de tu vida".[447]

¡Somos el poema de Dios más hermoso en toda la creación! Esto es posible por la maravillosa Obra Redentora por medio de la cual ahora estamos en Cristo y, en esa posición es que podemos ver la Gloria de Dios en Su Amado Hijo, Cristo Jesús, mientras que "Dios está escribiendo su historia, la historia, por medio de tu vida".[448]

Dios, pues, vistió a Adán y a Eva porque en ellos, el Señor tipificó lo que haría con el resto de la humanidad que está en Cristo. Es decir que, Dios, ahora, nos cubre con su justicia porque existe una recreación en nuestras personas. Somos el Adán y

---

[447] Mark Batterson. *Destino divino: Descubre la identidad de tu alma.* (Miami, Florida. Editorial Vida. 2014), 19-20.

[448] Mark Batterson. *Destino divino: Descubre la identidad de tu alma.* (Miami, Florida. Editorial Vida. 2014), 20.

Eva en Cristo Jesús con una Nueva Vida. La razón es que Cristo el Buen Pastor (*kalos*) y, por eso, ¡Somos Su Recreación!

C.- Uno en Cristo.

Cuando el apóstol Pablo habló sobre los propósitos de la ley, les dijo a los hermanos de Galacia lo siguiente: "… pues todos sois hijos de Dios por la fe ***en Cristo Jesús;*** porque todos los que habéis sido bautizados ***en Cristo***, de Cristo estáis revestidos. Ya no hay judío ni griego; no hay esclavo ni libre; no hay varón ni mujer; porque todos vosotros sois uno ***en Cristo Jesús***".[449] Varios pasajes de las escrituras se refieren al creyente estando "*en Cristo*". Tres de ellos son: 1 Pedro 5:14, ("... *los que estáis en Jesucristo*".) Filipenses 1:1 ("… *los santos en Cristo Jesús".)* Romanos 8:1("… *los que están en Cristo Jesús*").

Estando en Cristo Jesús, y mientras contemplamos Su Gloria, encontramos tres diferencias o distinciones que vale la pena que pensemos en ellas.

La primera, es que en Cristo no hay diferencia de nacionalidad.

No importa la nacionalidad o raza a la que la persona pertenezca o haya nacido, en Cristo, es parte del Rebaño del Señor Jesús. A este Rebaño, "todos

[449] Gálatas 3:26-28, (RV, 1960). Las **bolds** e *itálicas* son mías.

entran del mismo modo, así como los animales entraron al arca – de Noé – por la misma puerta. No había sino solo una puerta; el águila tuvo que descender y entrar por la misma puerta por donde entró el caracol".[450] Para entrar al Rebaño del Señor es solo y únicamente estando en Cristo. Él dijo: "Yo soy la puerta; los que entren a través de mí serán salvos".[451]

"Con la afirmación reiterada: 'Yo soy la puerta, 'Yo soy la puerta de las ovejas', Jesús se presenta, una vez más, como el revelador y salvador, al igual que en las otras afirmaciones: 'Yo soy la luz del mundo', 'Yo soy el pan de la vida'… etc... Con la metáfora de la puerta, que, a primera vista, puede resultar un tanto chocante, Jesús, con un gran radicalismo, nos está diciendo que sólo quien entra por él se salva".[452] No hay otra manera de ser salvo: Solo por medio de Jesucristo. El mismo dijo: "—Yo soy el camino, la verdad y la vida. Solamente por mí se puede llegar al Padre".[453]

A toda la humanidad se le invita a que entre por la Puerta que es Cristo Jesús. ¡A todos los seres

---

[450] B. H. Carroll. *Comentario Bíblico: Gálatas, Romanos, Filipense y Filemón: Tomo 8.* Trd. Sara A. Hale. (Terrassa (Barcelona), España. Editorial CLIE. 1987), 86.

[451] Juan 10:9, (NTV).

[452] Antonio Bravo. «*Yo Soy la Puerta de las Ovejas*». (La Habra, California. Internet. Consultado el 20 de diciembre del 2022), ¿? http://www.siervas-seglares.org/pdf/retiros/yo-soy-la-puerta-de-las-ovejas.pdf

[453] Juan 14:6, (DHH).

humanos se les hace esta invitación! ¿Por qué a todos? Porque en Cristo no hay diferencia de nacionalidad.

La segunda diferencia, es que, en Cristo, solo se toma en cuenta al individuo.

En este segundo punto, los amos, los esclavos y los niños, en Cristo, todos son iguales; no hay distinción entre ambos. Es decir que: "Las relaciones terrenales no se toman en cuenta en el Nuevo Pacto. Aquí solo se toma en cuenta al individuo"[454] sea la educación o rango o edad que tenga, en Cristo, es tomado como individuo.

En la teología judía el concepto de comunidad era la respuesta a todos los bienes o males. Ningún judío se consideraba individual; sino que era miembro de una tribu, era miembro de una nación y en su teología, era miembro de la Familia de Dios. De esta manera, si la tribu o la nación estaban bien con Dios, el también lo estaba.

En el Nuevo Testamento, en Cristo, solo se toma en cuenta al individuo. Aquí no existe la salvación o condenación colectiva. Cada persona es responsable de su salvación en Cristo o de su condenación eterna. Recodemos que Dios no condena a nadie, es la persona, que, individualmente se salva por la fe en

---

454 *B. H. Carroll. Comentario Bíblico: Gálatas, Romanos, Filipense y Filemón: Tomo 8*. Trd. Sara A. Hale. (Terrassa (Barcelona), España. Editorial CLIE. 1987), 86-87.

Cristo Jesús o se condena por el rechazo de la gracia de Dios.

La tercera diferencia en Cristo es que, no existen diferencias en cuanto a las ordenanzas.

"En el antiguo pacto solamente los varones recibían la señal del pacto. En nuevo pacto no hay distinción en cuanto a ordenanzas entre varón y hembra. La mujer es bautizada, así como el varón".[455] Recordemos que, en el Antiguo Testamento, "la posición de la mujer … era muy subordinada, pero en el - Nuevo Testamento – la mujer recibe las ordenanzas juntamente con el hombre. Es un ser humano y entra por su propia fe personal en Cristo, y es recibida – en Cristo – como su fuese hombre".[456]

La bendición de estar en Cristo va más allá de nuestros valores y creencias. Somos una maravilla de la creación divina; una obra maestra y, como cristianos, somos mucho más que eso: ¡Somos sus hijos e hijas amados! ¡Somos uno en Cristo! ¡Somos el pueblo de Dios!

---

[455] B. H. Carroll. *Comentario Bíblico: Gálatas, Romanos, Filipense y Filemón: Tomo 8*. Trd. Sara A. Hale. (Terrassa (Barcelona), España. Editorial CLIE. 1987), 87.

[456] B. H. Carroll. *Comentario Bíblico: Gálatas, Romanos, Filipense y Filemón: Tomo 8*. Trd. Sara A. Hale. (Terrassa (Barcelona), España. Editorial CLIE. 1987), 87.

III.- Cristo en nosotros.

El apóstol Pablo estaba en la cárcel y allí recibió noticias de que en la iglesia de Colosas se estaban predicando la enseñanza de doctrinas falsas. Se estaba enseñando que había seres espirituales que controlaban el mundo. También estaban enseñando que los cristianos tenían que "guardar ciertas reglas y leyes acerca de las comidas, bebidas y días sagrados, y debían someter el cuerpo a una rigurosa disciplina (2:16-18, 20-23). El apóstol Pablo dice que nada de eso tiene valor espiritual para el cristiano, pues la verdadera vida del cristiano es Cristo mismo (3:3-4)".[457]

Es en ese contexto es que Pablo, al hablar sobre su ministerio entre los gentiles, dice: "Ahora me alegro en medio de mis sufrimientos por ustedes, y voy completando en mí mismo lo que falta de las aflicciones de Cristo, en favor de su cuerpo, que es la iglesia. De esta llegué a ser servidor según el plan que Dios me encomendó para ustedes: el dar cumplimiento a la palabra de Dios, anunciando el misterio que se ha mantenido oculto por siglos y generaciones, pero que ahora se ha manifestado a sus santos. A estos Dios se propuso dar a conocer cuál es la gloriosa riqueza de este misterio entre las

---

[457] Pablo. *Epístola a los Colosenses.* (Comentario en la Biblia de Estudio Esquematizada. (Brasil. Sociedades Bíblicas Unidas. 2010), 1782

naciones, que es ***Cristo en ustedes, la esperanza de gloria***".[458]

¡Maravilloso! ¡Cristo en nosotros, la esperanza de gloria! Con justa razón el apóstol Juan dijo que en Cristo vimos Su gloria, pues es Cristo mismo el que está en nosotros con toda su majestuosa gloria. Este es uno de los misterios que "Dios mantuvo en secreto, pero que ahora revela a todos. El misterio es Cristo mismo (2:2), quien es la llave que abre todos los tesoros escondidos del conocimiento".[459]

En los estudios sobre la *Disciplina Cristiana* estudiamos que Cristo es la llave a la mansión espiritual de la gracia de Dios. Una mansión que tiene diferentes cuartos y cada uno de ellos guarda tras sus puertas promesas, virtudes divinas disponibles para los cristianos y el fruto del Espíritu Santo también disponible para sus amados y amadas hijas. El problema es que la mayoría de nosotros, entramos por la puerta que es Cristo Jesús a la *Casa de la Gracia* y nos quedamos en la sala; en todo el resto de nuestra vida nunca abrimos las puertas en donde están guardadas las bendiciones, promesas, virtudes y el fruto del Espíritu Santo que Dios desea que disfrutemos. Pero como no las disfrutamos, entonces, vivimos una vida cristiana amargada, frustrada, con

---

[458] Colosenses 1:24-27, (NVI). Las **bolds** e *itálicas* son mías.

[459] Comentario en la Biblia de *Estudio Esquematizada.* (Brasil. Sociedades Bíblicas Unidas. 2010), 1785.

preocupaciones, con dudas y con temores. Llega el día en que Dios nos llama a su presencia; caminamos por el largo pasillo hacia la Patria Celestial sin haber disfrutado de las bendiciones de la gracia de Dios.

Sin embargo, si estamos conscientes de que Cristo mora en nosotros, entonces, la vida es diferente. No por nuestro esfuerzo sino porque Cristo está en nosotros y él es nuestra "*esperanza de gloria*".

¿Qué quiero decirles con estar conscientes de que Cristo mora en nosotros? El profeta Jeremías llamó al pueblo a que se detuvieran por un momento de todas sus actividades para pensar en lo que estaban haciendo, le dijo: "Deténganse en los caminos y miren; pregunten por los senderos antiguos. Pregunten por el buen camino, y no se aparten de él. Así hallarán el descanso anhelado".[460] Hermano, hermana en Cristo Jesús, por favor, detente de todas tus actividades y medita en esta verdad bíblica y teológica: El Todopoderoso Dios está contigo; ¡Está en ti! Si meditas en esta verdad, entonces, encontraras "*el descanso anhelado*" por tu alma. La vida cristiana te será diferente. ¡La disfrutarás!

"Una maestra de preescolar comentó en cierta oportunidad respecto de los niños de la clase de cinco años: Construyen, desarman y vuelven a construir en un día más de lo que un obrero en una construcción

---

[460] Jeremías 6:16, (NVI).

hace en semanas, pero jamás llaman 'trabajo' a lo que hacen. ¡Para ellos es jugar!

-Aquí está la lección - Ya sea que trabaje con las manos o con la mente, amar lo que uno hace es el secreto para divertirse mientras se gana dinero. En realidad, el trabajo deja de ser un 'trabajo'. Descubra qué es lo que le gusta hacer y jamás volverá a 'trabajar' en su vida".[461]

Mis amados hermanos y hermanas descubran la presencia de Cristo en sus vidas y, "*así hallarán el descanso anhelado*".

Conclusión.

La promesa incomprensible que dice: "En aquel día ustedes se darán cuenta de que yo estoy en mi Padre, y ustedes en mí, y yo en ustedes".[462]Nos ha llevado a meditar en las verdades teológicas de que Cristo está en el Padre, es decir, que la Santa Trinidad es una verdad en las Escrituras, aunque nunca se menciona la palabra Trinidad.

La otra verdad que notamos es que no solamente Cristo está en Dios, sino que, además, nosotros estamos en Cristo. Es aquí en donde encontramos el

---

461 Renuevo de Plenitud: Reflexiones. *No vuelva a trabajar.* (La Habra, California. Internet, Consultado el 28 de septiembre del 2021), ¿? <reflexiones=renuevodeplenitud.com@send.aweber.com>

462 Juan 14:20, (NVI).

refugio y la esperanza bienaventurada que el Señor nos da hoy y para el futuro. ¡Somos su recreación!

Luego, notamos que la gracia de Dios es tan grande que, no importa lo perverso que seamos, el Buen Pastor: el *kalos* está con nosotros. Es decir que nos solamente nosotros estamos en Cristo si no, además, en una forma más íntima y segura, ¡Cristo está en nosotros! El Buen Pastor nos comparte su benevolencia, nos perdona, nos ama y nos ha hecho Nuevas Criaturas. Es en esta condición que, hoy y con mayor seguridad en el futuro cercano, nos daremos cuenta de que Cristo está en Dios y Dios en Cristo y que ambos forman una UNIDAD perfecta.

Dios lo ha hecho todo a nuestro favor. ¿Qué nos resta hacer? Si el Señor ya lo ha hecho todo para nuestro bien como el Buen Pastor que es, entonces, lo que nos resta hacer es creerle y adorarlo mientras contemplamos Su Gloria.

Realidad aquí y ahora

"Judas (no Judas Iscariote, sino el otro discípulo con el mismo nombre) le dijo: —Señor, ¿por qué te darás a conocer solo a nosotros y no al mundo en general? Jesús contestó: —Todos los que me aman harán lo que yo diga. Mi Padre los amará, y vendremos para vivir con cada uno de ellos. El que no me ama no me obedece. Y recuerden, mis palabras no son mías; lo que les hablo proviene del Padre, quien me envió".

Juan 14:22-24, (NTV).

Introducción.

Se cuenta que los galos, aquellos habitantes de Galacia a los que Pablo les escribió una carta aproximadamente allá por el año 56 d.C.; La *Carta a los Gálatas*. Se cuenta que ellos tenían temor de que un día el cielo caería sobre ellos. Así que, "para prevenir que la bóveda celeste se desplomara, los antiguos galos cultivaban y adoraban los árboles y los bosques".[463]

D'Arbois de Jubainville hablando sobre un juramento antiguo que los celtas le hicieron a Alejandro, dice: "si no cumplimos este acuerdo, que el cielo caiga sobre nosotros y nos aplaste, que la tierra se abra y nos engulla, que la mar se levante y nos arrase'."[464] Al parecer los galos tenían mucho temor de los ataques de la naturaleza.

Una anciana dijo: "Soy una persona mayor. Cuando era muy joven, la expresión 'Si no es verdad lo que te digo, que el cielo caiga sobre mi cabeza'. Ahora parece en desuso, pero hasta los 70, puedo decir que recuerdo que se utilizaba".[465]

Este temor suele suceder cuando no se tiene una revelación directa de Dios; sucede cuando no existe una revelación especial del Señor Jesús o cuando no se está seguro si es o no es la Morada de Dios. ¿De qué estoy hablando? Se los explico.

---

[463] Luís Vergés. *El cielo de los galos.* (La Habra, California. Internet. Consultado el 12 de septiembre del 2022), ¿? https://www.menorca.info/opinion/firmas-del-dia/2022/09/03/1785193/cielo-galos.html

[464] Celtica.es. *El único temor ... que el cielo se caiga sobre nuestras cabezas.* (La Habra, California. Internet. Consultado el 12 de septiembre del 2022), ¿? https://www.celtica.es/el-unico-temor-que-el-cielo-se-caiga-sobre-nuestras-cabezas/

[465] Celtica.es. Marina, *Respuesta al artículo: El único temor ... que el cielo se caiga sobre nuestras cabezas.* (La Habra, California. Internet. Respuesta enviada el 11 de julio del 2022. Consultado el 12 de septiembre del 2022), ¿? https://www.celtica.es/el-unico-temor-que-el-cielo-se-caiga-sobre-nuestras-cabezas/

I.- REVELACIÓN DIRECTA DEL PADRE.

Cuando llegamos al capítulo diecisiete del Génesis nos encontramos con la historia de la vida de Abraham. Habían pasado veinticuatro años desde que Abraham había salido de Ur de los Caldeos. Allá, Dios le había prometido que su descendencia seria multiplicada; Dios le había dicho "haré de ti una nación grande".[466] Obedeciendo a Dios, Abraham llegó Canaán y allí, Dios se le apareció, es decir, se manifestó ante Abraham, para repetirle la promesa y, le dijo: "A tu descendencia daré esta tierra".[467] El problema era que su esposa Saraí era estéril.

En su desesperación de tener un hijo como heredero del cual se esperaría la gran nación que Dios le había prometido, como ya habían pasado diez años desde la promesa y Sara no se embarazaba, Abraham, siguiendo el consejo de su esposa, tuvo relaciones sexuales con la sirvienta de Saraí. Y, Agar, la sierva de Sara, tuvo un hijo al cual, por decreto del Ángel del Señor, le puso por nombre Ismael. "La palabra traducida *ángel* también puede traducirse *mensajero*. En varias ocasiones el *Ángel del Señor* habla con la autoridad de Dios mismo. … Y por esto algunos han concluido que el *Ángel del Señor* es una manifestación de Dios mismo. Otros han sugerido

---

[466] Génesis 12:2, (RV, 1960).

[467] Génesis 12:7, (RV, 1960).

que el *ángel* es una aparición de Cristo antes de su encarnación".[468]

Si tomamos la primera interpretación del *Ángel del Señor*, entonces, hablamos de una revelación directa del Padre Dios.

¿Y qué pasó con el cumplimiento de la promesa hecha a Abraham? ¡Aun no llega! Ismael no es el hijo de la promesa. Así que, "cuando Abram tenía noventa y nueve años, el Señor se le apareció y le dijo: —Yo soy el Dios Todopoderoso. Vive en mi presencia y sé intachable".[469] Nació Ismael y, Abraham tuvo que esperar otros trece años para volver a ver y escuchar a Dios. En esa ocasión, el Señor se le aparece "en la *shekinah*, con algún visible despliegue de la presencia gloriosa de Dios",[470] para hacerse visible ante los ojos de Abraham. Es decir que, Abraham tuvo una manifestación directa de Dios; una revelación de Dios Padre.

El Padre Dios caminaba y conversaba con Adán y Eva en el huerto del Edén. Se presentó delante de Caín para preguntarle por su hermano Abel.[471] A Noé le dijo que destruiría a los eres vivos sobre la tierra

---

468 Comentario de pie de página en La *Biblia de las Américas: Biblia de Estudio.* (The Lockman Foundation. Publicado por: Nashville, Tennessee. B&H ¡Español! Publishion Group. 2000), 24.

469 Génesis 17:1, (NVI):

470 Matthew Henry. *Comentario Exegético Devocional a Toda la Biblia. Pentateuco.* Td. Francisco Lacueva. (Terrassa (Barcelona), España. Editorial CLIE. 1983), 121.

471 Génesis 3:8; 4:9; 6:13-22

con un diluvio y le dio las medidas para construir el arca. De una o de otra manera, Dios hizo una revelación directa de sí mismo. La gente nunca se ha quedado sin una revelación de los propósitos de Dios y de Dios mismo.

Una de las revelaciones de Dios a la humanidad más sorprendente es la visita que le hizo a Abraham mientras estaba "junto al encinar de Mamré, cuando Abraham estaba sentado a la entrada de su carpa, a la hora más calurosa del día".[472] Tres varones llegaron a visitarlo. Uno de ellos era Dios, la Biblia dice que "El Señor se le apareció a Abraham". Estaba presente ante Abraham en forma de un hombre. Abraham "los hospeda con grande cordialidad. Se supo después que uno de ellos era el ángel del Señor, una manifestación anticipada del Hijo de Dios, y los otros, eran los ángeles que destruyeron Sodoma".[473] ¡Dios se reveló personalmente a Abraham! ¡Fue una revelación directa del Padre Dios!

Cientos de años después de Abraham, Dios se le revela a Moisés en una sarza ardiente. Le ordena que vaya a Egipto para liberar al pueblo de Israel. Tan revelador fue ese encuentro que Moisés le hace una pregunta al Señor: "—Supongamos que me presento ante los israelitas y les digo: "El Dios de

---

472 Génesis 18:1, (NVI).

473 B. H. Carroll. *Comentario Bíblico: Génesis: Tomo 1.* Trd. Sara A. Hale. (Terrassa (Barcelona), España. Editorial CLIE. 1990), 342.

sus antepasados me ha enviado a ustedes". ¿Qué les respondo si me preguntan: '¿Y cómo se llama?'?"
—Yo soy el que soy —respondió Dios a Moisés—. Y esto es lo que tienes que decirles a los israelitas: "Yo soy me ha enviado a ustedes".[474]

Cuando Dios se revela o se hace presente de una o de otra manera, es para continuar con su Plan Redentor, en este caso, llamó a Moisés, pero, cuando él hace el llamamiento para servir en Su Plan Redentor, prepara todo para que Su Propósito salvífico funcione correctamente. Por ejemplo, dentro de su plan Redentor para su pueblo Israel de Egipto, tuvo que preparar un libertador terrenal, y ese fue Moisés. También tuvo que preparar al pueblo para recibir a moisés. Y tuvo que preparar a Faraón para recibir a Moisés".[475]

El tiempo pasa y Dios sigue revelándose de una manera directa. Cuando llegamos al Nuevo Testamento lo hace por medio de Jesucristo. Cuando el Señor Jesús fue bautizado por Juan Bautista en el rio Jordán, se escuchó "una voz de los cielos, que decía: Este es mi Hijo amado, en quien tengo complacencia".[476] Dios, pues, en la persona de Jesús, se reveló al pueblo de una manera directa. Y, en

---

[474] Exodo 3:13-14, (NVI).

[475] B. H. Carroll. Comentario Bíblico: Exodo y Levítico: Tomo 2. Trd. Sara A. Hale. (Terrassa (Barcelona), España. Editorial CLIE. 1986), 53.

[476] Mateo 3:17, (RV, 1960.

el discurso de despedida de sus amados discípulos, Jesús les dijo: "Y recuerden, mis palabras no son mías; lo que les hablo proviene del Padre, quien me envió".[477] Es decir que en Jesucristo tenemos la manifestación muy personal de Dios mismo entre nosotros. De acuerdo con la profecía de Isaías 7:14, el bebé que nacería en Belén de Judea llevaría el nombre de Emanuel, un termino que significa: Dios con nosotros. Esto es que, en Jesucristo, ¡Dios se ha revelado personalmente así mismo!

Esta es una realidad bíblica de Aquí y Ahora y por la Eternidad. Una realidad en la que podemos acompañar al apóstol Juan cuando dijo: *"Y vimos su Gloria"*.

II.- Revelación especial.

En la Teología Cristiana "el conocimiento de Dios difiere, en un importante punto, de todo otro conocimiento. En el estudio de todas las otras ciencias el hombre se coloca por encima del objeto de investigación y activamente trae de ella su conocimiento por medio de cualquier método que le parezca más apropiado; pero en teología no se coloca por encima, sino bajo el objeto de su conocimiento. En otras palabras, el hombre puede conocer a Dios

[477] Juan 14:24, (NTV).

únicamente hasta donde Dios se hace conocer".[478] ¿Sería este pensamiento de Judas el que le motivó a preguntar a Jesús sobre su revelación hacia ellos? La Biblia dice que: "Judas (no Judas Iscariote, sino el otro discípulo con el mismo nombre) le dijo: —Señor, ¿por qué te darás a conocer solo a nosotros y no al mundo en general?"[479]

Esta pregunta surge porque anteriormente el Señor Jesús les dijo que el que tiene sus mandamientos y los guarda es la persona que ama a Jesús, y el que ama al Señor será amado de Dios de Padre y del Hijo Jesucristo y entonces, por causa de ese amor mutuo, Cristo se manifestará en la persona que ama a Jesucristo.[480] Jesús dijo: "El que tiene mis mandamientos, y los guarda".[481] No solo es el hecho de tener los mandamientos de Dios en nuestra cabeza sino la bendición de la presencia o revelación de Dios de una manera personal es si esos mandamientos son llevados a la practica en la vida cotidiana. Es decir que, la enseñanza dada por Cristo Jesús fue que: "La condición de ser verdaderos discípulos, o seguidores de Jesucristo, no está en el conocimiento intelectual de los mandamientos del Señor, sino en la aplicación

---

[478] Louis Berckhof. Teología Sistemática. (Grand Rapids, Michigan. Libros desafío. 2002), 37.

[479] Juan 14:22, (NTV).

[480] Juan 14:21.

[481] Juan 14:21ª, (RV, 1960).

espiritual a la vida".[482] Es decir que, no basta con ser un sabio en las cosas religiosas para que Dios se revele de una manera personal.

El profeta Samuel era un niño con muy poco conocimiento de las Escrituras, con poco o casi nada de conocimiento de las ciencias y, con muy poco conocimiento de Dios y, aun así, Dios tuvo una entre vista con él. ¡Dios se le reveló de una manera muy personal! Es decir que: "Dios se apareció a Samuel, y así comenzó el ministerio de Samuel como profeta de Dios, líder militar y juez del pueblo de Israel".[483] Los mandamientos de Dios, Samuel los guardó en su corazón, no para almacenarlos, sino, para ponerlos en práctica. Samuel lo hizo, fue un fiel discípulo de Dios. El amor de Samuel hacia Dios y la práctica de los mandamientos divinos hicieron posible que Dios tuviese un contacto especial con Samuel más de una vez; la revelación y presencia de Dios hacia Samuel fue una realidad tan palpable que no solo era profeta, sino líder militar y juez de la nación de Israel.

¿Cuál fue el secreto de su éxito? La revelación personal de Dios. Samuel nunca estuvo sobre los mandamientos de Dios sino bajo ellos. Recordemos que "en teología – el ser humano - no se coloca por encima, sino bajo el objeto de su conocimiento.

---

[482] Samuel Pérez Millos. *Comentario exegético al texto griego del Nuevo Testamento. JUAN.* (Viladecavalls (Barcelona), España. Editorial CLIE. 2016), 1364

[483] Comentario en la *Biblia de Estudio Esquematizada.* (Brasil. Sociedades Bíblicas Unidas. 2010), 399. I Samuel 3:1-21.

En otras palabras, el hombre puede conocer a Dios únicamente hasta donde Dios se hace conocer".[484] La Biblia dice que "mientras Samuel crecía, el Señor estuvo con él y cumplió todo lo que le había dicho. Y todo Israel, desde Dan hasta Berseba, se dio cuenta de que el Señor había confirmado a Samuel como su profeta. Además, el Señor siguió manifestándose en Siló; ***allí se revelaba a Samuel*** y le comunicaba su palabra".[485] En cada revelación personal, Dios, le daba a Samuel el conocimiento necesario para el momento. ¿Quieres conocer a Dios más íntimamente? ¡Practica sus mandamientos!

Dios no tiene límites. Es decir, no solamente se revela a una persona en particular, sino que lo ha hecho a través de la Historia de la Humanidad de una manera continua. Cuando hablamos de Teología revelada, por ejemplo, entendemos que "esta expresión se refiere a la ciencia que está basada solamente en aquellas verdades acerca de Dios y su universo que están reveladas en las Sagradas Escrituras".[486]

Pero también, de acuerdo con la Biblia, Dios, en su infinita omnisciencia y omnipresencia, se ha revelado en Su misma Creación. El Salmista David

---

484 Louis Berckhof. *Teología Sistemática.* (Grand Rapids, Michigan. Libros desafío. 2002), 37.

485 I Samuel 3:19-21, (NVI). Las **negritas o bolds** y las *itálicas* son mías.

486 Lewis Sperry Chafer. *Teología Sistemática: Volumen I.* (Dalton, Georgia. Publicaciones Españolas. 1974), 4

en su "Himno a la Alabanza a Dios por su gloria visible en la Creación",[487] dijo:

> *"Los cielos cuentan la gloria de Dios, el firmamento proclama la obra de sus manos.*
> *Un día transmite al otro la noticia, una noche a la otra comparte su saber.*
> *Sin palabras, sin lenguaje, sin una voz perceptible, por toda la tierra resuena su eco, ¡sus palabras llegan hasta los confines del mundo!*
> *Dios ha plantado en los cielos un pabellón para el sol. Y este, como novio que sale de la cámara nupcial, se apresta, cual atleta, a recorrer el camino.*
> *Sale de un extremo de los cielos y, en su recorrido, llega al otro extremo, sin que nada se libre de su calor".*[488]

¡Wauuu!, ¡qué maravilloso es Dios! ¡Qué grandioso es el Creador de todo cuanto existe! Es por estas razones que: "Todos los argumentos teísticos-naturalistas en cuanto a la existencia de Dios, están basados en la revelación concerniente a Dios que la naturaleza provee".[489]

---

[487] Comentario en la *Biblia de Estudio Esquematizada.* (Brasil. Sociedades Bíblicas Unidas. 2010), 279.

[488] Salmo 19:1'6, (NVI).

[489] Lewis Sperry Chafer. *Teología Sistemática: Volumen I.* (Dalton, Georgia. Publicaciones Españolas. 1974), 55

¿No es todo esto asombroso? ¡es la gloria de Dios manifestada en Su Creación! Una gloria que no hace menor la gloria de Jesucristo, aquella que Juan vio en la persona de Jesús y que en con suma alegría la comentó al decir: "Y el Verbo se hizo hombre y habitó entre nosotros. ***Y hemos contemplado su gloria***, la gloria que corresponde al Hijo unigénito del Padre, lleno de gracia y de verdad".[490] Noten la expresión: "*Y hemos contemplado su gloria*". "Mientras que los sinópticos Mateo y Lucas dedican un espacio para hablar de la *encarnación* del Hijo de Dios, Juan utiliza un solo texto para ese tema, enfocándose desde la dimensión de eternidad del Verbo para introducirlo en el de la humanidad con que se manifiesta en la tierra".[491]

Este asunto nos lleva a pensar no solo en la encarnación de Jesucristo sino también en la Providencia de Dios. Otro medio por el cual Dios se ha revelado y se sigue revelando es por medio de la providencia. "La palabra Providencia viene del Latín "*providere*". Dicho vocablo latino no solo tiene el sentido de que Dios previamente conoce todas las cosas, sino que las provee, las prepara, las planea,

[490] Juan 1:14, (NVI). Las ***negritas o bolds*** y las *itálicas* son mías.

[491] Samuel Pérez Millos. *Comentario exegético al texto griego del Nuevo Testamento. JUAN.* (Viladecavalls (Barcelona), España. Editorial CLIE. 2016), 128.

y las arregla con conocimiento de antemano”.[492] Así que, “para el hijo de Dios, la inquebrantable providencia de Dios está expresada mejor en la Palabra de Dios de esta manera tan expresiva que es difícil confundirse quien es el *conoce todas las cosas*. La Biblia dice que nosotros “sabemos que Dios dispone todas las cosas para el bien de quienes lo aman, a los cuales él ha llamado de acuerdo con su propósito”.[493]

Es, pues, a los que ama y a los que aman a Dios que el Señor se revela de una manera muy especial. No importa el tiempo, la distancia, la cultura y aun el conocimiento que se tenga de Dios para que Su Providencia revele Su propósito para cada individuo, familia, ciudad o nación porque “la revelación que Dios ha hecho de Sí mismo, a través de la providencia, es ilimitada. La Historia, es Su historia”.[494]

Este es el asunto que Judas, el medio hermano de Jesús no entendió cuando el Señor les dijo que se revelaría a ellos y por eso preguntó: “Señor, ¿cómo es que te manifestarás a nosotros y no al mundo?”.[495] “Al discípulo le sorprendió que Cristo prometa

---

[492] Peter Citelli. *¿Qué es la Providencia de Dios?* (La Habra, California. Internet. Artículo publicado el 2 de febrero del 2017, en Baptist Press. SBC News. Consultado el 11 de septiembre del 2022), ¿? https://www.baptistpress.com/resource-library/espanol/editorial-que-es-la-providencia-de-dios/

[493] Romanos 8:28, (DHH).

[494] Lewis Sperry Chafer. *Teología Sistemática: Volumen I.* (Dalton, Georgia. Publicaciones Españolas. 1974), 56.

[495] Juan 14:22, (RV, 1960).

manifestarse a ellos y no lo haga al mundo".[496] Jesús estaba hablando de una revelación especial; una clase de revelación que es solo para aquellos que guardan sus mandamientos. Pero, la educación teológica que Judas había recibido no le permitió entender este tipo de revelación. "Todos los judíos consideraban al Mesías como el Rey victorioso sobre todas las naciones del mundo, que se sentaría en el trono con majestad y gloria, gobernando la tierra desde Jerusalén. No tenían en cuanta que el reino de Cristo *no es de este mundo*".[497]

¿Decepcionado? ¡Sí! Creo que Judas y otros más de los discípulos se decepcionaron con esta declaración de su Maestro. Creo que todos estaban esperando una acción del Señor, estaban esperando que hiciera algo espectacular para convencer a los judíos y a las naciones de que Él era el Mesías de Dios y que iba a establecer Su reino en Jerusalén. "Esta esperanza estaba anclada firmemente en ellos, de modo que antes de la ascensión preguntaron a Cristo si restauraría el reino de Israel ahora (Hch. 1:6)".[498]

---

[496] Samuel Pérez Millos. *Comentario exegético al texto griego del Nuevo Testamento. JUAN.* (Viladecavalls (Barcelona), España. Editorial CLIE. 2016), 1367.

[497] Samuel Pérez Millos. *Comentario exegético al texto griego del Nuevo Testamento. JUAN.* (Viladecavalls (Barcelona), España. Editorial CLIE. 2016), 1367.

[498] Samuel Pérez Millos. *Comentario exegético al texto griego del Nuevo Testamento. JUAN.* (Viladecavalls (Barcelona), España. Editorial CLIE. 2016), 1367.

Jesús tenía otros planes. El Señor quería cambiar su visión teológica por una *Revelación Especial.* Una revelación que no es de este mundo. Jesús hablaba de que aquellos que amaban sinceramente a Dios y guardaban Sus Mandamientos tendrían una revelación muy especial de Dios. Tan especial que había planeado formar Su Pueblo llamado Iglesia; Un pueblo en donde El pudiera estar en continuo contacto con sus amados; es decir que Dios estaba planeando un estilo de vida semejante al del huerto del Edén, en donde Él tenía contacto muy personal con sus amados Adán y Eva.

Su declaración de "yo le amaré y me manifestaré a él" hace referencia a que Dios quiere tener a sus amados como Su morada. ¡Quiere vivir con toda libertad entre sus amados! ¡Quiere que veamos Su Gloria de una manera personal!

Esta es una realidad aquí y ahora. No es un cuento de nuestros antepasados.

III.- Morada de Dios.

Mientras el pueblo de Israel caminaba por el desierto en dirección a la Tierra Prometida, llegaron al monte Sinaí. Moisés, por orden de Dios, subió al monte y allí Dios le dijo a Moisés que le dijera al pueblo: "Ustedes son testigos de lo que hice con Egipto, y de que los he traído hacia mí como sobre alas de águila. Si ahora ustedes me son del todo obedientes, y cumplen mi pacto, serán mi propiedad exclusiva entre todas las naciones. Aunque toda la tierra me pertenece, **ustedes serán para mí** un reino de sacerdotes y una nación santa".[499]

¡Dios siempre ha querido morar o vivir entre Su pueblo! Jesucristo no cambio este sentir o deseo de Dios, por lo que la respuesta de Jesús a Judas, el hermano de Jacobo fue: "—Todos los que me aman harán lo que yo diga. Mi Padre los amará, y vendremos para vivir con cada uno de ellos".[500] Uno de los resultados de que Dios more en la persona es el gozo que el Señor produce en el corazón del individuo. Cuando el Espíritu Santo santifica a la persona se puede ver y escuchar lo que el apóstol Pablo esperaba de los hermanos de Éfeso. Pablo los motivo a animarse unos a otros cantando, les dijo: "Anímense unos a otros con salmos, himnos y canciones espirituales. Canten y alaben al Señor con el corazón, dando siempre gracias a Dios el Padre por todo, en el nombre de nuestro Señor Jesucristo".[501]

Cuando el apóstol Pablo les habla a los hermanos de Éfeso sobre la vida en la plenitud del Espíritu, después de que les advierte que no se emborrachen con vino lo cual trae desilusiones, sino que mejor

---

499 Exodo 19:4-6, (NVI). Las ***negritas*** y las *itálicas* son mías.

500 Juan 14:23, (NTV).

501 Efesios 5:19-20, (NVI).

sean llenos del Espíritu Santo, los anima o motiva a que cantan unidos al Señor. Los anima a que cantes himnos que adoren al Señor; himnos en donde se pueda ver la Gloria de Dios. Himnos que lleven a la persona a tener la plenitud del Espíritu Santo, porque: "La plenitud del Espíritu y la vida en El, producen manifestaciones espirituales que acreditan ese modo de andar".[502]

Noten que una parte de esta motivación paulina es cantar: Cantar ***canticos espirituales***. Es decir, no es solo por cantar ni cantar cualquier clase de canto, sino aquellos que eleven el espíritu al Creador para que El reciba toda la gloria y su gloria de manifieste entre su pueblo.

¿Por qué esta recomendación de Pablo a los cristianos? Martín Lutero dijo que: "El diablo le teme a un cristiano que canta".[503] Así que, si quieres el respeto del enemigo, ¡Cántale a Dios!

¿Sabías que la música tiene mucho poder? El escritor Richard W. DeHaan en uno de sus devocionales dijo que "a principios de los setenta, los brasileños se encontraron cantando y canturreando pegadizas melodías que apremiaban al patriotismo, a la ética del trabajo, al aseo personal y a otras metas

---

502 Samuel Pérez Millos. *Comentario exegético al texto griego del Nuevo Testamento. Efesios.* (Viladecavalls (Barcelona), España. Editorial CLIE. 2010), 441.

503 Richard W. DeHaan. *El poder de la música.* (Nuestro Pan diario: Julio-agosto-septiembre-octubre-noviembre-diciembre. (Horeb en Viladecavalls (Barcelona), España Publicado por M. C. E. 1993). Devocional del día 26 de julio sobre el Salmo 108:3.

nacionales. ... Toda la campaña fue llevada a cabo por una agencia de propaganda con un enfoque muy subliminal, llamada Oficina Especial de Relaciones Públicas. Se cita a una persona diciendo: 'Dejadme componer las canciones que canta la gente, y no me preocupa quien escriba sus leyes'. ... La música tiene poder para bien o para mal de la gente".[504]

¡Sí, la música tiene poder! El apóstol Pablo lo sabía y por eso recomendó cantar himnos espirituales. Cuando entonamos esta clase de himnos, abrimos nuestros mentes y corazones e invitamos a Dios para tome posesión de Su habitación, pues los verdaderos cristianos, es decir, los que practican los mandamientos del Señor y no solo tienen conocimiento de ellos, ¡son la Morada de Dios!

Esta es una realidad aquí y ahora. Aquí y ahora mismo, los cristianos que seguimos al pie de la letra los mandamientos de Dios para ponerlos en práctica, ¡somos la morada de Dios!

CONCLUSIÓN.

He comentado en que tenemos una Revelación directa del Padre. Una revelación que solo es posible porque El mismo se ha revelado, de lo contrario,

---

504 Richard W. DeHaan. *El poder de la música.* (Nuestro Pan diario: Julio-agosto-septiembre-octubre-noviembre-diciembre. (Horeb en Viladecavalls (Barcelona), España Publicado por M. C. E. 1993). Devocional del día 26 de julio sobre el Salmo 108:3.

tendríamos puras especulaciones como los antiguos galos y celtas.

Pero mucho más que una revelación directa del Padre Dios, los seguidores de Jesucristo, aquellos que cumplimos fielmente los mandamientos de Dios, tenemos una Revelación especial. Es una revelación en que Dios desea ver en nosotros una nueva manera de ver la vida y el futuro, es una revelación para vivir el Aquí y el Ahora con Jesucristo

Por esta razón, Dios, en su revelación muy personal, ha anunciado que desea que los Redimidos por Cristo Jesús seamos la Morada de Dios.

Así que, ni el cielo se va a caer, ni tenemos que hacer alguna clase de juramento que nos comprometa exteriormente a vivir el Aquí y el Ahora. Tenemos a Dios y su revelación el cual es suficientemente amoroso, a tal grado que, a los que son de Cristo, a los que pueden contemplar Su gloria, les llama: Mi Pueblo. Es un Dios que desea ardientemente vivir en tu vida. Por favor, no lo rachases. La manera de no rechazarlo es practicando diariamente Sus mandamientos.

"Mi Paz"

"La paz les dejo; mi paz les doy. Yo no se la doy a ustedes como la da el mundo. No se angustien ni se acobarden.

Ya me han oído decirles: 'Me voy, pero vuelvo a ustedes'. Si me amaran, se alegrarían de que voy al Padre, porque el Padre es más grande que yo. Y les he dicho esto ahora, antes de que suceda, para que cuando suceda, crean.

Juan 14:27-29, (NVI).

Introducción.

Las fotografías, los videos y los reportajes periodísticos que nos llegan desde Ucrania no son nada agradables; casas destruidas, automóviles destruidos por los misiles rusos y ucranianos, hospitales bombardeados, barricadas en las calles, funerales consecutivos, gente dejando sus hogares, soldados y armamentos rusos en las ciudades de Ucrania, aviones volando los cielos de Ucrania sembrando el pánico de la muerte, niños llorando en los brazos de sus madres o corriendo para esconderse, soldados llorando la muerte de sus amigos, políticos algunos criticando la invasión rusa y otros buscando soluciones al conflicto bélico.

La falta de alimentos, agua, luz eléctrica, hogares en donde vivir y la seguridad de vivir otro día más son las necesidades esenciales en el país ucraniano.

En Ucrania, en estos días, ¡No existe la paz! "Es posible que entre 5,000 y 6,000 soldados rusos hayan muerto en las dos primeras semanas de la invasión de Ucrania, estimó el miércoles – 9 de marzo del 2022 - un funcionario estadounidense no identificado que ha sido citado por varios medios. El funcionario resaltó, sin embargo, que se trata de una cifra difícil de evaluar en tiempo real, y que podría estar más cerca de las 3,500 bajas del ejército de Rusia. … el funcionario describió el número como "**bajas muy, muy significativas**", comparando el recuento con las pérdidas de algunas batallas de la Segunda Guerra Mundial".[505]

---

[505] María Ortiz. *Oficiales de EE.UU. estiman que hasta 6,000 soldados rusos han muerto en Ucrania: Autoridades de EE.UU. estiman que miles de soldados rusos han muerto en la ofensiva que ya lleva 14 días y enfrenta la heroica resistencia de Ucrania pese a los bombardeos rusos continuos contra civiles.* (La Habra, California. Internet. Artículo publicado por el periódico la Opinión en línea y actualizado el 09 Mar 2022, 22:59 pm EST. Consultado el 10 de marzo del 2022), ¿? https://laopinion.com/2022/03/09/oficiales-de-ee-uu-estiman-que-hasta-6000-soldados-rusos-han-muerto-en-ucrania/?placement_id=2&utm_source=La%20Opini%C3%B3n%20-%20Noticias%20M%C3%A1s%20Populares&utm_medium=email&utm_campaign=La%20Opinion%20-%20Noticias%20Editorial%20%28Morning%29&utm_term=LO%20-%20Noticias%20Mas%20Populares

Jesucristo ofreció paz. ¡Ah, cuantos anhelamos la paz local y mundial! Por todos lados escuchamos y vemos por los medios electrónicos conflictos de diferentes tipos; vemos a gente desesperada, angustiada, intranquila, gente que llega al suicidio y, sin embargo, Jesucristo ofreció y prometió paz. Al ver y oír todas esas situaciones adversas a la lo que es tener paz, uno se pregunta: ¿Qué clase de paz es la que Jesucristo prometió? Ya de antemano, Jesucristo dijo que Su paz no era como el mundo la da. Así que, la paz que el Señor prometió fue:

I.- UNA PAZ INTERIOR.

Jesús prometió una paz, "no como el mundo ***la da***".[506] El Señor Jesús les dice a sus amados seguidores que, si lo aman, entonces guarden sus mandamientos y con este mandamiento les hace una promesa: "Yo le pediré al Padre que les mande otro Defensor, el Espíritu de la verdad, para que esté siempre con ustedes".[507] Jesús les habló acerca de Su Don. Es decir, el Espíritu Santo que los acompañaría el resto de sus vidas y así podrían tener la paz que de Dios y no la que el mundo ofrece.

Así que, dentro de esta promesa, nos preguntamos:

---

[506] Juan 14: 27ª, (NVI). Las **bolds** e *itálicas* son mías.

[507] Juan 14:16, (DHH).

A.- ¿Por qué las guerras?

El filósofo "Immanuel Kant (1724-1804) escribió un tratado de política en 1795 titulado *Sobre la paz perpetua*".[508] Kant consideraba que era posible tener una paz perpetua y que debía ser promovida mediante la legislación.[509] Me parece que Kant no tomó en cuenta que: "Somos proclives a la guerra por naturaleza", es decir que por naturaleza estamos inclinados o dados a la guerra.

El apóstol Santiago se preguntó: "¿De dónde vienen las guerras y las peleas entre ustedes? – y su respuesta fue - Pues de los malos deseos que siempre están luchando en su interior. Ustedes quieren algo, y no lo obtienen; matan, sienten envidia de alguna cosa, y como no la pueden conseguir, luchan y se hacen la guerra".[510] Al parecer, el filósofo alemán Georg Wilhelm Friedrich Hegel, estaba más a favor de la respuesta de Santiago, pues, el opinaba que "siempre prima la voluntad particular entre las naciones y no es posible un arbitraje internacional satisfactorio". ¿Por qué no hay *un arbitraje internacional satisfactorio*? Porque la paz interior es una paz que solamente

---

508 Irene Gómez-Olano. *5 reflexiones filosóficas en torno a la guerra.* (La Habra, California. Internet. Artículo publicado en: Reportajes Filosofía y pensamiento. Consultado el 11 de marzo del 2022), ¿? https://www.filco.es/5-reflexiones-filosoficas-guerra/

509 Irene Gómez-Olano. *5 reflexiones filosóficas en torno a la guerra.* (La Habra, California. Internet. Artículo publicado en: Reportajes Filosofía y pensamiento. Consultado el 11 de marzo del 2022), ¿? https://www.filco.es/5-reflexiones-filosoficas-guerra/

510 Santiago 4:1-2, (DHH).

Jesucristo puede dar y, la da, *no como el mundo la da.*

"Thomas Hobbes sostiene que 'el hombre es un lobo para el hombre' y que el estado natural del ser humano es el conflicto".[511] Y como tal, entonces, toda la historia está saturada de guerras y más guerras. Mientras Jesucristo no cambia radicalmente el corazón y la mente de los seres humanos e imponga Su paz en el interior de la persona, ¡Los conflictos de todos tipos continuaran! ¡Es necesaria una paz interior como la que promete Jesucristo!

Jesucristo estaba y está consciente de este mal humano porque, aunque las naciones, la ONU y otras dependencias pacifistas se comprometan a guardar la paz, sabemos que este tipo de arreglos sobre la paz es una buena intensión. "Pero ni aun esta paz es completa, porque no vemos mutuamente los pensamientos de nuestros corazones".[512] Solo Dios nos conoce muy bien y, por eso, quiere que tengamos Su paz en nuestro interior; allí, de donde manan nuestros pensamientos y deseos. El, que nos conoce muy bien, está consciente de los conflictos por los que pasamos. Es más, un día les dijo a sus seguidores

---

511 Irene Gómez-Olano. *5 reflexiones filosóficas en torno a la guerra.* (La Habra, California. Internet. Artículo publicado en: Reportajes Filosofía y pensamiento. Consultado el 11 de marzo del 2022), ¿? https://www.filco.es/5-reflexiones-filosoficas-guerra/

512 Santo Tomás de Aquino. *Cantena Aurea. Comentarios sobre el Evangelio de San Juan.* Comentario de San Agustín de Hipona en ***ut supra***. (San Bernardino, California. Ivory Fall Books. 2016), 431.

que vendrían guerras y rumores de guerra,[513] como el rumor que escuchamos hoy de la posibilidad de una *Tercera Guerra Mundial.* Todo es posible y, sin embargo, Jesús les prometió a sus seguidores que no los dejaría huérfanos, sino que, aunque estaría físicamente fuera de su alcance, regresaría para estar con ellos.[514]

Es decir que Jesús hizo la predicción de la venida del Espíritu Santo. En este papel espiritual, es como el Señor Jesús preserva a los cristianos del error y les mantiene siempre cerca de su conocimiento o de Su mentalidad; es decir, de Su Voluntad. Es aquí en donde caben a la perfección las palabras de Jesús: "La paz les dejo; mi paz les doy. Yo no se la doy a ustedes como la da el mundo".[515]

Es pues que, "con esta promesa final – antes de ser apresado para ser crucificado que – Jesús concede a sus discípulos la paz".[516] Claramente notamos que es la paz de Jesucristo no del mundo ni igual a la del mundo: ¡Es una paz interior!

Pastor, ¿por qué interior? ¡Porque mora en el creyente en Cristo Jesús! Desde el mimo momento de la conversión al cristianismo, cada creyente es

---

513 Mateo 24:6-8.

514 Juan 14:18.

515 Juan 14:27, (NVI).

516 Raymond E. Brown. *El Evangelio y las cartas de Juan.* Td. María del Carmen Blanco Moreno. (Bilbao, España. Editorial Desclee de Brouwer, S. A. 2010), 125.

sellado con el Espíritu Santo.[517] Esto es que, desde ese mismo instante, Jesucristo viene a vivir con el creyente en el papel el Espíritu Santo.

Jesucristo les había dicho a los discípulos que, "Los que son del mundo no lo pueden recibir – al Espíritu Santo -, porque no lo ven ni lo conocen; pero ustedes lo conocen, porque él permanece con ustedes y estará en ustedes".[518] Al estar en ellos, les daría la paz interior. Una paz que el mundo por ningún sentido ni motivo les podría dar. ¡Es una paz interior exclusiva para los creyentes en Cristo Jesús!

B.- Dos verdades bíblicas sobre la paz que Jesús prometió.

La paz que Jesús prometió es una paz que viene desde el mismo Cielo a vivir en la vida de cada cristiano en su ser interior. ¡Es una paz interna! Y, como viene del Cielo, entonces, dos grandes verdades apoyan las palabras de Jesucristo cuando dijo: "… no como el mundo la da".

La primera verdad es que este tipo de paz es una paz celestial; es decir, no es del mundo. La paz interior es una paz que viene del Cielo. "No es la paz de este mundo, que con mucha frecuencia es solo un alivio de una necesidad o una tensión temporales. Es

---

517 Efesios 4:30.

518 Juan 14:17, (DHH).

la paz de quien está liberado del pecado y unido a Dios".[519] El Profesor de Biblia y Pastor de la Iglesia Reformada del Calvario en Grand Rapids, Michigan, desde 1925 en adelante, Martin Ralph DeHaam, cuenta que "el autor Phillip Hook viajó a Europa Oriental antes que cayera el Muro de Berlín, y que se abriesen las fronteras. Se encontró con algunos seguidores de Cristo, y posteriormente hizo estas observaciones: 'Me senté entre algunos jóvenes del este de Europa y me puse a pensar que fortuna tenía por ser americano y libre. Al observarlos y aprender de ellos, me di cuenta de que ellos eran más libres que yo. Yo veía la libertad como la libertad de viajar, de poseer, de hablar; en cambio, ellos habían abandonado las esperanzas que el mundo ofrece en lo material, y habían quedado libres para ser el pueblo de Dios. Descubrí que en realidad ellos eran mucho más libres que yo'."[520]

Ante esta experiencia del autor Phillip Hook, el Pastor M. R. DeHaam, comenta diciendo: "Debido a su más profunda experiencia con Cristo, estos hermanos y hermanas, nos han recordado que la más importante libertad es la espiritual, no la

[519] Raymond E. Brown. *El Evangelio y las cartas de Juan*. Td. María del Carmen Blanco Moreno. (Bilbao, España. Editorial Desclee de Brouwer, S. A. 2010), 125.

[520] Martin Ralph DeHaam. *Las tiranías de la libertad*. Devocional del 4 de julio en Nuestro Pan diario: Julio-agosto-septiembre-octubre-noviembre-diciembre. (Horeb en Villadecalvalls (Barcelona), España Publicado por M. C. E. 1993), Devocional basado en Juan 8:32.

política. Es la libertad de conocer a Cristo. Es la libertad de conocer a Dios y a otros en la fuerza de Su Espíritu. … -y, sin embargo -, la mayor libertad es la libertad del pecado”.[521]

La segunda verdad es que esta paz es producto de la presencia del Espíritu Santo en el creyente y, como Jesús había dicho que el estaría siempre con los suyos hasta el fin en el papel del Espíritu Santo, entonces, el que vino del Cielo es el mismo Señor y Salvador Jesucristo, es la persona divina que llega a vivir en el cristiano. Siendo así, entonces, es la paz de Dios en el creyente; en su vida interior, la que es una paz que el mundo no puede dar. Jesucristo, también había que Él no era de este mundo y, por consiguiente, la paz que el prometió, no era ni es de este mundo. ¡Es una paz divina y celestial!

C.- ¡Es una paz que supera todas las expectativas de este mundo!

Aunque es una paz que supera todas las expectativas de este mundo, es una paz que, como cristianos, debemos alentar en nuestro interior. El apóstol Pablo les dijo a los hermanos de Tesalónica:

---

[521] Martin Ralph DeHaam. *Las tiranías de la libertad.* Devocional del 4 de julio en Nuestro Pan diario: Julio-agosto-septiembre-octubre-noviembre-diciembre. (Horeb en Villadecalvalls (Barcelona), España Publicado por M. C. E. 1993), Devocional basado en Juan 8:32.

"No apaguen el fuego del Espíritu".[522] Es decir, ¡aliéntelo!, denle motivos para que esté contento. Denle motivos para que su calor espiritual aumente cada día más y más.

Al parecer al pastor Timoteo le habían profetizado que sería portador del Espíritu Santo. Me parece que esta es la razón por la cual el apóstol Pablo, le dijo: "Ejercita el don que recibiste mediante profecía, cuando los ancianos te impusieron las manos".[523] "En verdad, la imposición de las manos simboliza el impartir el poder del Espíritu como se ve en Hechos 8:17; 19:6".[524] El apóstol Pablo estaba seguro de que el Espíritu Santo moraba en la persona de Timoteo y, por eso lo anima a que ejercite ese Don que está en él. Es un Don que le da una paz interior al siervo de Jesucristo llamado Timoteo.

La paz que el Señor Jesús prometió es el llamado *shalom*, una expresión que nunca significa estar fuera de los problemas, sino más bien tener la victoria en medio de los conflictos. Es el tipo de paz que "contribuye a nuestro bienestar total y bien supremo".[525]

---

522 I Tesalonicenses 5:19, (DHH).

523 I Timoteo 4:14, (NVI).

524 B. H. Carroll. *Comentario Bíblico: Las Epístolas Pastorales: Tomo 11.* Trd. Sara A. Hale. (Terrassa (Barcelona), España. Editorial CLIE. 1987), 84.

525 William Barclay. *Comentario al Nuevo Testamento: Volumen 6: JUAN II.* (Terrassa (Barcelona), España. Editorial CLIE. 1995), 195.

Jesucristo dijo que nos daba la paz no como el mundo la da. "La paz que el mundo nos ofrece es la de la evasión, la que viene de evitar los problemas o de no arrostrar las responsabilidades".[526]

Así es que la paz que el Señor Jesús nos ofrece es la paz interior, esa clase de paz que "ninguna experiencia de la vida nos la puede quitar, ni ningún peligro o sufrimiento la puede ensombrecer",[527] porque es una paz interior; es decir, ¡Es Cristo Jesús en nosotros! Y, ¿saben qué, Él es siempre fiel a nuestro cuidado.

II.- UNA PAZ DE VALOR.

*"No se angustien ni **se acobarden**".*[528]

"La palabra paz viene del hebrero *shalom*, que se convirtió en un saludo para los discípulos después de la resurrección de Jesús (Jn. 20:19-26). En el ámbito personal, esta paz que desconocen quienes aún no son salvos, asegura la calma en tiempos de dificultad y silencia el temor".[529] "Esta paz es Su *shalom* o despedida. Es una paz basada en la venida

526 William Barclay. *Comentario al Nuevo Testamento: Volumen 6: JUAN II.* (Terrassa (Barcelona), España. Editorial CLIE. 1995), 195.

527 William Barclay. *Comentario al Nuevo Testamento: Volumen 6: JUAN II.* (Terrassa (Barcelona), España. Editorial CLIE. 1995), 195.

528 Juan 14:27b, (NVI). Las **bolds** e *itálicas* son mías.

529 John MacArthur. *Una vida Perfecta: La historia completa del Señor Jesucristo.* (Nashville, Tennessee. Estados Unidos de América. Grupo Nelson. 2012), 415.

del Espíritu Santo que tendría lugar en la noche de Pascua, cuando Jesús les dijo a sus discípulos: 'Paz a vosotros. Reciban el Espíritu Santo'."[530]

La llegada del Espíritu Santo a la vida de los cristianos produjo un valor y una seguridad de que Dios estaba con ellos a tal grado que no se avergonzaban ni se acobardaron cuando les llegaron las pruebas más complicadas. Allí, en medio de las pruebas, Pablo anima a los cristianos a que permanezcan en la lucha porque: "… la paz de Dios, que sobrepasa todo entendimiento, cuidará sus corazones y sus pensamientos en Cristo Jesús".[531]

III.- Una paz para creer.

"*... para que cuando suceda, **crean***".[532]

Le escuché decir a un pastor que: "Los grandes son aquellos hombres y mujeres ordinarios con una determinación extraordinaria. Ellos no saben exactamente como renunciar".[533] Les sucede una cosa negativa, se afirman en Dios. El Señor les da de su paz y le creen a Dios. Este tipo de personas son las

530 Raymond E. Brown. *El Evangelio y las cartas de Juan.* Td. María del Carmen Blanco Moreno. (Bilbao, España. Editorial Desclee de Brouwer, S. A. 2010), 125.

531 Filipenses 4:7, (NVI).

532 Juan 14:29c, (NVI). Las **bolds** e *itálicas* son mías.

533 Ronald Vides. ¡No te des por vencido! (California. Mensaje predicado en Ministerios Betesda en el Condado de Orange, California, el día 1 de junio del 2019).

que el mundo ha llamado locos e insensatos, aunque, están más cuerdos y sabios que los que los critican.

Entiendo muy bien que el orgullo personal es una de nuestras características de defensa y de poder. Sin embargo, me permito decirles que: "La grandeza de las personas no es determinada por la fama, la posición o las riquezas, sino más bien lo que toma para desalentar a esa persona".[534] ¿Qué te desalienta? Existen muchos factores y circunstancias que nos pueden desalentar; cosas que nos pueden apartar del amor a Dios y a su iglesia; cosas que nos pueden quitar la paz en Jesucristo. Pero ¿saben qué?, la paz que Jesucristo prometió es una paz que hace posible creer en aquellas cosas imposibles de pensar y de hacer.

La paz de Dios es la que nos hace creer que Dios, de alguna manera intervendrá en nuestro auxilio y, sino lo hace, este tipo de paz nos consuela y nos afirma mucho más en la gracia y en la sabiduría de Dios, a tal grado que podamos ver, aun en aquello que para nosotros es negativo, ¡la Gloria de Dios!

En la provincia de Babilonia en los días del rey Nabucodonosor a "Sadrac, Mesac y Abed-nego"; a "estos varones", los acusaron ante el rey de que no lo respetaban; de que no adoran sus dioses, y de que ni

---

[534] Ronald Vides. ¡No te des por vencido! (California. Mensaje predicado en Ministerios Betesda en el Condado de Orange, California, el día 1 de junio del 2019).

adoraban "la estatua de oro que había levantado".[535] Fueron llamados a juicio en donde el mismo rey les interrogó y les preguntó con ira en sus ojos, diciéndoles:

> "¿Es verdad, Sadrac, Mesac y Abed-nego, que vosotros no honráis a mi dios, ni adoráis la estatua de oro que he levantado? Ahora, pues, ¿estáis dispuestos para que al oír el son de la bocina, de la flauta, del tamboril, del arpa, del salterio, de la zampoña y de todo instrumento de música, os postréis y adoréis la estatua que he hecho? Porque si no la adorareis, en la misma hora seréis echados en medio de un horno de fuego ardiendo; ¿y qué dios será aquel que os libre de mis manos?
>
> Sadrac, Mesac y Abed-nego respondieron al rey Nabucodonosor, diciendo: No es necesario que te respondamos sobre este asunto. He aquí nuestro Dios a quien servimos puede librarnos del horno de fuego ardiendo; y de tu mano, oh rey, nos librará. Y si no, sepas, oh rey, que no serviremos a tus dioses, ni tampoco adoraremos la estatua que has levantado".[536]

---

[535] Daniel 3:12, (RV, 1960).

[536] Daniel 3:14-18, (RV, 1960).

En aquellos tres varones judíos, se podía ver la paz que solamente Dios puede dar. Una paz que, aunque sabían que el rey tenía toda la autoridad para arrojarlos al horno de fuego ardiendo, aun así, la paz de Dios en sus vidas les hizo creer que de alguna manera Dios intervendría a su favor.

¿Y cuál fue el resultado de desobedecer al rey? La historia bíblica dice que: "Ante la respuesta de Sadrac, Mesac y Abednego, Nabucodonosor se puso muy furioso y cambió su actitud hacia ellos. Mandó entonces que se calentara el horno siete veces más de lo normal, y que algunos de los soldados más fuertes de su ejército ataran a los tres jóvenes y los arrojaran al horno en llamas. Fue así como los arrojaron al horno con sus mantos, sandalias, turbantes y todo, es decir, tal y como estaban vestidos".[537]

¿Cuál fue el resultado de ser fiel a Dios? ¡Los echaron al horno ardiendo! Fue tanto el calor del horno que los que arrojaron a los siervos de Dios murieron quemados. En cambio, aunque Sadrac, Mesac y abed- negó, quienes fueron arrojados al horno, ¡no se quemaron! De una manera milagrosa Dios los protegió con su justicia de las feroces llamas ardiendo. ¡El Dios de la Biblia es un Dios de milagros! ¡Es un Dios para creerle a sus promesas!

No intestes tú desobedecer las ordenes de los gobernantes solo por el hecho de que eres cristiano,

537 Daniel 3:19-21, (NVI).

puede que recibas tu justo castigo o disciplina. Cuando tú sientas la paz de Dios en tu vida, tú podrás creer en lo que es correcto y, si te mantienes firme en lo que crees; si te mantienes en la paz de Dios, entonces, ¡espera la intervención del Señor para tu bien!

Además de que aquellos siervos de Dios fueron arrojados al horno de fuego ardiendo por su fidelidad a Dios, ¿qué más sucedió?

De un momento a otro, el rey vio dentro del horno a cuatro personas que caminaban entre las llamas y no se quemaban. ¿A cuántos habían arrojado al horno ardiente? ¡A tres personas! Sadrac, Mesac y abed-nego. Pero el rey vio a cuatro. ¿Quién fue el cuarto personaje? Cuando Nabucodonosor dictó la sentencia les hizo una pregunta muy interesante: "¿y qué ***dios*** será aquel que os libre de mis manos?" La Nueva Versión Internacional dice: "¡y no habrá ***dios*** capaz de librarlos de mis manos!".[538]

Noten que Nabucodonosor habla de ***un dios*** con minúscula. ¿Y saben qué? ¡Estaba en lo cierto! En circunstancia como estas no existe un dios que te pueda salvar, pero, Sadrac, Mesac y Abed-nego no confiaban en ***un dios*** con minúscula, sino en ***El Dios*** con mayúscula, crecían en El Dios Creador y sustentados del mundo. Así que, ¿Quién fue el cuarto personaje dentro del horno ardiente? Fue el mismo

---

538 Daniel 3:15c, (RV, 1960 y NVI). Las **bolds** e *itálicas* son mías.

Dios en el que ellos depositaron sus vidas; fue Dios Creador en la forma humana, un antecedente de la humanidad de Dios en Cristo Jesús. La paz que Cristo ofrece es una paz para creerle a pesar de lo malo que se avecina.

No importa las consecuencias en las que te encuentres, ¡El Dios Creador es tu protector! Al ver que no se quemaban, sino que se paseaban dentro del horno, por órdenes de Nabucodonosor, los judíos salieron del horno y, entonces, los líderes babilónicos se juntaron junto a ellos "para mirar a estos varones, cómo el fuego no había tenido poder alguno sobre sus cuerpos, ni aun el cabello de sus cabezas se había quemado; sus ropas estaban intactas, y ni siquiera olor de fuego tenían".[539]

Hace algunos años cantábamos en la iglesia un hermoso himno titulado: *Firmes y Adelante*. "Un gran himno, que se ha mantenido en el tiempo y que motiva a no claudicar en la batalla constante contra el mal y pone a Jesucristo como fundamento de fe".[540] Parte de su letra dice: "*Firmes y adelante huestes de la fe, sin temor alguno que Jesús nos ve,*

539 Daniel 3:27, (RV, 1960).

540 Manuel Roberto Hernández. *Comentario sobre el himno: Firmes y adelante*. (La Habra, California. Internet. Comentario hecho el 31 de marzo del 2020 at 2.49 AM. Consultado el 26 de marzo del 2022), ¿? https://www.himnos-cristianos.com/historia-del-himno-firmes-y-adelante/#comment-29184

jefe soberano, Cristo al frente va".[541] "El autor de este himno marcial, el reverendo Sabino Baring-Gould, fue miembro prominente de la Iglesia Romana en Inglaterra, y se distinguió mucho por el gran número de poesías religiosas que preparó y dio a la circulación".[542] Con el tiempo, al traducirlo al español, la Iglesia Cristiana Evangélica lo adoptó y lo cantó dentro de sus muchas persecuciones.

"La música marcial con que es generalmente conocido, y la que ha contribuido en gran parte a hacerlo tan famoso, fue preparada por Sir Arturo Seymour Sullivan, eminente músico inglés a quien, por sus relevantes servicios en este arte, la reina Victoria le dio el título de nobleza. Esta música es tan marcial, que, si la letra inspira y alienta, ella inflama el entusiasmo en el corazón, haciéndonos sentir realmente que nos encontramos 'en marcha hacia la victoria', cada vez que lo cantamos".[543]Nos hace sentir esa adrenalina espiritual que nos lleva a pensar, sentir y creer que las promesas del Señor no

---

541 Sabine Baring Gould. *Firmes y Adelante*. Tr. Juan M. Cabrera. Himno compuesto en 1864. (Himnario Bautista. Casa Bautista de Publicaciones. El Paso, Texas. 1978), Himno #397

542 Red Cristiana. *Historia del Himno Firmes y Adelante*. (La Habra, California. Internet. Artículo publicado hace 13 años con el permiso de: Himnos Famosos por A.S. Rodríguez García, Casa Bautista de Publicaciones. Consultado el 25 de marzo del 2022), ¿? https://www.himnoscristianos.net/2009/06/historia-del-himno-firmes-y-adelante.html

543 Red Cristiana. *Historia del Himno Firmes y Adelante*. (La Habra, California. Internet. Artículo publicado hace 13 años con el permiso de: Himnos Famosos por A.S. Rodríguez García, Casa Bautista de Publicaciones. Consultado el 25 de marzo del 2022), ¿? https://www.himnoscristianos.net/2009/06/historia-del-himno-firmes-y-adelante.html

son en vano, sino "que son sí y amén".[544] Nos hace sentir que existe un Dios al cual hay que creerle.

El legislador Moisés en su libro el Exodo, nos cuenta que cuando el pueblo, en su camino hacia la Tierra Prometida, se encontró con una fuerte barrera para poder escapar del enemigo. En esas circunstancias, Dios le dijo a Moisés: "¿Por qué clamas a mí? Di a los hijos de Israel que marchen".[545] ¡Marchar! ¿Para dónde? Al oeste estaba el ejercito egipcio; al norte el desierto: al sur el desierto y al este el mar Rojo. ¿Para donde marchar?

Y marcharon para donde Dios les dijo y el mar se abrió. ¡Ah, los casos imposibles para Dios son posible! La paz que Dios da es una paz para creerle.

En este caso ustedes, ¿qué deben hacer? Recibir y aceptar la paz de Dios y creerle. La paz que Dios da es una paz para creerle.

Fui llamado para presentarme ante las autoridades del Estado de Oaxaca, en México. No sabía el motivo, aunque me lo sospechaba. La carta enviada por un licenciado solo decía que debería presentarme al día y hora que me indicaba para entrar en la sala del Juzgado Número 2 en la Capital del Estado.

Fue una demanda en mi contra. Sentado junto a la pared del lado derecho de la sala, comencé a escuchar las acusaciones, la más fuerte fue la

---

[544] 2 Corintios 1:20, (RVR, 1960).

[545] Exodo 14:15b, (RV, 1960).

acusación muy antigua, aquella acusación que data de los Siglos I y II de la Era Cristiana que dice "que los cristianos dividían las familias, deshacían los hogares y separaban a los matrimonios".[546] Me acusaban de haber entrado a Santiago Tlatepuzco, Oaxaca, México para dividir a las familias y acabar con la cultura chinanteca.

Después de escuchar sus demandas, el licenciado, me dirigió la palabra mientras me interrogaba, diciendo:

> - Señor, Eleazar, diga a esta audiencia su nombre completo, su nacionalidad y su trabajo.
>
> - Mi nombre es Eleazar Barajas Hernández. Soy nacido en Lombardía, Michoacán, México. Trabajo como profesor de la *Escuela Bíblica y Misionera* en la ciudad de Córdoba, Veracruz, México y al mismo tiempo soy *Misionero Cristiano* en las sierras de los estados de Veracruz, Oaxaca, Chiapas y Puebla.
>
> - ¿Alguna vez ha estado en Santiago Tlatepuzco, Oaxaca? Si su respuesta es afirmativa, ¿que hizo en su visita?
>
> - Sí, he estado más de una vez. La primera vez que llegué a Santiago

---

546 William Barclay. *Comentario al Nuevo Testamento: Volumen 6: JUAN II.* (Terrassa (Barcelona), España. Editorial CLIE. 1995), 210.

Tlatepuzco fue para conocer el pueblo; junto con mi compañero de misiones, caminamos en el pueblo para conocerlo, entramos a la Iglesia Católica para observar las reliquias que en ella se encuentran. Después de bañarnos en el rio, nos reunimos en un hogar que nos abrió sus puertas para tener un estudio bíblico. Allí mismo dormimos y por la mañana, muy temprano, continuamos nuestro viaje misionero en la sierra de Oaxaca.

La segunda vez, llegué con tres jóvenes estudiantes de la Escuela Bíblica. Por la noche presentamos la película titulada Jesús en el patio frente a la casa que nos hospedó. Invitamos a los presentes para adorar a Jesucristo y recibirlo como su Salvador en sus vidas. Esa noche, sin ninguna novedad, dormimos en la casa que nos hospedó y por la mañana regresamos a San Felipe Usila, Oaxaca.

- ¿En alguna ocasión trató usted de cambiar su cultura?

'¡Nunca! La cultura chinanteca es de gran importancia para mí como profesor de historia eclesiástica. Respeto todas las culturas mexicanas y extranjeras.

- ¿Qué le motiva visitar a los chinantecos de Santiago Tlatepuzco?

- Mi motivación son dos objetivos: *Primero,* presentarles las enseñanzas que se encuentran en la Biblia con el fin de que vean otro panorama que les puede ayudar en su vida como padres y ciudadanos del estado de Oaxaca.

Segundo objetivo: Ayudarles en sus necesidades básicas como la salud de sus enfermedades: Tenemos doctores, dentistas y oculistas que hacen su trabajo completamente gratuito. Les aconsejamos como engrandecer sus cultivos; tenemos gente capacitada en la Agronomía. Queremos ayudarles en sus actividades de la producción de carne y verduras en sus cocinas. En algunos casos les regalamos una pareja de cerdos; una pareja de conejos y pollos de engorda. Les enseñamos como cultivarlos y reproducirlos. Todo lo hacemos siempre respetando su cultura y sus creencias.

Después del interrogatorio, con la aclaración de que éramos mexicanos, por lo tanto, teníamos todo el derecho de visitar cualquier lugar de México siempre y cuando no causáramos problemas políticos o familiares, después de esta aclaración, se les ordenó a las autoridades de Santiago Tlatepuzco, Oaxaca, México que no impidieran nuestra visita.

Nosotros le creíamos a Dios y Él nos dio de su paz en medio de todas las adversidades y desprecio de algunas de las autoridades locales.

Pastor, ¿de qué está hablando? Estoy hablando de que la paz que Jesucristo ha prometido es una paz para creerle a Dios.

CONCLUSIÓN.

Jesús se despidió de sus discípulos "no solo con un deseo de paz (I S. 1:17) sino, efectivamente, dando la paz (Jn 20:19, 21, 26). Esa paz, que había sido prometida para el tiempo del Mesías (Is 52:7, Ez 37:26). Este tipo de paz no es una simple ausencia de conflictos de todo tipo, sino que es salud y bienestar físico, espiritual y moral (Núm. 6:26; Sal 29:11; Jn 16:33: 20:19)".[547]

"*Mi paz se las dejo*", dijo Jesús. Así que hoy te invito a que hagas esta oración conmigo:

> *Señor Jesucristo, gracias porque aún en los momentos más críticos de tu ministerio terrenal, no te olvidaste de nosotros.*
>
> *Señor, no solamente prometiste estar con nosotros todos los días, sino que aun más, nos dejaste tu bendita paz. Esta paz tuya es*

---

[547] Comentario de pie de página en la *Biblia de Estudio Esquematizada.* (Brasil. Sociedades Bíblicas Unidas. 2010), 1592.

una paz interior; una paz para tener valor en medio de todas las adversidades y una paz para creer en Dios por las maravillas que haces cuando nosotros vemos que no existe una salida.

Señor, ¡gracias por tu bendita paz!

Oramos en el nombre de Cristo Jesús.

¡Amen!

Permanecer

"Yo soy la vid verdadera, y mi Padre es el que la cultiva. Si una de mis ramas no da uvas, la corta; pero si da uvas, la poda y la limpia, para que dé más. Ustedes ya están limpios por las palabras que les he dicho. Sigan unidos a mí, como yo sigo unido a ustedes. Una rama no puede dar uvas de sí misma, si no está unida a la vid; de igual manera, ustedes no pueden dar fruto, si no permanecen unidos a mí".

Juan 15:1-4, (DHH).

Introducción.

Una de las definiciones de la palabra permanecer es: "Mantenerse sin mutación o cambios en un mismo lugar, estado o calidad".[548] Cuando el pueblo de Israel llegó al desierto del Sinaí, Dios llamó a Moisés para que subiera al monte de Dios, es decir al Monte Horeb en la cordillera del Sinaí. El Señor estaba listo

[548] Diccionario de la Lengua Española. *Definición de permanecer.* (La Habra, California. Internet. Consultado el 17 de marzo del 2022), https://dle.rae.es/permanecer

para darles a los esclavos que habían salido de Egipto sus mandamientos.

Así que Moisés subió al monte y en sus escritos nos dice: "Cuando yo subí al monte para recibir las tablas de piedra, las tablas del pacto que Jehová hizo con vosotros, ***estuve entonces en el monte cuarenta días y cuarenta noches***, sin comer pan ni beber agua; …".[549] ¡Cuarenta días ante la presencia de Dios! ¡Esto es permanecer a pesar de las circunstancias adversas!

Fue allí, en esa permanencia ante el Señor que Moisés recibió los mandamientos para el Pueblo de Israel. ¿Qué hubiese sucedido si Moisés no hubiera permanecido en la cúspide del monte Horeb? La lógica nos dice que, si Moisés no hubiese permanecido en espera del Señor, entonces:

I.- El pueblo seguiría viviendo sin la ley de Dios.

"En el Antiguo Testamento, la vid era el símbolo del pueblo de Israel (Sal 80:8-10; Is 5:1-7; Jer 2:21; 12:10-11; Ez 19:10-14). Jesús usa la imagen de la vid y de las ramas para ilustrar la relación vital que existe entre él y sus seguidores".[550] Tanto el pueblo de Israel

549 Deuteronomio 9:9, (RV, 1960). Las **Bolds** e *itálicas* son mías.

550 Comentario en la *Biblia de Estudio Esquematizada*. (Brasil. Sociedades Bíblicas Unidas. 2010), 1593.

como Su Iglesia en el Nuevo Testamento y en la Historia Eclesiástica, son los amados de Jesucristo; Es su pueblo que sacó de la esclavitud por amor; Es el Grupo Apostólico que escogió para fundar Su iglesia los que son amados por el Señor y es Su iglesia a través de la historia que es amada y guiada a una mejor vida. Por cierto, "la vid había llegado a ser de hecho el símbolo de la nación de Israel".[551] Así como en el Nuevo Testamento, la Cruz es el símbolo de la Iglesia Cristiana. El escrito judío Alfred Edershaim, comentando sobre el velo del Templo, dice que en el interior del Templo había "unos portones de doble hoja, recubiertos de oro y cubiertos con una rica cortina babilónica con los cuatro colores del Templo (lino fino, azul, escarlata y purpura), constituían el Lugar Santo. Por encima colgaba aquel símbolo de Israel, una gigantesca vid de oro puro y hecha con ofrendas votivas;[552] cada racimo tenía la altura de un hombre".[553]

Entonces, para Israel como para la Iglesia, el simbolismo de la vid no era nada nuevo. Este

---

551 William Barclay. *Comentario al Nuevo Testamento: Volumen 6: JUAN II.* (Terrassa (Barcelona), España. Editorial CLIE. 1995), 197.

552 *Una ofrenda votiva es un objeto dejado en un lugar sagrado por motivos rituales. Estos objetos son una característica de sociedades modernas y antiguas, y suelen hacerse para ganar el favor de fuerzas sobrenaturales, como atestiguan las fuentes históricas griegas y romanas, si bien actos parecidos se siguen haciendo en la actualidad, como por ejemplo en los pozos de los deseos.* (La Habra, California. Internet. Consultado el 20 de marzo del 2022), ¿? http://diccionario.sensagent.com/Ofrenda%20votiva/es-es/

553 Alfred Edershiam. *El Templo: Su ministerio y servicios en tiempo de Cristo.* Trd. Santiago Escuaim. (Terrassa (Barcelona), España. Editorial CLIE. 1990), 67-68.

simbolismo también estaba en las monedas de los Macabeos.[554]

Cuando el Señor Jesús dijo: "Yo soy la vid verdadera, y mi Padre es el que la cultiva", fue una clara ilustración que ellos entendieron que hay fruto en la rama de la vid mientras permanezca unida al troco de donde obtiene la savia[555] - la vida -, la energía vital y todos los nutrientes necesarios para producir el fruto.

Ahora bien, tanto en el pueblo de Israel como en Su la Iglesia, el anhelo ferviente del Señor Jesús es que, cada uno den el fruto esperado por Dios. Notemos una vez más lo que dice Jesucristo: "Yo soy la vid verdadera, y mi Padre es el que la cultiva. Si una de mis ramas no da uvas, la corta; pero si da uvas, la poda y la limpia, para que dé más".[556] Cuando el Señor dijo estas palabras, de una manera muy ilustrativa, "estaba estableciendo el principio de

---

554 Wikipedia. La enciclopedia libre. *Los Macabeos (en hebreo, מכבים o מקבים, Makabim) constituyeron un movimiento judío de liberación, que luchó y consiguió la independencia de Antíoco IV Epífanes, rey de la helénica dinastía seléucida, sucedido por su hijo Antíoco V Eupátor. Los macabeos fundaron la dinastía real asmonea, proclamando la independencia judía en la Tierra de Israel durante un siglo, desde el 164 al 63 a. C.* (La Habra, California. Internet. Consultado el 18 de marzo del 2022), ¿? https://es.wikipedia.org/wiki/Macabeos

555 *La savia de una planta contiene una gran cantidad de sales minerales, aminoácidos y hormonas. Sin embargo, esta sustancia líquida está compuesta principalmente por agua, concretamente en un 98%, aunque este puede variar según la especie.* (La Habra, California. Internet. Consultado el 18 de marzo del 2022), ¿? https://www.ecologiaverde.com/que-es-la-savia-sus-tipos-y-funciones-3016.html

556 Juan 15:1-2, (DHH).

que el verdadero camino a la salvación de Dios no es tener sangre judía, sino tener fe en El".[557]

Jesucristo sabía y sabe que si una vid no es podada no producirá el fruto esperado. Él también sabe que, si El no poda nuestra vida para quitarnos toda raíz de pecado, la salvación hecha por Jesucristo no puede ser una realidad en nuestra vida. Es decir que, si no aceptamos a Jesucristo como nuestro Salvador y Señor de nuestras vidas y permanecemos en sus mandamientos, entonces, *primero*: ¡No somos realmente salvos! *Segundo*: ¡No estamos unidos a la rama que da la vida! Y, *tercero*: ¡No estamos recibiendo la sabia de Dios! Y, entonces, corremos el riesgo de ser cortados y echados al fuego eterno. No estoy hablando de que la salvación en Cristo Jesús se pierde, sino de que nunca se ha sido salvo. Oh, que si la persona es salva pero no está dando el fruto cristiano correcto, es decir, el fruto del Espíritu Santo.

Es decir que, si no permanecemos en Cristo Jesús como gente redimida por Su preciosa sangre, entonces, ¡El pueblo seguirá viviendo sin la ley de Dios! Recordemos que nosotros somos la *luz* y la *sal* del mundo.[558] Y si no damos el fruto esperado por Dios, no estamos dando buen testimonio y, en lugar

---

557 William Barclay. *Comentario al Nuevo Testamento: Volumen 6: JUAN II.* (Terrassa (Barcelona), España. Editorial CLIE. 1995), 197.

558 Mateo 5:13-16.

de que la persona reciba la salvación y la dirección del Señor, seguirá en las tinieblas de este mundo. ¡Tú y yo somos la *luz* y la *sal* de este mundo! Por lo tanto, debemos de permanecer en la presencia del Señor para recibir el mensaje para los que están en tinieblas y sin sabor. ¿De qué estoy hablando? Estoy diciendo que, como cristianos, ¡debemos de producir el fruto del Espíritu Santo en nuestras vidas!

II.-El pueblo de Israel no estaría unido a los propósitos de Dios.

Uno de los propósitos de Dios es que Su Iglesia viva en unidad; sobre todo en la unidad del amor. Después de que Jesucristo les había dicho a sus discípulos que permanecieran en El, les dijo: "… este es mi mandamiento: que se amen los unos a los otros, como yo los he amado".[559] Para Dios la unidad de Su pueblo es de suma importancia. Siempre ha procurado que estén unidos y protegidos como protegían los viñedos con vallados y cercas. La parábola del redil[560] está "basada en el trabajo de pastorear ovejas, muy común en la tierra de Israel. Al final del día, los pastores acostumbraban a conducir sus rebaños a un corral donde un portero vigilaba la

559 Juan 15:12, (NVI).

560 Juan 10:1:6.

puerta durante la noche".[561] Las ovejas eran cuidadas por muros hechos con piedras y espinas y por una persona durante las horas más peligrosas. Eran horas que permanecían unidas entre sí.

En la unidad existe un compañerismo en el que se llega a la productividad. Se producen frutos de justicia. Y, viceversa: En la productividad existe un mejor compañerismo. En el verdadero compañerismo cristiano se procura la santidad de cada miembro. En el compañerismo entre Jesús y sus discípulos, la limpieza espiritual fue una realidad. Una verdad que Jesucristo asegura al decirles: "Ustedes ya están limpios por las palabras que les he dicho. Sigan unidos a mí, como yo sigo unido a ustedes".[562] "Aquí vemos un desarrollo de nuestra profunda unidad con El, … ¿Qué es más real que esto?: 'Yo soy la vid, vosotros los pámpanos' (Jn 15:5). Aquí Él nos muestra que somos la parte de El que lleva fruto. Somos la parte de El que revela el amor. Somos la parte de El que bendice y toca a la humanidad".[563]

Si Moisés no hubiese permanecido frente a la presencia de Dios, el pueblo de Israel en el desierto no estaría unido a los propósitos de Dios. Pero, con la ley del Señor en sus mentes y escritas en piedras,

---

[561] Comentario en la *Biblia de Estudio Esquematizada*. (Brasil. Sociedades Bíblicas Unidas. 2010), 1582.

[562] Juan 15:3, (DHH).

[563] E. W. Kenyon. *Realidades de la nueva creación*. (New Kensington, PA. USA. Publicado por Whitaker House. 2014), 92.

comenzaron a ser productivos; comenzaron a entrar en los propósitos de Dios. Es decir, comenzaran a dar el fruto esperado por el Señor.

Hoy día tenemos la Palabra de Dios; un libro llamado Biblia que, su lectura nos conducirá para entrar a los propósitos de Dios en medio de este desierto de asfalto que nos conduce a todos lados, pero a ninguno fijo. Un desierto que cansa, que desespera y que produce muerte. En cambio, la lectura de la Biblia no solo nos mantendrá cerca de Dios, sino que, además, producirá la savia espiritual que correrá por todo el ser humano para que, a su debido tiempo, produzca el fruto esperado por Dios.

Con los Diez Mandamientos, el pueblo de Israel permaneció en los propósitos de Dios. Con el fiel cumplimiento de los mandamientos de Jesucristo, podemos permanecer en los propósitos de Dios para nuestra vida, al mismo tiempo que el Labrador – El Padre Dios – estará feliz por ver el fruto en nuestras vidas y, también seremos un fuerte testimonio del beneficio/sacrificio de permanecer frente y junto al Señor Jesucristo.

III.- El pueblo no daría el fruto esperado por Dios.

Para que una rama de la vid de fruto tiene que ser podada drásticamente. Mientras caminaba por los sembrados de uvas en la Comarca Lagunera en Durango, México, en algunas ocasiones estiraba mis manos para cortar un racimo de uvas; sus ramas y hojas eran de un color verde llamativo. En varias ocasiones me senté debajo de ellas para disfrutar de su sombra. Al mismo tiempo, pude notar que, durante el invierno, las plantas de las uvas eran casi el puro tronco; algunos de ellos se veían como si estuvieran secos. ¿Qué había sucedido? ¡Habían sido podadas drásticamente!

Con el correr de los días, poco a poco las nuevas ramas comenzaron a salir del tronco y mientras permanecían unidas a la fuente de vida, sus hojas y luego el fruto, ¡cambiaban el panorama! Aquel paisaje árido adquiría una serie de colores de tonos verdes, cafés, morados, negruzcos y azulados oscuros. Dios nos ha llamado para cambiar el panorama de este mundo. Recuerden lo que cantamos cuando decimos que *somos el pueblo de Dios*; "somos un pueblo muy especial llamados para anunciar las verdades de aquel, que nos llamó a su luz".[564]

Noten lo que dijo el Señor Jesús: "Una rama no puede dar uvas de sí misma, si no está unida a la vid; de igual manera, ustedes no pueden dar fruto, si no

---

[564] Marcos Witt. *Somos el Pueblo de Dios*. (La Habra, California. Internet. Consultado el 20 de marzo del 2022), ¿? https://www.bing.com/search?q=somos+el+pueblo+de+dios+letra&qs=LS&pq=somos+el+pueblo+de+&sc=8-19&cvid=3E2F74A99F34457D898F700C905DB73A&FORM=QBLH&sp=1

permanecen unidos a mí".[565] Otra versión dice: "La persona que se mantiene en Mi y en quien Yo Me mantengo, da mucho fruto, porque no podéis hacer nada separados de Mi".[566] ¿De qué estaba hablando el Señor Jesús? Me parece que estaba hablando de aquellos cristianos llamados *puras hojas y nada de fruto.* ¿Existe este tipo de personas en la Iglesia del Señor Jesús? ¡Sí, sí los hay! ¿Existen cristianos no podados con las tijeras espirituales? ¡Sí, si los hay!

Así que, la única manera de ser productivos para Dios es permitir ser podados drásticamente: hay que dejar que el Espíritu Santo corte todo aquello que solamente estará robando las energías que se necesitan para dar el fruto. En ocasiones, Dios tiene que podarnos hasta dejarnos casi muertos. Es más, el apóstol Pablo, después de que fue podado de toda aquella vanagloria judía, eclesiástica, de su carácter y de su educación, dijo: "... ya no soy yo quien vive, sino que es Cristo quien vive en mí. Y la vida que ahora vivo en el cuerpo, la vivo por mi fe en el Hijo de Dios, que me amó y se entregó a la muerte por mí".[567] "Ya no vivo yo, sino Cristo vive en mí es una experiencia normal en los verdaderos cristianos. Ser cristiano es tener a Cristo en el corazón y la

---

[565] Juan 15:4, (DHH).

[566] William Barclay. *La vid y los sarmientos Jan 15:1-10.* Comentario al Nuevo Testamento: Volumen 6: JUAN II. (Terrassa (Barcelona), España. Editorial CLIE. 1995), 196.

[567] Gálatas 2:20, (DHH).

persona del Espíritu Santo. Ser cristiano no es tener una religión cristiana o pertenecer a ella, sino es tener a Cristo y haber nacido de nuevo del Espíritu Santo".[568] Y será el Espíritu Santo que usará las tijeras espirituales para podar drásticamente. ¡Eso es necesario para dar bueno y abundante fruto!

Si Moisés no hubiese permanecido ante la presencia de Dios durante los cuarenta días y las cuarenta noches, sin lugar a duda, el pueblo no daría el fruto esperado por Dios porque no hubiese tenido la fuente de vida para desarrollar sus ramas y así producir el fruto. Si Jesucristo no hubiese permanecido en la voluntad de Su Padre y nosotros en Cristo, ¡Nunca daríamos el fruto esperado por Dios!

La declaración del Señor Jesús fue: "Una rama no puede dar uvas de sí misma, si no está unida a la vid; de igual manera, ustedes no pueden dar fruto, si no permanecen unidos a mí".[569] Fuera de la presencia de Dios, el fruto que se produzca será meramente humano. Permaneciendo con Dios, el fruto será el fruto del Espíritu Santo, el cual es: "… amor, alegría, paz, paciencia, amabilidad, bondad, fidelidad, humildad y dominio propio. No hay ley que condene estas cosas".[570]

---

568 Gustavo Isbert. *Ya no vivo yo, sino Cristo vive en mí.* (La Habra, California. Internet. Consultado el 18 de marzo del 2022), ¿? https://diosparatodos.com/ya-no-vivo-yo-sino-cristo-vive-en-mi/

569 Juan 15:4, (DHH).

570 Gálatas 5:22-23, (NVI).

CONCLUSIÓN.

Al llegar a la conclusión de este estudio tenemos dos cosas por hacer: *La primera es que:* Debemos de permanecer en Cristo Jesús para dar el fruto correcto. Y la manera de permanecer es aceptar a Jesucristo como el Salvador y Señor de nuestras vidas. Al no dar este paso, corremos el riesgo de ser cortados de este mundo sin haber disfrutado de la savia de Dios.

La segunda es: Si ya eres cristiano, debes permitir que Dios te pode drásticamente. Esto es no es nada agradable, pero es la única y mejor manera de producir en la nueva vida en Cristo Jesús el hermoso y agradable fruto que Dios espera de cada uno de nosotros y como iglesia.

¿Qué tiene que cortar el Señor de tu vida para que produzcas fruto agradable? Si aun no lo sabes, mi recomendación es que permanezcas en Cristo y el Espíritu Santo, a su tiempo, te dirá la clase de rama que debe de cortar de tu vida.

No dominados

"Si el mundo los aborrece, tengan presente que antes que, a ustedes, me aborreció a mí. Si fueran del mundo, el mundo los amaría como a los suyos. Pero ustedes no son del mundo, sino que yo los he escogido de entre el mundo. Por eso el mundo los aborrece".

Juan 15:18-19, (NVI).

Introducción.

En la Casa Hogar "*El Buen Pastor*", de la ciudad de Pátzcuaro, Michoacán, México, el uniforme de los niños era de dolor azul. Todos los de edad escolar iban a las escuelas cercanas. Algunas de ellas tenían sus uniformes, así que los niños de la Casa Hogar se ponían dichos uniformes cuando iban a la escuela.

El problema era cuando la escuela no tenía uniformes, en esos casos, los niños de la Casa Hogar llegaban con sus uniformes de color azul. El color azul, el ser huérfanos y cristianos, les causaba una serie de burlas, desprecios y hasta golpes.

En ese tiempo no existía la palabra *Bullying*[571] en el Diccionario de la Real Academia Española, pero era una realidad en la vida de los niños de la Casa Hogar por ser cristianos, por ser huérfanos y por vestir de color azul.

Jesucristo dijo: "Si el mundo los aborrece, tengan presente que antes que, a ustedes, me aborreció a mí".[572] Así que hoy nos preguntamos: Los cristianos, ¿por quienes somos aborrecidos? La respuesta es que somos odiados o despreciados:

I.- Por las personas de este mundo.

Estamos en el mundo, pero no pertenecemos a este mundo. Los verdaderos cristianos pertenecemos al Reino de Jesucristo que se expande cada día más y más en este mundo. Jesucristo les dijo a sus seguidores: "Si fueran del mundo, el mundo los amaría como a los suyos. Pero ustedes no son del mundo".[573] Y como no eran de este mundo, personas como el emperador Nerón se levantaron contra todos los que no estaban de acuerdo con sus caprichos. "El

---

[571] Gobierno de Coahuila. *¿Qué es el Bullying? Bullying* significa acoso escolar y es una conducta repetitiva e intencional, por cualquier medio, por la que (un alumno) pretende intimidar, someter, amedrentar y/o atemorizar, emocional o físicamente, a la víctima (otro alumno), ya sea dentro de las instalaciones de una institución educativa o fuera de ella. (La Habra, California. Internet. Consultado el 25 de marzo del 2022), ¿? https://www.seducoahuila.gob.mx/yabasta/que-es-el-bullying.html

[572] Juan 15:18, (NVI)

[573] Juan 15: 19ª, (NVI).

emperador cayó en la inmoralidad y en el crimen, hasta el punto de estar implicado en la muerte de su propia madre y de su primo".[574] Esa inmoralidad y crímenes los enfocó también en los cristianos. En el año 64 d. C., Nerón quería construir un nuevo palacio, así que quemó gran parte de la ciudad de Jerusalén para tener espacio para su magnífica obra que esperaba hacer. El Senado se dio cuenta de sus planes, pero para evitar consecuencias, Nerón dijo que los cristianos eran los responsables; que ellos habían quemado la ciudad y, entonces, se desató una persecución contra ellos. "Hay informes de que Nerón quemó cristianos vivos, y los usó como antorchas humanas durante las carreras en los circos".[575]

Fueron los habitantes de Asia Menor que comenzaron a llamar al emperador romano César.[576] Creían que él era el dios que personificaba a Roma y el bien de todos. Con esa mentalidad se le empezó a dar cierta devoción. Roma, aunque en un principio

---

[574] Comentario en la *Biblia de Estudio NVI Arqueológica: Un viaje ilustrado a través de la cultura y la historia bíblicas.* (Miami, Florida. Editorial Vida. 2009), 1979

[575] Comentario en la *Biblia de Estudio NVI Arqueológica: Un viaje ilustrado a través de la cultura y la historia bíblicas.* (Miami, Florida. Editorial Vida. 2009), 1979

[576] *César.* El primer emperador, Augusto, llevó este nombre como un símbolo de su vinculación familiar con Julio César (su tío abuelo), quien lo había adoptado póstumamente. A partir del 44 a. C., Octavio (*Gaius Octavius*) pasó a llamarse *Gaius Iulius Caesar*, aunque habitualmente se le llama «Octaviano» para evitar confusiones. Oficialmente parece haber usado simplemente Gaius Caesar, y a partir del 42 a. C. comenzó a denominarse *divi filius* ("hijo del divino"). Wikipedia, la enciclopedia libre. (La Habra, California. Internet. Consultado el 24 de marzo del 2022), ¿? https://es.wikipedia.org/wiki/C%C3%A9sar_(t%C3%ADtulo)#:~:text=C%C3%A9sar%20%28en%20lat%C3%ADn%3A%20caesar%29%20fue%20uno%20de%20los,%2869%29%20pas%C3%B3%20a%20convertirse%20en%20un%20calificativo%20imperial.

se negó, poco a poco aceptó tal devoción. Fue una conveniencia mutua, pues después de rendir honor y devoción al emperador llamándolo Señor, roma les permitía adorar a sus dioses siempre y cuando no causaran daño al imperio. "Pero fue eso era precisamente lo que los cristianos no harían jamás: no llamarían 'Señor' nada más que a Jesucristo. Se negaron a someterse y, por tanto, el gobierno romano los consideraba desleales y peligrosos".[577]

Desde el mismo instante en que los cristianos comenzaron a llamar a Jesucristo *El Señor,* el mundo comenzó a odiarlos y a perseguirlos. Pedro y Juan fueron puestos en la cárcel porque en el nombre del Señor Jesús sanaron a un hombre cojo de nacimiento.[578] Tiempo después, Pedro y Juan siguen predicando el mensaje del Señor Jesús y "nuevamente el concilio busca que los apóstoles dejen de hablar en público acerca de Jesús y está dispuesto a matarlos. Pero Dios los protege y ellos continúan dando su testimonio".[579] Le tocó el turno a Esteban. Después de predicar con el poder del Señor por medio del Espíritu Santo, lo acusaron de que

---

[577] William Barclay. *Comentario al Nuevo Testamento: Volumen 6: JUAN II.* (Terrassa (Barcelona), España. Editorial CLIE. 1995), 208-209.

[578] Hechos 3:1-4:3.

[579] Comentario en la *Biblia de Estudio Esquematizada.* (Brasil. Sociedades Bíblicas Unidas. 2010), 1618.

estaba en contra del Templo judío y la sentencia fue la muerte a pedradas.[580]

La persecución farisea comenzó con el líder Saulo de tarso. La persecución contra los cristianos nunca paró, por eso el escritor de los Hechos de los Apóstoles dice que: "Mientras tanto, Saulo, respirando aún amenazas de muerte contra los discípulos del Señor, se presentó al sumo sacerdote y le pidió cartas de extradición para las sinagogas de Damasco. Tenía la intención de encontrar y llevarse presos a Jerusalén a todos los que pertenecieran al Camino, fueran hombres o mujeres".[581] Todos los que adoraran y confesaran que *Jesús Es el Señor* eran enemigos del mundo y por eso el mundo los perseguiría hasta los rincones más lejanos de la tierra.

¿Por qué hasta las partes más lejanas de la tierra? Porque "no era solo solo el gobierno que perseguía a los cristianos: la gente ignorante y supersticiosa también los odiaba. ¿Por qué? Porque se creían algunas calumnias que se habían divulgado acerca de los cristianos".[582] En mi pueblo, el sacerdote de la Iglesia Católica dijo que los cristianos que se reunían en una casita de madera y lámina de cartón, en realidad eran adoradores de Satanás, así que una

---

580 Hechos 6:8-7:60.

581 Hechos 9:1-2, (NVI).

582 William Barclay. *Comentario al Nuevo Testamento: Volumen 6: JUAN II.* (Terrassa (Barcelona), España. Editorial CLIE. 1995), 208-209.

noche, mientras la iglesia se encontraba adorando al Señor Jesús, el sacerdote llegó con varios hombres, golpearon a todos; hombres, mujeres y niños con palos y puños y después quemaron la casita.

En Santa María Pápalo, Oaxaca, México, los cristianos eran perseguidos, maltratados y encarcelados porque se negaban a ayudar económicamente para la fiesta del santo patrono del pueblo. Fueron considerados amadores de Jesucristo, pero no de sus santos y traidores a la tradición tlapaneca.

El día 24 de marzo del 2022, comentando sobre los acuerdos de la guerra rusia/ucrania, el papa Francisco dijo: "He sentido vergüenza cuando leí que un grupo de Estados se comprometieron a gastar el 2% del PIB (Producto Interior Bruto) en comprar armas, como respuesta a lo que está pasando. **Una locura**, dijo el pontífice en unas palabras improvisadas durante su discurso".[583]

Luego, en el mismo discurso hizo referencia al problema básico y dijo que: "… el problema básico es el mismo, seguimos gobernando el mundo como un 'tablero de ajedrez', donde los poderosos traman sus

---

[583] EFE. *Papa Francisco dice sentir "vergüenza" porque países quieren gastar el 2% del PIB en armas.* (La Habra. California. Internet. Articulo actualizado el 24 Mar 2022, 14:59 pm EDT. Consultado el día 25 del mismo, mes y año), ¿? https://laopinion.com/2022/03/24/papa-francisco-dice-sentir-verguenza-porque-paises-quieren-gastar-el-2-del-pib-en-armas/?utm_source=La%20Opini%C3%B3n%20-%20Noticias%20M%C3%A1s%20Populares&utm_medium=email&utm_campaign=La%20Opinion%20-%20Noticias%20Mas%20Populares&utm_content=LO_Noticias_2_A&utm_term=LO%20-%20Noticias%20Mas%20Populares

movimientos para extender su dominio en detrimento de los demás", añadió.

Por desgracia, explicó el papa, aún domina en el mundo 'el poder económico-tecnocrático-militar'."[584] Y tiene razón. Lo que me preocupa a mi es que, el papa solo habla y habla, pero hasta la fecha, a pesar de que el Vaticano es el estado más rico del mundo, no ha mandado un solo peso o dólar o euro para ayudar a los afectados por la guerra; y, hasta la fecha – 25 de marzo del 2022 - no ha recibido a ningún ucraniano en su territorio. De eso es lo que debe de tener vergüenza.

De que "los poderosos traman sus movimientos para extender su dominio en detrimento de los demás", es otro asunto de puras palabras, pues, en los países marginados, los monjes de las diferentes denominaciones (Agustinos, Franciscanos, Carmelitas, Jesuitas, Benedictinos y otros más) de la Iglesia Católica Apostólica y Romana con su poder eclesiástica se han adueñado no solo de los terrenos de los habitantes donde han construido sus enormes edificios, sino de su capital monetario que es enviado al Vaticano; se han adueñado de la fe y de la vida

[584] EFE. *Papa Francisco dice sentir "vergüenza" porque países quieren gastar el 2% del PIB en armas.* (La Habra. California. Internet. Articulo actualizado el 24 Mar 2022, 14:59 pm EDT. Consultado el día 25 del mismo, mes y año), ¿? https://laopinion.com/2022/03/24/papa-francisco-dice-sentir-verguenza-porque-paises-quieren-gastar-el-2-del-pib-en-armas/?utm_source=La%20Opini%C3%B3n%20-%20Noticias%20M%C3%A1s%20Populares&utm_medium=email&utm_campaign=La%20Opinion%20-%20Noticias%20Mas%20Populares&utm_content=LO_Noticias_2_A&utm_term=LO%20-%20Noticias%20Mas%20Populares

de los seres humanos imponiéndoles sus idolatrías. Y, hasta la fecha, el papa Francisco no ha hecho nada para ayudar en estos que sí son problemas a nivel mundial de la misma manera como lo es la guerra Rusa/Ucrania. De estos es lo que debe de darle vergüenza.

Pues bien, para cerrar este punto, digo que, a todos los cristianos, tanto los que vivieron en el imperio romano, como los demás que, a través de la historia se han negado a adorar a otro señor que no sea El Señor Jesucristo, "les ha llegado la persecución por poner a Cristo por encima de todos los poderes de este mundo".[585] Durante estos dos milenios, la Iglesia de Jesucristo ha sido odiada por el mundo y por poderes eclesiásticos como el Judaísmo, el Islamismo y el Catolicismo Apostólico y Romano, pero, nunca la han dominado. El Dios de la Biblia y Señor de Su Iglesia siempre la ha protegido. Su promesa de estar con Su Iglesia todo el tiempo o todos los días hasta el fin del mundo,[586] hasta hoy, ¡Se ha cumplido! Y, esta es la razón por la cual, ¡El mundo no ha dominado a la iglesia! La Iglesia de Jesucristo es eterna y para la eternidad. La promesa divina es que "el poder de

---

[585] William Barclay. *Comentario al Nuevo Testamento: Volumen 6: JUAN II.* (Terrassa (Barcelona), España. Editorial CLIE. 1995), 209.

[586] Mateo 28:20.

la muerte no la conquistará”.[587] Por consiguiente, el mundo no ha dominado a la iglesia ni la dominará.

II.- Somos odiados por Satanás.

Pedro, el apóstol Pedro, el hombre que pasó por la experiencia de haber negado a su Maestro;[588] el hombre que en su estrés pensó que regresar a su antiguo trabajo, el de pescador, era mejor que seguir las enseñanzas de Jesucristo,[589] cuando fue confrontado por el Cristo Resucitado, y escuchó por tercera vez la pregunta de parte de Jesús: “*Simón, hijo de Jonás, ¿me amas?*” Pedro se entristeció y entonces, con un profundo arrepentimiento, sus muy sinceras y profundas palabras fueron: “Señor, tú lo sabes todo; tú sabes que te amo”.[590] ¿Por qué el Cristo Resucitado le preguntó a Pedro tres veces la misma pregunta: *Pedro, ¿me amas?,* por qué lo hizo? “Es evidente que esa tercera demanda produjo un

---

587 Mateo 16:16, (NTV).

588 Marcos 14:30 - Bible Gateway. *Simbolismo del gallo en la cultura judía.* En la cultura Judía al gallo se le conoce como paro-darsh, que literalmente significa “el que prevé la llegada del amanecer”. Su función principal es cantar al amanecer para ahuyentar a Bushyâsta, el demonio de la pereza. *Los gallos en la tradición cristiana.* En el arte católico, los gallos casi siempre se asocian con Pedro. En las escrituras de la Biblia, se dice que Pedro negaría a Jesús tres veces antes de que el gallo cantara dos veces. Simbolizando el canto del gallo como un llamado al arrepentimiento. (La Habra, California. Internet. Consultado el 31 de marzo del 2022), ¿? https://www.gallinaponedora.com/canto-del-gallo/#:~:text=Los%20gallos%20en%20la%20tradici%C3%B3n%20cristiana%20En%20el,canto%20del%20gallo%20como%20un%20llamado%20al%20arrepentimiento.?msclkid=196d8296b17711eca3e3577a3ee6609b

589 Juan 21:13.

590 Juan 21:17, (RV, 1960).

efecto de tristeza en el corazón de Pedro. Recordaba que le había negado tres veces, y que había llorado amargamente por ese pecado".[591] Cada vez que tu pecado es recordado por la acción del Espíritu Santo te sientes y te sentirás incomodo. Te darás cuenta de que Satanás había tomado ventaja sobre tu fe en el Señor y, cuando eso suceda, ¿qué vas a hacer? Pedro, no solo lloró amargamente y ante la presencia de Jesucristo se entristeció, pero no solo eso, sino que se arrepintió, pidió perdón y cumplió su llamado apostólico.

El apóstol Pedro era uno de los odiados por Satanás. Estuvo al borde de ser destruido espiritualmente y separado del ministerio apostólico. La presencia y la ayuda divina cambiaron la mentalidad y la vida de Pedro. Años después, les escribe una carta a "los cristianos que vivían en cinco provincias romanas situadas en una región que hoy día es parte de Turquía",[592] y les da la siguiente recomendación: "Sean prudentes y manténganse despiertos, porque su enemigo el diablo, como un león rugiente, anda buscando a quien devorar".[593] Otra Versión dice: "Sed sobrios. Manteneos alerta. Vuestro adversario,

---

[591] Samuel Pérez Millos. *Comentario exegético al texto griego del Nuevo Testamento. JUAN.* (Viladecavalls (Barcelona), España. Editorial CLIE. 2016), 1826-1826.

[592] Comentario en la *Biblia de Estudio Esquematizada.* (Brasil. Sociedades Bíblicas Unidas. 2010), 1856.

[593] I Pedro 5:8, (DHH).

el diablo, está merodeando a vuestro alrededor como león rugiente a ver a quien se puede devorar".[594]

En los versículos cinco al once del capítulo cinco de I Pedro, de acuerdo con William Barclay, el escritor presenta seis leyes. La tercera es: "La ley del esfuerzo cristiano y de la de la vigilancia cristiana".[595] ¿Qué enseña esta ley? Es la ley que nos dice que todo cristiano debe de estar "*sobrio y estar alerta*". "El hecho de que nos descarguemos en Dios de todo no nos da derecho a sentarnos cómodamente y no hacer nada".[596] ¡Es cristianismo es vida! ¡Y la vida es acción!

El enemigo asecha a cada rato y lo hace más seguido cuando no estamos haciendo nada o cuando estamos leyendo su palabra o cuando se trata de asistir a los cultos o de alguna otra actividad de la iglesia. No hacer nada es bajar el escudo de la fe y abrir la mente y el corazón para que penetren los dardos o flechas del enemigo. Recuerden que el diablo siempre asecha a los cristianos. De los no cristianos tiene muy poco que preocuparse, pero sí de alguien se preocupa es por ti y, si le eres fiel a Dios

---

594 William Barclay. *Comentario al Nuevo Testamento: Volumen 14: Santiago y Pedro.* Trd. Alberto Araujo. (Terrassa (Barcelona), España. Editorial CLIE. 2004), 312.

595 William Barclay. *Comentario al Nuevo Testamento: Volumen 14: Santiago y Pedro.* Trd. Alberto Araujo. (Terrassa (Barcelona), España. Editorial CLIE. 2004), 314.

596 William Barclay. *Comentario al Nuevo Testamento: Volumen 14: Santiago y Pedro.* Trd. Alberto Araujo. (Terrassa (Barcelona), España. Editorial CLIE. 2004), 314.

y a sus mandamientos, con mayor razón, Satanás se preocupará por ti.

Pregunto: ¿Le das motivos a Satanás para que se preocupe por ti? No estoy exaltado la preocupación del diablo por tu vida, sino que quiero que pienses que tan fiel le eres a Dios.

Ciertamente, o por lo menos así debe de ser, que "el cristiano es una persona que confía – en Dios -, pero al mismo tiempo aplica todo su esfuerzo y toda su vigilancia al negocio de vivir para Cristo".[597] La razón es que la vida cristiana no es como la estamos viviendo en Estados Unidos de América; es decir, estática, quieta, sin frutos que sean del agrado del Señor Jesús, una vida cristiana sin vida y sin propósito, esta es la vida cristiana que yo creo que estamos viviendo aquí en los Estados Unidos. Hermanos y hermanas en Cristo Jesús, la vida cristiana no es estática, como si fuera un roble seco. Sí, es un roble, pero seco. Y seco solo sirve para hacer muebles que estarán toda su vida estáticos, sin vida. La vida cristina es una vida como un árbol frondoso y lleno de fruta; es como un naranjo que se adorna con sus naranjas y esconde sus espinas y, además, deja contento al granjero con sus frutos. La vida cristiana es la que busca el bien de todos los

[597] William Barclay. *Comentario al Nuevo Testamento: Volumen 14: Santiago y Pedro.* Trd. Alberto Araujo. (Terrassa (Barcelona), España. Editorial CLIE. 2004), 314.

que están en el Reino de Dios y fuera de él; la vida cristiana es un morir para Cristo.

Una vida así, aunque sea atacada por Satanás, ¡nunca dejará de hacer lo que tiene que hacer para el Reino de Jesucristo!

¡Sí, somos odiados por Satanás!, de eso no me cabe la menor duda, pero, nunca se olviden que somos los amados de Dios; que somos el pueblo de Dios y que, como amados de Dios, su promesa es que: "Nunca te dejaré ni te desampararé".[598] ¡Estamos en las manos de Dios y en la protección de su justicia! Y por eso, ¡No somos dominados!, sino victoriosos en Cristo Jesús. Y, en esas victorias con Cristo Jesús es que podemos ver su Gloria.

III.- Pero ¿por qué el mundo y Satanás no pueden dominarnos?

Ya lo sabemos, pero se los repito. "Los discípulos de Cristo - es decir, nosotros los cristianos -, por identificación con El, pasaremos por experiencias semejantes a las suyas". El Señor Jesús dijo: "Si el mundo los odia, recuerden que a mí me odió primero".[599] Esto no es mucha alegría para nosotros, pero es la realidad de la vida cristiana.

---

[598] Josué 1:5, (RV, 1960).

[599] Juan 15:18, (NTV).

Ahora, piensen en esto: "Cuando – Jesús – dice que el mundo lo odio a Él, está hablando no de pocos, sino de mucha gente. Siempre el número de los del mundo son mayores que los discípulos de Cristo".[600] Las ciencias Sociales nos dicen que: "El odio y el desprecio es moneda común entre los del mundo. Las enemistades, los pleitos, las envidias, los homicidios y todo tipo de pecados son habituales entre los que son del mundo".[601] ¡Ese es un serio problema! Pero ¿cuál es el otro problema?, que, aunque existen las enemistades, todos ellos se unen para descargar todas sus frustraciones y pecados sobre los cristianos. Pero, aun así, el mundo no puede dominarnos. El poder y la ayuda del Señor Jesús es más poderosa que su poder unificador y puede ayudar a los que le son fieles. "El mundo siempre mira con suspicacia a los que no siguen la corriente. Le encantan las etiquetas que facilitan el tener a todos encasillados".[602]

Por eso nos llaman aleluyas, herejes, separatistas, antisociales y hasta racistas. Aun así, si el ejército del Señor se mantiene en sus mandamientos, ¡nunca será dominado! Y, ¡siempre veremos su Gloria!

---

600 Samuel Pérez Millos. *Comentario exegético al texto griego del Nuevo Testamento. JUAN.* (Viladecavalls (Barcelona), España. Editorial CLIE. 2016), 1826-1425.

601 Samuel Pérez Millos. *Comentario exegético al texto griego del Nuevo Testamento. JUAN.* (Viladecavalls (Barcelona), España. Editorial CLIE. 2016), 1826-1425.

602 William Barclay. *Comentario al Nuevo Testamento: Volumen 6: JUAN II.* (Terrassa (Barcelona), España. Editorial CLIE. 1995), 211.

Pero, además de que somos cristianos; es decir, seguidores de la Doctrina Cristiana, por la cual el mundo nos odia, ¿Cuál es el meollo o el motivo principal por lo que el mundo nos odia, pero no puede dominarnos? Creo que son tres aspectos vivenciales por los cuales el mundo no puede dominar a un cristiano.

Primero: ***Porque tenemos "el Espíritu de verdad que el mundo no tiene".***[603]

El Señor Jesucristo les dijo a sus seguidores: "… yo le pediré al Padre, y él les dará otro Abogado Defensor, quien estará con ustedes para siempre. Me refiero al Espíritu Santo, quien guía a toda la verdad. El mundo no puede recibirlo porque no lo busca ni lo reconoce; pero ustedes sí lo conocen, porque ahora él vive con ustedes y después estará en ustedes".[604]

Noten lo que, como cristianos, tenemos: Otro "*Abogado Defensor*". Es el que el apóstol Juan llama Paracletos. "La palabra en el texto griego ParákletoV, tiene literalmente el significado de *alguien que es llamado para que venga al lado*".[605] Es alguien que llega para ayudar en situaciones de gran peligro.

---

603 Comentario en la *Biblia de Estudio Esquematizada*. (Brasil. Sociedades Bíblicas Unidas. 2010), 1594.

604 Juan 14:16-17, (NTV).

605 Samuel Pérez Millos. *Comentario exegético al texto griego del Nuevo Testamento. JUAN*. (Viladecavalls (Barcelona), España. Editorial CLIE. 2016), 1354.

Ahora bien, cuando habla de *Otro Abogado Defensor*, se refiere a la presencia del Espíritu Santo. Es la persona divina que solo la tienen los cristianos; es una bendición y don al mismo tiempo que solo los que hacen una entrega de sus vidas a Jesucristo lo tienen. Pero, también se aplica a Jesucristo en la persona del Espíritu Santo el cual prometió que siempre estaría con sus amados.

Mientras estuvo en la tierra en la forma humana, el Señor Jesús, era quien consolaba a sus seguidores, pero, al salir de este mundo para reunirse con Su Padre, les promete a sus discípulos que rogará al Padre para que les de *Otro* Consolador.

Es, pues, ese Espíritu de verdad; el *Otro Consolador*, que vive en cada cristiano y por eso, el mundo, aunque nos odia, no nos puede dominar. Es por medio el Otro Consolador que, en medio de las circunstancias adversas, podemos ver la gloria de Dios en Jesucristo. ¡Cristo sigue mostrando Su Gloria!

Segundo: ***Porque Jesucristo nos escogió y nos sacó del mundo.***

El Señor Jesús les dijo a sus seguidores: "… ustedes ya no forman parte del mundo. Yo los elegí para que salieran del mundo, por eso el mundo los odia".[606] Los que son del mundo "le pertenecen y viven conforme a su sistema, son personas amadas por el mundo. Los cristianos eran del mundo, pero elegidos por Cristo, han sido libertados de él y, por tanto, los odia".[607]

Hermanos y hermanas, vuelvo a enfatizar, nosotros, aunque estamos en el mundo, ya no le pertenecemos; ya no hay una justa razón para seguir su sistema; el mundo ya no tiene autoridad sobre nosotros, ahora somos seguidores del Sistema de Jesucristo. ¡El sí tiene autoridad sobre nosotros! Y, por eso, el mundo nos odia, aunque no puede dominarnos.

Jesucristo nos ha escogido y sacado del mundo para ponernos en Su Reino; un Reino Espiritual apartado para los cristianos y que el mundo odia. ¿Y por qué lo odia? Porque "la ética del reino, en la que los discípulos de Jesús viven, es un testimonio permanente contra el sistema mundano",[608] una ética que no cambia porque el Señor de esa ética no cambia, la Biblia asegura que: "Jesucristo es el mismo ayer y hoy y por los siglos".[609] Es un testimonio que para nada es agradable a los que viven fuera del Reino de Dios,

---

606 Juan 15:19b, (NTV).

607 Samuel Pérez Millos. *Comentario exegético al texto griego del Nuevo Testamento. JUAN.* (Viladecavalls (Barcelona), España. Editorial CLIE. 2016), 1427.

608 Samuel Pérez Millos. *Comentario exegético al texto griego del Nuevo Testamento. JUAN.* (Viladecavalls (Barcelona), España. Editorial CLIE. 2016), 1427.

609 Hebreos 13:8, (NVI).

porque es un mensaje libertador y los que son esclavos de Satanás no pueden disfrutar de esta bendición. "Al mundo le resulta especialmente repelente los que, con su manera de vivir, le condenan por su manera de vivir".[610] Y, ¿Qué hacen los mundanos?, unen su odio contra nosotros los cristianos.

El ser escogido por Jesucristo es un llamado "a cambiar y a seguir a Jesús en una nueva vida de servicio en el reino de Dios".[611] Es un llamado a predicar el ofrecimiento de la gracia de Dios; es un llamado a reconciliar el mundo con Dios. Es un llamado en el que el mundo nos odia y por eso se une contra nosotros. Sin embargo, aun con esa unión, ¡no pueden dominarnos porque ellos aún son esclavos del poder del pecado y de Satanás! Y, nosotros, somos libres en Cristo Jesús. Somos los escogidos y sacados del mundo para vivir en el Reino de Jesucristo.

En ese Reino estamos protegidos por la justicia de Dios y por eso el mundo no puede dominarnos. Recordemos la victoria de Jesucristo en la Cruz. En su omnisciencia anticipó la victoria y por eso les dijo a sus discípulos: "Aquí en el mundo tendrán muchas pruebas y tristezas; pero anímense, porque yo he vencido al mundo".[612]

---

610 William Barclay. *Comentario al Nuevo Testamento: Volumen 6: JUAN II.* (Terrassa (Barcelona), España. Editorial CLIE. 1995), 211.

611 Alberto L. García. *Cristología: Cristo Jesús: centro y praxis del pueblo de Dios.* (San Luis, Missouri. Editorial Concordia. (Biblioteca Teológica Concordia). 2006), 43.

612 Juan 16:33, (NTV).

Tercero: ***¡Porque somos los amados de Dios!***

Pastor, ¿otra vez con lo mismo? ¡Sí, otra vez! No quiero que te olvides ni por un momento, en especial, cuando estás siendo atacado por el enemigo de que tú eres un amado de Dios. Estés como estés; en la apariencia física que tengas; en tu sabiduría o ignorancia; de la raza que provengas: ¡Dios te ama!

Ahora bien, como Dios te ama, y supongo que tú también le amas, entonces, "nuestras acciones y proclamaciones en el nombre de Dios comienzan en donde Jesús comienza".[613] Si Él comienza por amarte, entonces, tú y yo debemos comenzar por amar; si Él comienza por perdonar las ofensas, tú y yo debemos perdonar al que nos ofende. Amor y perdón no son actos del mundo porque el mundo y Satanás odian a Dios, y si lo odian a Él, entonces, también odian a sus amados. ¡No hay escapatoria del odio mundanal a menos que no le seas fiel a Dios!

El Señor Jesucristo dijo: "... Aquí en el mundo tendrán muchas pruebas y tristezas; pero anímense, porque yo he vencido al mundo".[614] Lo que el Señor habló y quedo registrado en la Biblia, son palabras de confianza y de seguridad. Él dijo que lo que les había hablado había sido para que en El tuvieran

---

613 Alberto L. García. *Cristología: Cristo Jesús: centro y praxis del pueblo de Dios.* (San Luis, Missouri. Editorial Concordia. (Biblioteca Teológica Concordia). 2006), 43.

614 Juan 16:33, (NTV).

paz. Esto es que, aunque no somos del mundo y somos los amados de Dios, esto no significa que no tendremos problemas; no significa que Satanás no nos atacará, pero, sí significa que, ¡los amados de Dios no son dominados por el adversario! ¿Por qué? Porque somos el Pueblo de Dios.

Conclusión.

Dominar es controlar. Y es aquí en donde tú decides. Tú decides ser controlado por el enemigo o ser controlado por el Espíritu Santo, el que es llamado el *Otro Consolador.* ¡Es tu decisión!

Jesucristo te ha elegido y te ha dado una advertencia: No eres del mundo, por eso el mundo te odia. Pero no solo te odia, sino que lucha contra ti para dominarte. Es una lucha constante; es la lucha que en este momento tienes, es la lucha de serle fiel a Dios y a su iglesia o dejarte controlar por Satanás. ¡Estás en una Guerra Espiritual!

No solo eres un o una elegido (a) por Dios, sino que eres parte del Pueblo de Dios, un pueblo en una guerra constante; una guerra en la que Satanás quiere dominarte y apartarte de Dios y de su Iglesia.

¡Sí, en una guerra! Pero, recuerda, ¡Dios te ama! Y, su amor nunca te abandonará en tu Guerra Espiritual, por eso, si le eres fiel a Dios, las personas, el mundo y Satanás, ¡nunca te dominarán!

Una segunda oportunidad (I)

"Al despuntar el alba Jesús se hizo presente en la orilla, pero los discípulos no se dieron cuenta de que era él. —Muchachos, ¿no tienen algo de comer? —les preguntó Jesús. —No —respondieron ellos. —Tiren la red a la derecha de la barca, y pescarán algo. Así lo hicieron, y era tal la cantidad de pescados que ya no podían sacar la red".

Juan 21:4-6, (NVI).

Introducción.

"A Hope, sus padres lo abandonaron cuando era un bebé, porque lo creían un 'niño brujo'. En Nigeria, es común que la gente crea que algunos niños son brujos. No podemos entender cómo puede ser posible que alguien crea esto de un niño pequeño, pero así son las costumbres de ese país. Los abandonan porque los culpan de las sequías o de las malas cosechas.

Este fue el destino de Hope, hasta que lo encontró Ringgren Lovén, una mujer danesa que se encarga de rescatar a estos niños, por medio de su ONG, llamada *Land of Hope*.[615]

La imagen de Hope – cuando lo encontró Anja - dio la vuelta al mundo. Nos parte el alma ver a un niño pequeño privado de lo más elemental en la vida que es el alimento y el amor. Pero cuando Anja lo encontró deambulando solo por las calles y comiendo cualquier cosa que encontrara, se dijo que tenía que hacer algo por él. Quiso darle una nueva oportunidad".[616] Y se la dio.

Poca gente en este planeta tierra tiene un corazón para ayudar a otro ser humano. Dios vio este triste fenómeno y por eso envió a su Único Hijo con un corazón para amar y rescatar a todos los hambrientos y sedientos física y espiritualmente. El profeta Isaías

---

[615] Wikipedia, la Enciclopedia Libre. Anja Ringgren Lovén. (La Habra, California. Internet. Consultado el 26 de diciembre del 2022(, ¿? https://en.wikipedia.org/wiki/Anja_Ringgren_Lov%C3%A9n Anja Ringgren Lovén es la fundadora de la organización benéfica DINNødhjælp, que ha estado protegiendo y rescatando a niños acusados de ser brujas en Nigeria desde 2012. Lovén se dio a conocer en 2016 cuando una foto de una de sus acciones de rescate de niños brujos se volvió viral En la imagen, Anja se pone en cuclillas frente a un pequeño niño desnudo y hambriento, a quien le da agua con su botella de agua. Posteriormente, Anja llevó al niño a un centro infantil en Nigeria, donde sobrevivió milagrosamente. Ella lo llamó Hope, y la operación de rescate se convirtió en un catalizador importante en la lucha de Lovén para contarle al resto del mundo sobre los niños brujos y la superstición que prevalecía en Nigeria.

[616] Saludable.Guru: Vale. ESTABA ABANDONADO Y DESNUTRIDO. LO RESCATÓ Y HOY TIENE UNA VIDA NORMAL. (La Habra, California. Internet. Fuente: Anja Ringgren Lovén. Consultado el 23 de septiembre del 2021), ¿? https://saludable.guru/estaba-abandonado-y-desnutrido-lo-rescato-y-hoy-tiene-una-vida-normal/?fbclid=IwAR1AmkG1yDcG-VLyivfZxjnck-kDEsxVjEpg35740YAqN5Eq6qANg0wUvxI

había profetizado, diciendo: "¡Vengan a las aguas todos los que tengan sed! ¡Vengan a comprar y a comer los que no tengan dinero! Vengan, compren vino y leche sin pago alguno. ¿Por qué gastan dinero en lo que no es pan, y su salario en lo que no satisface? Escúchenme bien, y comerán lo que es bueno, y se deleitarán con manjares deliciosos".[617]

La Segunda Oportunidad para Hope.

La primera fue cuando Dios lo trajo a este mundo por medio de sus padres terrenales. La Segunda cuando la mujer danesa Ringgren Lovén, lo encontró en la calle sediento, hambriento, desnutrido y desnudo.

¡Esta es una segunda oportunidad! Si tú ya fracasaste en tu primer intento, Dios te está ofreciendo una segunda oportunidad; te dice: "Ven a las aguas; ven al que te regala por gracia lo que tú necesitas".

Pedro había negado al Señor, después de que lloró amargamente por su pecado, a manera de refugiarse en algo o para calmar su estrés, se fue a pescar al mar de Galilea. Fue allí, en donde llegó Jesús para darle una Segunda Oportunidad. Así que hoy, nos preguntamos: ¿Cómo Jesucristo le dio a Pedro una

617 Isaías 55:1-2, (NVI).

segunda oportunidad? Contesto esta pregunta con los siguientes tres puntos:

I.- EN EL LUGAR DE LOS RECUERDOS.

El Evangelio de Juan dice que, en algún lugar del norte de Palestina, al parecer muy cerca del mar de Galilea: "Estaban juntos Simón Pedro, Tomás, al que llamaban el Gemelo, Natanael, que era de Caná de Galilea, los hijos de Zebedeo y otros dos discípulos de Jesús. – Y fue allí en donde - Simón Pedro les dijo a sus compañeros: —Voy a pescar. Ellos contestaron: —Nosotros también vamos contigo. Fueron, pues, y subieron a una barca; pero aquella noche no pescaron nada".[618] Fue así como, en el norte, en un día determinado, estos siete discípulos tomaron sus antiguas redes y remos de pecar. Se adentraron en las aguas del mar de Tiberias, más conocido para nosotros como el mar de Galilea.

¡Ah, la Galilea del tiempo de Jesús de Nazaret! "Era un lugar muy especial para los discípulos. Allí había comenzado el ministerio del Señor, con la predicación del evangelio (Mr 1:14); allí había tenido el encuentro con los primeros discípulos (1:34 ss.). En Galilea había tenido lugar milagros admirables que impactaron a los discípulos; fue en ese lugar en donde Jesús pronuncio las enseñanzas más directas;

618 Juan 21:2-3, (DHH).

era también el lugar del testimonio y de la confesión sobre quien era Jesús para ellos (6:69)".[619] Fue, pues, en ese lugar del norte de Palestina; lugar de tantos recuerdos que, Jesús, se presentó de repente, sin ser invitado a la pesca para darle a Pedro una Segunda Oportunidad.

Repito, el apóstol Pedro había negado al Señor Jesucristo. Se arrepintió de su pecado y lloró amargamente.[620] En su tristeza y sin saber que hacer para remediar su traición contra Jesucristo, sintiéndose aún muy mal emocionalmente, les dijo a sus amigos: "—Me voy a pescar. —Nos vamos contigo —contestaron ellos. Salieron, pues, de allí y se embarcaron, pero esa noche no pescaron nada".[621]

Puedes ir a donde quieras y hacer lo que tú quieras, pero nunca podrás huir de tu pecado o de tu remordimiento por haber pecado mientras no tengas un encuentro personal con Jesucristo. Un encuentro con el Resucitado Cristo Jesús cambiará tu manera de pensar, sentir y hacer. La Biblia dice que si confesamos nuestros pecados él es fiel y justo para perdonarlos y aún más, nos limpia de toda clase de mal. Es por eso por lo que su invitación es: "Vengan a mí todos ustedes que están cansados de

---

619 Samuel Pérez Millos. *Comentario exegético al texto griego del Nuevo Testamento. JUAN.* (Viladecavalls (Barcelona), España. Editorial CLIE. 2016), 1800.

620 Lucas 22:62.

621 Juan 21:3, (NVI).

sus trabajos y cargas, y yo los haré descansar".[622] ¡Esto es una Segunda Oportunidad! Repito: ¡Esto se llama una Segunda Oportunidad!

Hope disfrutando de su Segunda Oportunidad.

"En Cristo Jesús". Esta es una de las expresiones favoritas del apóstol Pablo: "Varios pasajes de las escrituras se refieren al creyente estando 'en Cristo' (Filipenses 1:1; Romanos 8:1; Colosenses 3:3)". El perdón de nuestros pecados, la seguridad presente, la nueva vida, una esperanza gloriosa y una Segunda Oportunidad se encuentran solo en Cristo en aquellas personas que son motivadas por el amor cristiano.

Volviendo al relato bíblico notamos que, los siete discípulos salieron de su escondite y se fueron a pescar, "y entraron en una barca; y aquella noche no pescaron nada". ¡Qué cosa! ¿¡Los expertos pescadores no pescaron nada en toda la noche!? Sin la presencia de Dios en tu vida es muy poco lo que puedes hacer; salir de tu casa, encaminarte al mar, subirte a una barca, remar hacia adentro del mar, echar las redes, pero ¡no lograrás tu objetivo! ¡No pescarás un solo pez! Todo tu esfuerzo sin Cristo Jesús tiene un producto que dice: ¡Nada! "No es por obras para que nadie se gloríe", dijo el apóstol Pablo. ¡Es por la fe en Jesucristo!

---

622 I Juan 1:9; Mateo 11:28, (DHH).

La Biblia dice que, por la mañana, Jesús se presentó a la orilla del mar de Galilea. Llevaba consigo muy buenas intenciones: ¡Restauración! ¡Llegó con la intención de dar una Segunda Oportunidad a Pedro! Sería una restauración similar a la que le sucedió a Hope.[623] Una Segunda Oportunidad la puedes obtener en Cristo Jesús.

La canción de Raúl Polanco que dice: "Dios, está aquí; tan cierto como el aire que respiro. Tan cierto como en la mañana se levanta el sol. Tan cierto que cuando le hablo, él me puede oír".[624] ¡Es muy cierto! Tan cierto como cuando el Señor Jesús llegó a la orilla del mar para darle una Segunda Oportunidad a Pedro. ¿Tú crees lo que dice esta canción? Y aunque no lo creas, el Señor Jesucristo, el Cristo Resucitado, similar a la escena del mar de Galilea, está hoy en este lugar. Está para darte una Segunda Oportunidad. ¿Te ha fallado la fe? ¿Has cometido pecado? ¿Has negado al Señor Jesucristo? ¿Has abandonado la iglesia del Señor? Hoy, el Cristo Resucitado está en este lugar; está para darte una Segunda Oportunidad.

II.- Gigantes y langostas.

El versículo tres del capítulo veintiuno de Juan es muy interesante. Dice que: "Simón Pedro les

---

623 Vea la fotografía de Hope, restaurado

624 Canciones Religiosas. *Dios está aquí.* (La Habra, California. Internet. Consultado el 8 de marzo del 2022), ¿? https://www.musica.com/letras.asp?letra=1092244

dijo: —Voy a pescar. Ellos contestaron: —Nosotros también vamos contigo. Fueron, pues, y subieron a una barca; pero aquella noche no pescaron nada".[625] ¡Nada! ¡Los expertos pescadores no pescaron nada!

Ahora bien, por favor, noten esto. "Pedro era un hombre dinámico y de iniciativas. En algún momento de ese día que Juan menciona, siendo ya el atardecer, momento idóneo para salir de pesca, determina hacerlo. No consulta, simplemente avisa que va a salir a pescar. El oficio suyo, como el de Juan era el de pescadores en el Mar de Galilea".[626] Esta fue una reacción positiva. Algunos la ven como negativa diciendo que Pedro se había cansado del ministerio al que fue llamado y que mejor regresaba a su antiguo trabajo en donde podría tener su sustento diario. "Es fácil juzgar y señalar a otros con el dedo"[627] y hasta llegar a condenarlos porque, supuestamente han caído de la gracia.

Pero, pastor, ¿por qué piensa que la acción de Pedro fue positiva? Porque Pedro salió a pescar para aprovechar el tiempo. En lugar de estar sentado, escondiéndose de los malvados acusadores, antes de cumplir con la orden de Jesucristo de esperarle

---

[625] Juan 21:3, (DHH).

[626] Samuel Pérez Millos. *Comentario exegético al texto griego del Nuevo Testamento. JUAN.* (Viladecavalls (Barcelona), España. Editorial CLIE. 2016), 1802.

[627] Samuel Pérez Millos. *Comentario exegético al texto griego del Nuevo Testamento. JUAN.* (Viladecavalls (Barcelona), España. Editorial CLIE. 2016), 1802.

en el “monte donde Jesús les había ordenado”,[628] el inquieto Pedro, se puso a hacer algo de provecho y lo demás, le vendría por añadidura.[629]

En este caso de Pedro, ¿Cuál fue la añadidura? ¡Una Segunda Oportunidad! Cuando le fallamos a Dios se nos presenta uno o más gigantes que nos mantienen encerrados en nuestros pensamientos, en nuestros deseos y en nuestra esperanza. En un estado de inactividad y bajo la presión emocional de ser descubiertos, los pensamientos pueden ser malos, los deseos controlados por la carne y nuestra esperanza se convierte en desesperanza. Son tan fuertes esos gigantes que nos impiden cumplir con nuestros deseos. Este es el tiempo cuando decimos con un tono de amargura o desilusión: ¡Ah, yo pensaba que cambiando de trabajo me iría mejor! ¡Ah, yo pensaba que mis hijos lograrían mis metas! ¡Ah, deseaba un esposo o esposa que me amara, pero…! ¡Ay, pastor, toda mi esperanza de ser alguien o de tener algo se ha diluido!

¡Ah, esos gigantes! Pero mi pregunta es: ¿Por qué le haces caso a ellos y no a Dios? ¿Por qué no te valores tú en Dios y valoras al Señor por lo que Dios ES?

Mientras el Señor Hamilton leía el periódico, su esposa le preguntó: “¿Qué hay de nuevo? ¿Dice el

628 Mateo 28:16, (RV, 1960).

629 Mateo 6:33, (RV, 1960).

periódico algo más sobre el avance del proyecto del acueducto? El señor Hamilton levanto la vista y le dijo: - Es lo mismo de siempre. Hay 'gigantes' en la tierra y el comité del proyecto se siente 'como langostas'."[630]

Erlín, el hijo del señor Hamilton, al escuchar la respuesta que le dio a su madre, le preguntó: "- Papá, ¿a qué se refiere con eso de gigantes y langostas?".[631] El Señor Hamilton dejo su periódico y le contó a su hijo que un día, mientras el pueblo de Israel se encontraba en el Desierto de Parán, Dios le dijo a Moisés que enviara a doce hombres para que reconocieran la tierra de Canaán. Les dio las instrucciones por donde ir y que observar. Después de cuarenta días de inspección de la tierra de Canaán, volvieron al Campamento israelita para informar a Moisés a Aarón y al resto del pueblo. El informe fue muy bueno, pero, con una mancha de temor y duda: ¡Había gigantes en Canaán! Así que, también informaron al pueblo, diciéndoles:

> "Nosotros llegamos a la tierra a la cual nos enviaste, la que ciertamente fluye leche y miel; y este es el fruto de ella. Mas el

[630] Pansy. Sección para niños: *Los gigantes y las langostas.* (Artículo publicado en: La Antorcha de la Verdad. (Costa Rica, CA. Revista bimestral. Publicadora la Merced. Volumen 36. Número 2. Marzo – abril. 2022). Consultado el 8 de marzo del 2022), 30.

[631] Pansy. Sección para niños: *Los gigantes y las langostas.* (Artículo publicado en: La Antorcha de la Verdad. (Costa Rica, CA. Revista bimestral. Publicadora la Merced. Volumen 36. Número 2. Marzo – abril. 2022). Consultado el 8 de marzo del 2022), 30.

> pueblo que habita aquella tierra es fuerte, y las ciudades muy grandes y fortificadas; y también vimos allí a los hijos de Anac. Amalec habita el Neguev, y el heteo, el jebuseo y el amorreo habitan en el monte, y el cananeo habita junto al mar, y a la ribera del Jordán. Entonces Caleb hizo callar al pueblo delante de Moisés, y dijo: Subamos luego, y tomemos posesión de ella; porque más podremos nosotros que ellos. Mas los varones que subieron con él, dijeron: No podremos subir contra aquel pueblo, porque es más fuerte que nosotros. Y hablaron mal entre los hijos de Israel, de la tierra que habían reconocido, diciendo: La tierra por donde pasamos para reconocerla, ***es tierra que traga a sus moradores***; y todo el pueblo que vimos en medio de ella son hombres de grande estatura. ***También vimos allí gigantes,*** hijos de Anac, raza de los gigantes, ***y éramos nosotros, a nuestro parecer, como langostas***; y así les parecíamos a ellos".[632]

De los doce que fueron, los cuales eran príncipes entre su pueblo, solamente dos de ellos; Josué y Caleb, animaron al pueblo para subir a la Tierra de Canaán y conquistarla. Los otros diez atemorizaron

[632] Números 13:27-33, (RV, 1960). Las **bolds** e *itálicas* son mías.

al pueblo y ese temor humano a los *gigantes* les causo 40 años más de caminata por el desierto y la muerte de todos los temerosos y los quejos sin poder ver la Tierra Prometida. Los rumores de los gigantes les cegaron su esperanza de vivir en una tierra que fluye leche y miel: Todos ellos murieron en el desierto menos Josué, Caleb y los niños.[633]

En Números 14:26-38, "Dios repite que nadie arriba de veinte años, con la excepción de Josué y Caleb (v.30), entrarían en la tierra prometida. Durante 40 años, los israelitas caminarían por el desierto (v.32-33), antes de entrar a la Tierra prometida".[634]

¿Gigantes en tu vida? ¡Sí los hay! Pero también existe el Dios de Josué y de Caleb para librarte del poder de los gigantes y darte una Segunda Oportunidad. Josué y Caleb la recibieron, cruzaron el rio Jordán, conquistaron Canaán y murieron felices y llenos de años. Josué murió de 110 años. Caleb Falleció en el año 1384 a. C. a la edad de 100 años.[635]

Cuando el Señor Hamilton le explicó a su hijo lo que les acabo de redactar, Erlín le dijo a su padre: "- Yo recuerdo la historia. ¿Será que hoy todavía existan gigantes? – Sí, hijo, existen muchos gigantes hoy día. Ten mucho cuidado de que no te impidan

---

633 Números 13:22-23; 36.38.

634 Comentario en la *Biblia de Estudio Esquematizada.* (Brasil. Sociedades Bíblicas Unidas. 2010), 224.

635 Wikipedia, la Enciclopedia libre. *Caleb.* (La Habra, California. Internet. Consultado el 8 de marzo del 2022), ¿? https://es.wikipedia.org/wiki/Caleb

cumplir con tus deberes".[636] Hermano, hermana, tengan mucho cuidado de que esos gigantes les impidan la bendición de una Segunda Oportunidad de parte de Dios.

III.- A LA MANERA DE DIOS.

Una de las tendencias de los seres humanos es hacer las cosas como dijo el compositor Paul Anka y el cantante Frank Sinatra: "*A mi manera*". Los cristianos también tenemos esa tendencia con las cosas y mandamientos de Dios en Su Palabra. Por ejemplo, Dios ha dicho:

"Seis días trabajarás, pero el séptimo día dejarás de trabajar, para que descansen tu buey y tu asno, y para que el hijo de tu sierva, así como el extranjero renueven sus fuerzas".[637] Si lo trasliteramos y aplicamos a nuestro tiempo diríamos: Seis días voy a trabajar, el séptimo descansaré. Lo haré para que descanse mi automóvil y mi cónyuge, y para que mis hijos me disfruten un poco y mis herramientas de trabajo me duren un poco más. Pero nosotros usamos el día de descanso "*a nuestra manera*".

También el apóstol Pablo ha dicho: "Todas las cosas me son lícitas, mas no todas convienen;

---

636 Pansy. Sección para niños: *Los gigantes y las langostas*. (Artículo publicado en: La Antorcha de la Verdad. (Costa Rica, CA. Revista bimestral. Publicadora la Merced. Volumen 36. Número 2. Marzo – abril. 2022). Consultado el 8 de marzo del 2022), 30-31

637 Exodo 23:12, (Nueva Biblia Latinoamericana).

todas las cosas me son lícitas, más yo no me dejaré dominar de ninguna".[638] Pero nosotros le entramos a los taquitos, a las papitas, a la coca cola, a los energéticos. Es decir, comemos "*a nuestra manera*".

Los discípulos del Señor estuvieron pescando durante toda la noche *a su manera* y no pescaron nada. Jesucristo llegó y desde la orilla del Mar de Galilea les gritó diciéndoles, Hey, chicos – Paidía; (*Paidía*) -: "—¡Echen la red a la derecha de la barca y tendrán pesca!".[639] ¿Y qué sucedió? Con una sola vez que echaron la red a la derecha de la barca, tal y como Jesús les había dicho, milagrosamente ciento cincuenta y tres grandes peces quedaron dentro de la red.[640] Noten dos cosas: *Primera*, fueron peces grandes. Estaban pesados, pues ya no podían sacarla de la gran cantidad de peces que habían atrapado. *Segunda*, la red no se rompió. Aguanto el peso de los pescados y los jalones de los pescadores.

¿Por qué sucedió este milagro? Sucedió porque NO lo hicieron a su manera, sino a la manera de Dios. El Señor les dijo que arrojaran la red a la derecha de la barca y, a la derecha la echaron. ¿Y cuál fue el resultado de su obediencia? ¡Ciento cincuenta y tres peces quedaron atrapados en la red! Pocas veces las cosas salen bien cuando se hacen a nuestra manera,

---

638 I Corintios 6:12, (RV, 1960).

639 Juan 21:6, (NTV).

640 Juan 21: 6, 11.

sin embargo, grandes cosas suceden cuando se hacen a la manera de Dios.

Claro está que, en ocasiones, a la manera de Dios nos parece absurdo, poco confiable o fuera de contexto. ¿Por qué a la derecha y no a la izquierda?

En el Antiguo Testamento tenemos dos historias que, desde el punto de vista humano, lo que Dios ordena hacer a su manera, es una orden poco confiable y hasta una orden absurda. La primera de ellas es la orden que Dios le da a Abraham de sacrificar a su heredero. La segunda es la orden que le da a Gedeón para escoger al ejército que los debería librar de los madianitas.

En la primera historia, la Biblia dice que un día menos esperado, Dios prueba a Abraham con una prueba de fe incomprensible; así son las pruebas divinas. El relato bíblico de esta prueba dice así:

> "Pasado cierto tiempo, Dios puso a prueba a Abraham y le dijo: —¡Abraham! —Aquí estoy —respondió. Y Dios le ordenó: —Toma a tu hijo, el único que tienes y al que tantas amas, y ve a la región de Moria. Una vez allí, ofrécelo como holocausto en el monte que yo te indicaré.
>
> Abraham se levantó de madrugada y ensilló su asno. También cortó leña para el holocausto y, junto con dos de sus criados y su hijo Isaac, se encaminó hacia el lugar

que Dios le había indicado. Al tercer día, Abraham alzó los ojos y a lo lejos vio el lugar. Entonces les dijo a sus criados: —Quédense aquí con el asno. El muchacho y yo seguiremos adelante para adorar a Dios, y luego regresaremos junto a ustedes.

Abraham tomó la leña del holocausto y la puso sobre Isaac, su hijo; él, por su parte, cargó con el fuego y el cuchillo. Y los dos siguieron caminando juntos.

Isaac le dijo a Abraham: —¡Padre! —Dime, hijo mío. —Aquí tenemos el fuego y la leña —continuó Isaac—; pero ¿dónde está el cordero para el holocausto? —El cordero, hijo mío, lo proveerá Dios —le respondió Abraham. Y siguieron caminando juntos.

Cuando llegaron al lugar señalado por Dios, Abraham construyó un altar y preparó la leña. Después ató a su hijo Isaac y lo puso sobre el altar, encima de la leña. Entonces tomó el cuchillo para sacrificar a su hijo, pero en ese momento el ángel del Señor le gritó desde el cielo: —¡Abraham! ¡Abraham! —Aquí estoy —respondió. —No pongas tu mano sobre el muchacho, ni le hagas ningún daño —le dijo el ángel—. Ahora sé que temes a Dios, porque ni siquiera te has negado a darme a tu único hijo.

> Abraham alzó la vista y, en un matorral, vio un carnero enredado por los cuernos. Fue entonces, tomó el carnero y lo ofreció como holocausto, en lugar de su hijo. A ese sitio Abraham le puso por nombre: 'El Señor provee'. Por eso hasta el día de hoy se dice: 'En un monte provee el Señor'."[641]

¡Qué prueba tan difícil! ¿No les parece que es una prueba irracional y contradictoria? ¡Es algo absurdo! ¡Isaac es el hijo de la promesa! Abraham había esperado veinticinco años para ver el nacimiento del hijo de la promesa y, ahora que ya se ha encariñado con él le dice que lo sacrifique. ¿No parece esto absurdo? ¿Rompería Dios su promesa con Abraham? ¿Le daría otro hijo para seguir su descendencia? Podríamos seguir interrogándonos sobre esta orden, pero, Abraham hizo lo que el Señor le ordenó y lo hizo *a la manera de Dios*. ¡No lo hizo *a su manera,* aunque era su propio hijo!

¿Y cuál fue el resultado? Isaac no fue sacrificado literalmente. Un cordero tomó su lugar y llegó a ser uno de los patriarcas fundadores de la nación de Israel. Cuando Dios se le presentó a Moisés en la sarza en el monte Sinaí le dijo: "—No te acerques más —le dijo Dios—. Quítate las sandalias, porque estás pisando tierra santa. Yo soy el Dios de tu padre.

---

641 Genesis 22:1-14, (NVI).

Soy el Dios de Abraham, ***de Isaac*** y de Jacob. Al oír esto, Moisés se cubrió el rostro, pues tuvo miedo de mirar a Dios".[642] El hijo de la promesa a Abraham forma parte de los primeros fundadores de la nación de Israel. Cuando las cosas se hacen a la manera de Dios, ¡todo resulta en beneficio personal y colectivo aunque parezca algo absurdo!

En el segundo ejemplo, se nota otro acto de fe. Una acción a la manera de Dios que resultó en una victoria guerrera. En el capítulo siete del libro de los jueces encontramos una historia de fe muy interesante. Los israelitas habían abandonado a Dios y se volvieron idólatras. Por ese tiempo, los madianitas los dominaron y les robaban sus cosechas y sus ganados. Gedeón, un hombre de Israel tenía el deseo como los otros de ser liberados, pero, en Gedeón esto era mucho más palpable. Dios lo notó y lo llamó para liberar a los israelitas del yugo madianita.

Gedeón obedeció al llamado de Dios para ser el libertador de su pueblo. Esto ya fue un buen principio, obedecer a pesar de que estaba seguro de que los madianitas eran un gran ejercito; ¡eran un pueblo guerrero! En su obediencia, Gedeón junto un ejército de 32,000 soldados ¡un gran ejercito! Y se lanzó a la guerra. Pues, bien, aunque eran un gran ejército, la historia de la liberación comienza con un

642 Exodo 3:5-6, (NVI).

acto de fe; un acto de fe que se narra de la siguiente manera:

> "Yerubaal —es decir, Gedeón— y todos sus hombres se levantaron de madrugada y acamparon en el manantial de Jarod. El campamento de los madianitas estaba al norte de ellos, en el valle que está al pie del monte de Moré. El Señor le dijo a Gedeón: 'Tienes demasiada gente para que yo entregue a Madián en sus manos. A fin de que Israel no vaya a jactarse contra mí y diga que su propia fortaleza lo ha librado, anúnciale ahora al pueblo: ¡Cualquiera que esté temblando de miedo, que se vuelva y se retire del monte de Galaad!' Así que se volvieron veintidós mil hombres, y se quedaron diez mil.
>
> Pero el Señor le dijo a Gedeón: 'Todavía hay demasiada gente. Hazlos bajar al agua, y allí los seleccionaré por ti. Si digo: 'Este irá contigo', ese irá; pero si digo: 'Este no irá contigo', ese no irá'.
>
> Gedeón hizo que los hombres bajaran al agua. Allí el Señor le dijo: 'A los que laman el agua con la lengua, como los perros, sepáralos de los que se arrodillen a beber'.
>
> Trescientos hombres lamieron el agua llevándola de la mano a la boca. Todos los

> demás se arrodillaron para beber. El Señor le dijo a Gedeón: 'Con los trescientos hombres que lamieron el agua, yo los salvaré; y entregaré a los madianitas en tus manos. El resto, que se vaya a su casa'.
>
> Entonces Gedeón mandó a los demás israelitas a sus carpas, pero retuvo a los trescientos, los cuales se hicieron cargo de las provisiones y de las trompetas de los otros".[643]

¿Lo notaron? Hay una diferencia importante entre un entusiasmo que sólo despierta las emociones y un deseo perdurable. ¡Cuidado en no confundirlos! Gedeón vio esta diferencia cuando inició la marcha hacia los Madianitas con 32,000 soldados, y luego acabó con solamente trecientos. Si procedemos con un deseo perdurable o continuo a la manera de Dios, una Segunda Oportunidad estará a la puerta de nuestras vidas.

¡Ah, la manera de Dios! ¡Sí, en ocasiones Dios procede en contra de nuestros planes y razonamientos!

La Historia Bíblica sigue diciendo que:

> "Gedeón dividió a los trescientos hombres en tres compañías y distribuyó entre todos ellos trompetas y cántaros

---

643 Jueces 7:1-8, (NVI).

vacíos, con antorchas dentro de los cántaros. 'Mírenme —les dijo—. Sigan mi ejemplo. Cuando llegue a las afueras del campamento, hagan exactamente lo mismo que me vean hacer. Cuando yo y todos los que están conmigo toquemos nuestras trompetas, ustedes también toquen las suyas alrededor del campamento, y digan: 'Por el Señor y por Gedeón'.'

Gedeón y los cien hombres que iban con él llegaron a las afueras del campamento durante el cambio de guardia, cuando estaba por comenzar el relevo de medianoche. Tocaron las trompetas y estrellaron contra el suelo los cántaros que llevaban en sus manos. Las tres compañías tocaron las trompetas e hicieron pedazos los cántaros. Tomaron las antorchas en la mano izquierda y, sosteniendo en la mano derecha las trompetas que iban a tocar, gritaron: '¡Desenvainen sus espadas, por el Señor y por Gedeón!' Como cada hombre se mantuvo en su puesto alrededor del campamento, todos los madianitas salieron corriendo y dando alaridos mientras huían.

Al sonar las trescientas trompetas, el Señor hizo que los hombres de todo el campamento se atacaran entre sí con sus espadas".[644]

---

[644] Jueces 7:16-22, (NVI).

Cuando se hacen las cosas a la manera de Dios, aun tus peores enemigos se llenarán de temor y se apartarán de ti. Una Segunda Oportunidad de ser libre de tus enemigos, Dios te la da, solamente hay que hacer las cosas a la manera de Dios. Esto es lo que hizo Gedeón, "Dios le ordenó que luchara contra los madianitas con un pequeño numero de soldados, para que quedara bien claro que la victoria viene de Dios y no de los seres humanos"[645] cuando se procede a la manera de Dios. Y, cuando se procede a la manera de Dios, surge una Segunda Oportunidad.

Conclusión.

"¿Sientes que la rutina ha llegado a tu vida? ¿Te sientes despreciado por lo que otros creen de ti? ¿Sientes que alguien está siendo injusto contigo? ¿Crees que ya no podrás seguir con la pérdida que has sufrido? ¿Estás atravesando una crisis o un cambio fuerte en tu vida? ¡Existe una nueva oportunidad! En Dios hay una Segunda Oportunidad.

Con un fondo de un cementerio, un cartel tiene este mensaje: "Tanta envidia, tanta maldad, tantas lágrimas, tantos sentimientos feos, tantos problemas,

---

[645] Comentario en la *Biblia de Estudio Esquematizada.* (Brasil. Sociedades Bíblicas Unidas. 2010), 362

para terminar acá sin nada".[646] Este letrero en tú lapida puede ser cambiado por uno que diga: *Dios le dio una Segunda Oportunidad.*

¡Hay esperanza! Dios es Dios de transiciones; es un Dios de Segundas Oportunidades y Él se glorificará en ti a pesar de todo lo negativo que seas o se presente en tu vida. Aunque algunos de los mandamientos o consejos de Dios que lleguen a tu vida te parezcan absurdos, si procedes a la manera de Dios, ¡habrá para ti una Segunda Oportunidad!

[646] El consejero. *Pensamiento en Facebook.* (La Habra, California. Internet. Pensamiento publicado el 24 de marzo del 2021. Consultado el 23 de septiembre del 2021), ¿? https://www.facebook.com/elconsejerodelface/posts/3143495755753475

Una segunda oportunidad (II)

"Al despuntar el alba Jesús se hizo presente en la orilla, pero los discípulos no se dieron cuenta de que era él.

—Muchachos, ¿no tienen algo de comer? —les preguntó Jesús.

—No —respondieron ellos.

—Tiren la red a la derecha de la barca, y pescarán algo. Así lo hicieron, y era tal la cantidad de pescados que ya no podían sacar la red".

Juan 21:4-6, (NVI).

Introducción.

La confianza que se refleja en los ojos de un niño es abrumadora, en especial cuando ya hemos fallado una vez y se nos ha dado; ¡Una segunda oportunidad!

"El cielo resplandecía aquel sábado. Salimos del auto y dijimos en voz alta: - ¡Adiós, mamá! … El tren estaba a punto de llegar. Al pequeño que aún no cumple los cuatro años, le apasionan los trenes. Le hablan. Son sus amigos, benignos y estimulantes. Sus locomotoras zumban y silban a través de los campos, y en las noches le cuentan maravillosas historias cuando se encuentra en su cama".[647]

Ambos, el pequeño Ben y su papá llegan a la estación del tren. Lo abordan y antes de que las puertas del tren se cierren, "Ben se volvió a mirar el andén y exclamó: '- ¡Mira, papá! ¡Tú credencial de la CNN!'" Con rapidez, antes de que el tren se pusiera en marcha, el padre de Ben se baja y al hacerlo arroja a su hijo al vacío, debajo del tren. Ben se perdió entre la oscuridad del andén y el tren. Los gritos de su padre paralizaron a los pasajeros. "Nadie sabía que hacer, mientras el padre decía: 'Dios mío, ¿dónde está el tercer riel: el que está cargado de electricidad?'"[648]

En un momento dado, Ben, alza sus bracitos que no alcanza a llegar al borde del andén. El padre se tendió sobre el vientre y logró sacarlo poco antes de que el tren se pusiera en marcha.

"Aun estando en casa la vida es frágil. A veces un simple error lo echa todo a perder".[649] Esta

---

[647] Cohen, Richard. Una segunda oportunidad. (Coral Gables, Florida. Selecciones del Reader's Digest. Revista mensual. Diciembre de 1993), 85

[648] Cohen, Richard. *Una segunda oportunidad.* (Coral Gables, Florida. Selecciones del Reader's Digest. Revista mensual. Diciembre de 1993), 85

[649] Cohen, Richard. Una segunda oportunidad. (Coral Gables, Florida. Selecciones del Reader's Digest. Revista mensual. Diciembre de 1993), 85

historia nos recuerda lo que le sucedió a Pedro. En un momento dado, Pedro negó a su Maestro y la angustia y la amargura lo desesperaron a tal grado que lloró amargamente y, después, dejó a un lado el llamamiento del Señor Jesús y se fue a pescar. Sin embargo, Tanto a Pedro como Ben, Dios les concedió.... ¡Una segunda oportunidad!

A Ben, las fuertes manos de su padre lo sacaron de donde tendría una muerte segura. A Pedro, las palabras de Jesucristo le hicieron volver a la Vida Ministerial.

Hoy, Dios, te ofrece tres oportunidades. ¡Aprovéchalas! El profeta Isaías al confesar el pecado del pueblo de Israel, les dijo: "La mano del Señor no es corta para salvar, ni es sordo su oído para oír. Son las iniquidades de ustedes las que los separan de su Dios. Son estos pecados los que lo llevan a ocultar su rostro para no escuchar".[650]

Sin embargo, al final de este capítulo 59 de Isaías, Dios hace un pacto con su pueblo cuando el Redentor llega a Sión para vivir con ellos.[651] Es decir, les da una segunda oportunidad de cambiar su moral; les da una segunda oportunidad de buscar la salvación en Dios y les da una nueva oportunidad de asegurarse de vivir la eternidad con El.

---

650 Isaías 59:1-2, (NVI).

651 Isaías 59:15-21.

I.- UNA SEGUNDA OPORTUNIDAD DE CAMBIAR LA MORAL.

En el relato juanino del capítulo veintiuno del Evangelio de Juan, Jesús, parado en la orilla del mar de Galilea, les dijo a los fatigados pescadores: "Tiren la red a la derecha de la barca, ***y pescarán algo***. Así lo hicieron, y era tal la cantidad de pescados que ya no podían sacar la red".[652] La actitud emab ien tiene que ver con la moral. Pedro y sus acompañantes tenían una moral muy baja; su actitud era de derrota, su Maestro había sido asesinado. Todas las esperanzas mesiánicas y las enseñanzas de Jesús de Nazaret se desvanecieron ante su mentalidad. Su moral era pésima.

No estoy diciendo que eran personas malvadas, de ellas hablaré después. Lo que estoy diciendo es que, cuando se tiene planes esperanzadores y esos planes son motivados por alguien que aun los vientos y los mares le obedecen[653], y, en un momento dado, lo arrestan, lo crucifican y es sepultado, sin que se vean los resultados de la enseñanza: ¡Eso es frustrante! La moral se va por lo suelos. Y, como consecuencia se busca otra solución. Para Pedro y sus amigos, fue regresar al mar para pescar.

---

[652] Juan 21:6, (NVI). Las ***negristas o bolds***, y las *itálicas* son mías.

[653] Marcos 4:41.

¿Sabías que Jesucristo es especialista en levantar la moral? Cuando la moral está mal, puede que lo que digamos sea algo malo; puede que las cosas que hagamos sean con malos resultados. Esto les pasó a Pedro y a los otros discípulos. ¡Esa noche no pescaron nada!

¡Ah, pero allí en la orilla del mar estaba el que puede cambiar la moral! Allí estaba el que puede dar una segunda oportunidad. Jesucristo, con ese característico amor que tenía para sus discípulos, desde la orilla les grita preguntándoles: “Muchachos, ¿no tienen algo de comer?”[654] ¡Nada!, fue su respuesta. Definitivamente necesitaban cambiar de moral; ¡necesitaban una segunda oportunidad! Y el Señor Jesús se las dio. Les preparó el fuego, comieron y Pedro recibió la segunda oportunidad de servir en el Reino de Jesucristo.[655]

La moral la podemos calificar o definir como lo “perteneciente o relativo a las acciones de las personas, desde el punto de vista de su obrar en relación con el bien o el mal y en función de su vida individual y, sobre todo, colectiva”.[656] La maldad que afecta a la sociedad tiene una estrecha relación con la

---

654 Juan 21:5, (NVI).

655 Juan 21: 15-19.

656 Definiciones. *La moral.* (La Habra, California. Internet. Consultado el 26 de diciembre del 2022), ¿? https://www.bing.com/search?q=%C2%BFQu%C3%A9+es+la+moral%3F&form=QBLH&sp=-1&pq=%C2%BFqu%C3%A9+es+la+moral%3F&sc=10-17&qs=n&sk=&cvid=02B883AB80F94749A9B4910D2FC50783&ghsh=0&ghacc=0&ghpl=

conducta o la moral de sus habitantes. El Predicador dijo que: "… ni la maldad deja libre al malvado".[657] Y, luego agregó diciendo: ¡Ah, cuantos embusteros, calumniadores, mentirosos, habladores y chismosos se han presentado en este mundo! Todo esto vi al dedicarme de lleno a conocer todo lo que se hace en esta vida: hay veces que el hombre domina a otros para su propio mal".[658] La mal moral es muy contagiosa. Es un pecado y provocadora de pecados a tal grado que esclaviza a todo aquel que se descuida.

A propósito, ¿cómo está tu moral? Tal vez pienses que eres un pecador que ya no tiene remedio, tal vez creas que no existe ya una oportunidad de cambiar tu vida; tal vez ´pienses que eres un caso perdido. ¡No! déjame decirte que estás equivocado. La Biblia dice que: "El pecador puede hacer lo malo cien veces, y vivir muchos años; pero sé también que le irá mejor a quien teme a Dios y le guarda reverencia".[659]

¿Te das cuenta? Volver el rostro hacia Dios te da la bendición de tener una segunda oportunidad de cambiar tu moral. Jesucristo, es el Dios de las segundas oportunidades. Te da una segunda oportunidad porque quiere que tú también veas la Gloria de Dios en Cristo Jesús.

---

657 Eclesiastés 8:8, (NVI).

658 Eclesiastés 8:9, (NVI).

659 Eclesiastés 8:12, (NVI).

II.- UNA SEGUNDA OPORTUNIDAD DE SALVACIÓN.

Ahora bien, cuando hablo de una segunda oportunidad de salvación, no estoy diciendo que van a volver a ser salvos, no estoy hablando de este asunto, lo que digo es que algunos se les ha presentado el Evangelio para que sean salvos y han rechazado la oferta salvífica. En aquella cena pascual, mientras Jesús está preparándose para ir a la cruz con el fin de salvar a toda la humanidad, porque la salvación *en Cristo* es para toda la gente, Judas también estaba allí, pero, como ya vimos en otro mensaje, él se emocionó con las enseñanzas del Señor y con los milagros que Jesús de Nazaret realizó, pero su fin fue la horca. Aunque la salvación es para todos, lamentablemente, ¡no todos son salvos!

Y, sin embargo, existe una segunda oportunidad para llegar a ser salvo por la gracia de Dios. El entonces Coronel Theodore Roosevelt recibió una segunda oportunidad, no ser salvo, sino de recibir una buena oferta. El escritor Paul R. Van Gorder cuenta que: "Durante la Guerra Hispano-Americana, Clara Barton estaba supervisando el trabajo de la Cruz Roja Americana en Cuba. Un día, el Coronel Theodore Roosevelt acudió a verla, queriendo comprar alimentos para sus enfermos y heridos Rough Riders. Pero ella no quiso venderle nada.

Roosevelt quedó perplejo. Sus hombres necesitaban ayuda, y él estaba dispuesto a pagarlo de su propio peculio. Cuando preguntó a alguien porque no podía comprar los suministros, le dijeron: '¡Coronel, o que tiene que hacerlo es pedirlo!' El rostro de Roosevelt se iluminó con una sonrisa. Ahora lo entendía – las provisiones no estaban a la venta. Todo lo que debía hacer era sencillamente pedirlas, y le serian dadas gratuitamente".[660]

Las segundas oportunidades que Dios ofrece no están a la venta. La salvación por la fe en Cristo Jesús no está a la venta. La gracia de Dios provee una segunda oportunidad de salvación completamente gratuita.

"Así es como el pecador recibe la vida eterna. La salvación es un don. Si pudiera ser comprada en una subasta, los millonarios competirían por la compra y la mayoría de la gente quedaría excluida. Si se pudiese ganar trabando por ella, los fuertes y capaces empujarían a los débiles y enfermos fuera de la carrera. Pero el perdón que Dios ha prometido por Jesucristo es gratis. Solo ha de pedirse"[661] y, la segunda oportunidad de salvación llegará a tu vida

---

660 Paul R. Van Gorder. *"¡Solo pídelo!"* (Nuestro Pan diario: Julio-agosto-septiembre-octubre-noviembre-diciembre. (Horeb en Villadecalvalls (Barcelona), España Publicado por M. C. E. 1993). Devocional del día 11 de octubre sobre Romanos 10:1-13 y Efesios 2:8.

661 Paul R. Van Gorder. *"¡Solo pídelo!"* (Nuestro Pan diario: Julio-agosto-septiembre-octubre-noviembre-diciembre. (Horeb en Villadecalvalls (Barcelona), España Publicado por M. C. E. 1993). Devocional del día 11 de octubre sobre Romanos 10:1-13 y Efesios 2:8.

de la misma manera como llegaron los suministros a los enfermos y heridos del Coronel Theodore Roosevelt.

Jesucristo es el Dios de las segundas oportunidades. Es el Dios que está frente a ustedes diciéndoles: "Vengan ahora. Vamos a resolver este asunto —dice el Señor—. Aunque sus pecados sean como la escarlata, yo los haré tan blancos como la nieve. Aunque sean rojos como el carmesí, yo los haré tan blancos como la lana".[662]

¡Wauuu! ¡Qué invitación tan amorosa! ¡Es una invitación para una segunda oportunidad de salvación! ¡Aprovéchala!

III.- UNA ASEGUNDA OPORTUNIDAD PARA IR AL CIELO.

El Señor Jesucristo estaba despidiéndose de sus discípulos. Su misión terrenal física estaba llegando a su fin. Jesús los consuela diciéndoles: "No dejen que el corazón se les llene de angustia; confíen en Dios y confíen también en mí. En el hogar de mi Padre, hay lugar más que suficiente. Si no fuera así, ¿acaso les habría dicho que voy a prepararles un lugar? Cuando todo esté listo, volveré para llevarlos, para que siempre estén conmigo donde yo estoy".[663] Ellos

---

[662] Isaías 1:18, (NTVI).

[663] Juan 14:1-2, (NTV).

ya estaban seguros de ir al cielo, esta es una promesa de Dios; "*Para que siempre estén conmigo*", a los otros que también habían escuchado los mensajes de Cristo, se les presentaría una asegunda oportunidad para ir al cielo.

Jesucristo se encaminaba hacia Jerusalén, sabía que eran sus últimos días para caminar y estar con sus discípulos de una manera muy personal y visible. Toma un tiempo final con ellos. "Jesús se reúne con sus apóstoles en un aposento alto de Jerusalén. Sabe que es la última noche que pasará con ellos, pues se aproxima el momento de volver al Padre. Pocas horas después será arrestado y se pondrá a prueba su fe como nunca antes. Pero ni siquiera la inminencia de su muerte le hace olvidar las necesidades de sus discípulos. Aunque Jesús los ha preparado para su partida, aún tiene cosas que decirles para que afronten el futuro con fortaleza; por eso aprovecha estos valiosos momentos finales para enseñarles importantes lecciones que les ayudarán a seguir fieles. De hecho, nunca les ha dirigido palabras más íntimas y afectuosas".[664]

Jesucristo, cena con ellos y les lava los pies, allí en el aposento alto, les anuncia que uno de ellos lo traicionaría, les enseña lo que es el nuevo mandamiento: *Amarse los unos a los otros*, les anuncia que Pedro

---

664 Biblioteca en Línea. Watchtower. *Capítulo dieciséis: "Los amó hasta el fin"*. (La Habra, California. Internet. Consultado el 22 de septiembre del 2022), ¿? https://wol.jw.org/es/wol/d/r4/lp-s/1102007059

lo negaría tres veces durante la noche de su arresto antes de que cantara el gallo[665] y, también en aquel "discurso de despedida, Jesús aborda varios asuntos. La enseñanza principal es su relación con el Padre, y su relación y la del Padre con los discípulos".[666]

Así que, con un corazón agradecido por haber cumplido el propósito del Padre en la misión salvífica, pero al mismo tiempo triste porque estaba, quizás a unas dos o tres horas de separarse de sus amados discípulos, "aquellos que amó hasta el fin",[667] Jesús los consuela diciéndoles: "En la casa de mi Padre hay muchos lugares donde vivir; si no fuera así, yo no les hubiera dicho que voy a prepararles un lugar. Y después de irme y de prepararles un lugar, vendré otra vez para llevarlos conmigo, para que ustedes estén en el mismo lugar en donde yo voy a estar. Ustedes saben el camino que lleva a donde yo voy".[668]

En estas palabras consoladoras, Jesús, les asegura a sus discípulos que irán a morar con Jesús en el cielo. ¡Una hermosa promesa para sus amados! ¡Es una promesa para los que creen en Jesucristo! ¡Es una promesa de vida eterna para los seguidores fieles del Señor Jesús! ¡Es una invitación para vivir en la Casa de Dios!

---

665 Juan 13:1-38; Capítulos 14-16.

666 Comentario en la *Biblia de Estudio Esquematizada*. (Brasil. Sociedades Bíblicas Unidas. 2010), 1591

667 Juan 13:1, (RV, 1960).

668 Juan 14:2-4, (DHH).

Ahora bien, ¿Sabías que poca gente está preparada para ir al cielo? Aunque la mayoría de las personas piensan que al morir tendrán este privilegio. Por ejemplo, cuando una persona muere decimos: "*Que Dios lo tenga en su santa gloria*". "En 1991 una encuesta Gallup reveló que el 78 por ciento de los americanos esperan ir al cielo cuando mueran. Sin embargo, muchos de ellos apenas y oran, nunca leen la Biblia o asisten a la iglesia. Admiten que viven para complacerse a sí mismos y no a Dios. Me pregunto para qué estas personas querrían ir al cielo".[669] En el cielo toda la atención será para Dios no para nosotros ni para otros, incluyendo a los ángeles, toda la gloria, el honor y la atención será para Dios. Si "*admiten que viven para complacerse a sí mismos y no a Dios*", entonces, el cielo no es un lugar para ellos.

"En un artículo titulado, '¿Estamos listos para ir al cielo?' Maurice R. Irwin observa que solo un 34 por ciento de los americanos que se consideran a sí mismos como cristianos van a la iglesia al menos una vez a la semana. Dice él: 'Nosotros cantamos: "Cuando termine todas mis labores y pruebas, y a salvo esté en la hermosa rivera, solo estar cerca del Señor que adora será gloria para mí por todas las edades". Sin embargo, a no ser que cambien nuestras actitudes para con el Señor y nuestro aprecio para

[669] Herbert Vander Lugt. *preparándonos para el cielo*. (Nuestro Pan diario: Julio-agosto-septiembre-octubre-noviembre-diciembre. (Horeb en Villadecalvalls (Barcelona), España Publicado por M. C. E. 1993). Devocional del día 31 de julio sobre Apocalipsis 4:8.

con El, el cielo puede que sea más un sobresalto que una gloria. – ¿por qué? – Porque el cielo es un lugar preparado para un pueblo preparado".[670]

¿Sabías que Dios te está dando una asegunda oportunidad para ir al cielo? Es posible que tú seas parte de las 78 por ciento de las personas que creen que al morir irán al cielo. Oh, quizás, tal vez sea de las personas que te consideras creyente y asistes a la iglesia cada ocho días, pero no has cambiado tu conducta. Si esto es cierto en tu vida, ¡no estás preparado para ir al cielo!

Entonces, ¿Cómo me preparo para ir al cielo? Primeramente, tienes que aceptar a Jesucristo como el Salvador de tu vida, no tienes que simplemente creer que Cristo es el Dios que salva, tienes que aceptarlo en tu corazón como tu Dios salvador. En segundo lugar, tienes que aceptar a Jesús, no solo como tu Salvador personal sino también como tu Señor; como el dueño y soberano de tu vida. "La Biblia dice que la vida en el cielo es muy diferente que la de la tierra. Dudo que la gente se pase la eternidad jugando al golf, mirando baloncesto o disfrutando de cualquier otro deporte".[671] La vida en

---

[670] Herbert Vander Lugt. *preparándonos para el cielo.* (Nuestro Pan diario: Julio-agosto-septiembre-octubre-noviembre-diciembre. (Horeb en Villadecalvalls (Barcelona), España Publicado por M. C. E. 1993). Devocional del día 31 de julio sobre Apocalipsis 4:8.

[671] Herbert Vander Lugt. *preparándonos para el cielo.* (Nuestro Pan diario: Julio-agosto-septiembre-octubre-noviembre-diciembre. (Horeb en Villadecalvalls (Barcelona), España Publicado por M. C. E. 1993). Devocional del día 31 de julio sobre Apocalipsis 4:8.

el cielo es para personas que son salvas ahora y que su vida está dedicada a la adoración y glorificación de Dios. La vida en el cielo es para las personas que en esta tierra solo desean glorificar a Dios en todos sus actos. La vida en el cielo es para ti si Jesucristo es tu Salvador persona y si tú estás cambiando cada día tu carácter al carácter de Jesucristo. ¡La vida en el cielo es para glorificar a Dios!

Recuerda que en el cielo ya existe un lugar para ti. Mi pregunta es: ¿Estas listo para vivir en esa morada celestial? Yo espero que sí lo estés. Y, sino lo estás, hoy, Dios, te está dando una segunda oportunidad de vivir allá con El.

Conclusión.

El actor Jaime Vázquez, en una de sus célebres frases dijo:

> *"Casarse es fácil;*
> *Permanecer casados es el reto.*
> *No se trata de cuanto amor tenemos al principio,*
> *Sino de cuanto amor construimos al final".*[672]

[672] Jaime Vázquez. *Frase en Mentes millonarias.* (La Habra, California. Internet. Consultado el 2 de febrero del 2022), ¿? https://mentesmillonarias.net/casarse-es-facil-permanecer-casado-es-el-reto-no-se-trata-de-cuanto-amor-tenemos-al-principio-sino-de-cuanto-amor-construimos-al-final-905#:~:text=Casarse%20es%20f%C3%A1cil%20permanecer%20casado%20es%20el%20reto%2C,construimos%20al%20final%20Categor%C3%ADas%3A%20Frases%20Agregado%20por%20admin

Una segunda oportunidad de salvación es ahora cuando Jesús está a la orilla de tu vida, como lo estuvo a la orilla del mar cuando sus amados estaban pescando. Es ahora cuando Dios te está presentando y ofreciendo una segunda oportunidad para que cambies tu conducta moral. Es en este instante en que el Señor Jesucristo te está dando una segunda oportunidad de salvación. Si ya eres salvo, te da la segunda oportunidad de cambiar tu actitud hacia las cosas de Dios; ya no sigas viviendo de la misma manera, Dios espera un cambio en tu vida. Los discípulos volvieron a la pesca, Él no los había llamado para seguir en sus labores rutinarias, los llamó para algo mejor. Dios no te ha salvado para seguir viviendo igual que los otros, sino para que seas un verdadero adorar de Dios.

Además, Dios te da una segunda oportunidad para ir al cielo. ¡Asegúrate de estar preparado para el cielo! No solamente pienses que, al morir iras al cielo, ¡prepárate para ese viaje! Asegúrate de que Jesucristo es tu Salvador personal y el Señor de tu vida. El cielo es para los que están preparados o entrenados para adorar y glorificar con sus vidas a Jesucristo. Este entrenamiento se adquiere aquí y ahora.

En la casa de Dios existen muchas moradas, dijo Jesucristo, una de ellas es para ti. Pero, *"No se trata de cuanto amor tenemos al principio, Sino de cuanto amor construimos al final",* dijo el actor. No se trata de cuando lugar exista en el cielo, sino de cuanta preparación tenemos para ocupar un espacio, una habitación, en aquel muy cercano futuro.

¡Existe una segunda oportunidad! ¡Aprovéchala!

CONCLUSIÓN
A ESTE LIBRO DOS

¡Y vi Su Gloria! Mientras estudiaba y escribía estos mensajes sobre el Evangelio de Juan, poco a poco me fui dando cuenta del testimonio juanino cuando dijo: "Aquel que es la Palabra se hizo hombre y vivió entre nosotros. Y hemos visto su gloria, la gloria que recibió del Padre, por ser su Hijo único, abundante en amor y verdad".[673] Uno de los cortos mensajes o memes que circulaban por las redes sociales dice:

> "Cuando pensamos en Dios,
> nuestro corazón se llena de esperanza.
> Cuando hablamos con Dios,
> experimentamos su presencia.
> Pero, cuando creemos en El,
> ¡Vemos su Gloria!"[674]

Le creí a Dios, ¡Y vi su gloria en este escrito! Le creo a Dios, ¡Y sigo viendo su Maravillosa Gloria! Personalmente, en cada mensaje, escrito en este Libro Dos que he titulado: *Y Vimos y Su Gloria,* he visto la magnífica y asombrosa Gloria de Dios en la persona

---

[673] Juan 1:14, (DHH).

[674] Norma Lagunas. *Meme.* (La Habra, California. Internet. Meme publicado el 17 de marzo del 2022. Consultado el 30 de marzo del 2022), ¿? https://www.facebook.com/norma.lagunas.58?composeropen=1

y ministerio de Jesucristo tal y como son presentados en el Evangelio de Juan y en los otros evangelios y pasajes bíblicos que he citado. La Gloria de Dios en Jesucristo llena las páginas de la Biblia. Esto es que, si leemos la Biblia ¡veremos la gloria de Dios! Y si nos enfocamos en la persona de Jesucristo, veremos la Gloria de Dios en Su Mesías; ¡En Cristo Jesús!

La aportación que hacen los autores del resto del Nuevo Testamento sobre la Gloria de Dios en Jesucristo me fue de mucha ayuda más que académica, lo fue espiritual. La Gloria de Dios en Jesucristo me motivó grandemente para seguir escribiendo y predicado sobre este interesante tema del ministerio terrenal del Señor Jesús: ¡La Gloria de Dios en Jesús de Nazaret!

Junto con la *sola fide*, la *sola gratia*, la *sola scriptura* y *solus Christus*, la frase *Soli Deo gloria* que, al igual que las otras expresiones es un término en latín que significa *solo la gloria a Dios* o *Solo a Dios la Gloria*. Término que se ha convertido en parte de lo que se conoce como las *Cinco solas de la Reforma Protestante*. Son cinco principios bíblicos y teológicos propuestos por Martín Lutero que "resumieron la teología propulsada por la Reforma".[675] El quinto principio o declaración o expresión luterana: "SOLI DEO GLORIA: Afirma que el propósito de la salvación que recibimos es glorificar

[675] Miguel Núñez. Las 5 solas de la Reforma. (La Habra, California. Internet. Artículo publicado el 13 de junio del 2013. Consultado el 27 de diciembre del 2022), ¿? https://www.coalicionporelevangelio.org/articulo/las-5-solas-de-la-reforma/

a Dios; poner de manifiesto las excelencias o virtudes de su carácter (Efesios 1:4-6; 1 Pedro 2:9)".[676]

Este fue el propósito al escribir este libro: Presentar la salvación que existe en Cristo Jesús y manifestar el carácter divino de Jesucristo: Es decir, ver la Gloria de Dios en la persona de Cristo Jesús. Fueron mensajes con el fin de glorificar a Dios en Jesucristo porque, al glorificar a Dios, ¡se glorifica a Cristo! Y, si se glorifica a Cristo, ¡se glorifica a Dios! Y al glorificar a ambos por medio del Espíritu Santo, es un buen conducto para ver la Gloria de Dios.

"*Soli Deo gloria* (abreviado S. D. G.), ha sido utilizada por artistas como Johann Sebastian Bach, Georg Friedrich Händel y Christoph Graupner para indicar que el trabajo fue producido por el bien de alabar a Dios.[677]

Pues bien, Estos mensajes son el producto de alabar a Dios, desde los tiempos de oración pidiendo la iluminación divina y su dirección para seleccionar el texto que llenara con su mensaje las mentes y los corazones de los oyentes, hasta pedir la sabiduría para escribirlos y predicarlos.

Los compositores mencionados utilizaron, algunos como firma, este término latino al final de

---

676 Miguel Núñez. *Las 5 solas de la Reforma.* (La Habra, California. Internet. Artículo publicado el 13 de junio del 2013. Consultado el 27 de diciembre del 2022), ¿? https://www.coalicionporelevangelio.org/articulo/las-5-solas-de-la-reforma/

677 Wikipedia, la enciclopedia libre. *Soli Deo gloria.* (La Habra, California. Internet. Consultado el 8 de diciembre del 2021), ¿? https://es.wikipedia.org/wiki/Soli_Deo_gloria

sus obras para darle el crédito a Dios por la ayuda prestada en el transcurso de la elaboración de sus obras. Por ejemplo: "El compositor barroco Johann Sebastian Bach escribió las iniciales 'S. D. G.' al final de todas las composiciones de su iglesia y también la aplicó a algunas, pero no todas, sus obras seculares. Esta dedicatoria era a veces también utilizada por el contemporáneo de Bach George Friedrich Händel, por ejemplo, en su *Te Deum*. El místico y poeta español del siglo XVI San Juan de la Cruz utiliza la frase similar, *Soli Deo honor et gloria*, en sus *Precauciones y Consejos*".[678]

Ya para el siglo XX, *Soli Deo gloria* llegó a formar parte de las declaraciones que resumen los principios básicos de la Teología de la Reforma Protestante del Siglo XVI, iniciada por el teólogo católico Martín Lutero.

Me uno a los hombres que han usado esta expresión o término latino al finalizar estos dos libros sobre la Gloria de Dios en Jesucristo. ¡La Gloria y el Honor sean para Dios! Fue Su Gracia y Su Gloria las que me ayudaron en estas dos obras literarias. ¡A Él sea la gloria! ¡Ah, como me gustaría terminar este libro con la misma firma S. D. G.! Pero, tengo algo más que decirte.

Las benditas palabras del apóstol Juan cuando dijo: "Aquel que es la Palabra se hizo hombre y vivió

678 Wikipedia, la enciclopedia libre. *Soli Deo gloria*. (La Habra, California. Internet. Consultado el 8 de diciembre del 2021), ¿? https://es.wikipedia.org/wiki/Soli_Deo_gloria

entre nosotros. Y hemos visto su gloria, la gloria que recibió del Padre, por ser su Hijo único, abundante en amor y verdad",[679] son ahora más comprensibles a mi mente y corazón y, espero que también lo sean para ti amable lector.

Así que, mi gran gratitud es para Dios en Jesucristo por mostrarme un poco más de su Bendita Gloria. Gracias a Dios porque: *Todo es de mi Cristo*, dijo el compositor y cantante Marcos Barrientos en este hermoso canto:

> "Todo es de mi Cristo,
> Por él y para él.
> Todo es de mi Cristo,
> Por él y para él.
>
> A Él sea la gloria,
> A Él sea la gloria,
> A Él sea la gloria, por siempre amén".[680]

"Y, vimos su Gloria". Gloria que en nadie más se ha podido ver ni se verá.

Eleazar Barajas
La Habra, California.
eleazarbarajas@hotmail.com

---

679 Juan 1:14, (DHH).

680 Marcos Barrientos. *A él sea la gloria*. (La Habra, California. Internet. Consultado el 8 de diciembre del 2021), ¿? https://www.musica.com/letras.asp?letra=1208351

APÉNDICE A
"EL REY YA VIENE"

"Pero Esteban, lleno del Espíritu Santo, fijó la mirada en el cielo y vio la gloria de Dios, y a Jesús de pie a la derecha de Dios. —¡Veo el cielo abierto — exclamó —, y al Hijo del hombre de pie a la derecha de Dios!"

Hechos 7:55-56, (NVI).

Introducción.

"El petróleo intermedio de Texas (WTI) protagonizó este lunes - 20 de abril del 2020 - un desplome histórico del 305 % y por primera vez desde que hay estadísticas entró en valores negativos, pues el precio del barril estadounidense quedó en -37,63 dólares, con los comerciantes muy preocupados por una caída en la demanda del petróleo debido a la pandemia del coronavirus que llevó hoy al colapso del crudo … La pandemia de coronavirus ha asestado un duro golpe a la actividad económica en todo el mundo y ha mermado la demanda de petróleo".[681]

Se ha comentado que "el Coronavirus y sus aliados o derivados como el ómicron y el deltacróm están acelerando la idea de la Segunda Venida de Jesucristo. A estas infecciones le agregamos un comentario en un video que dice que en la Agenda de las Naciones está el Programa para el Nuevo Orden Mundial del 2021-2030, con los siguientes datos: Crear un gobierno mundial, crear una moneda mundial virtual, es decir, sin moneda, crear un banco mundial, formar un ejército mundial, el fin de la soberanía de las naciones, el fin de la propiedad privada, el fin de la unidad familiar, despoblación, obligación de vacunación múltiple, una renta básica universal, es decir, austeridad salarial, instalación de microchips para comprar, viajar, vigilar y controlar, implementación de un sistema mundial de crédito social, como tiene China, trillones de aparatos conectados a un sistema de control 5G, el gobierno educará a los niños, las escuelas y las

[681] Clarín.com. *Por efectos del coronavirus, el precio del petróleo se derrumbó y tiene valor negativo por primera vez en la historia: Cerró a -37,63 el barril con un desplome del 305%. Como la pandemia paralizó la economía mundial está agotada la capacidad de almacenamiento.* (La Habra, California. Internet. Articulo publicado en Mundo. Actualizado al 20/04/2020 18:51. Consultado el 28 de diciembre del 2022), ¿? https://www.clarin.com/mundo/coronavirus-precio-petroleo-unidos-cae-20-_0_6liCIx97y.html#:~:text=El%20petr%C3%B3leo%20intermedio%20de%20Texas%20%28WTI%29%20protagoniz%C3%B3%20este,del%20petr%C3%B3leo%20debido%20a%20la%20pandemia%20del%20coronavirus.

universidades pertenecerán al gobierno y, llegará el fin del transporte privado.[682]

Estos y otros casos similares son alarmantes. No cabe duda de que el mundo está cambiando de una manera acelerada. No sé si todo esto sea verdad o sea el anticipo de la Segunda Venida de Jesucristo. Lo que sí sé es que Cristo volverá otra vez, así lo prometió y él no miente.

Pastor, ¿y cómo será la venida del Gran Rey?

I.- Cristo, el gran rey, vendrá cuando la fe disminuya.

El mundo está dando un giro social y espiritual hacia una dependencia; los seres humanos están caminado por el sendero de *no me digas nada.* La moda es el Individualismo. El individualismo hace de la persona su centro, y por lo tanto presenta al individuo con una posición filosófico-ética humanista. Una filosofía en la que la fe es basada en el esfuerzo humano no en Dios.

En la parábola de la viuda y el juez injusto, el evangelista Lucas dice que el Señor Jesucristo, defendiendo a la viuda les hizo esta pregunta a sus discípulos, diciéndoles; "cuando venga el Hijo del

[682] #wilmer Rojas. *Despierta Iglesia, Cristo viene ya.* (La Habra, California. Internet. Video en el correo electrónico de Carlos Padilla. Consultado el 10 de enero el 2022), ¿? Carlos Padilla <messages@facebookmail.com>

hombre, ¿encontrará fe en la tierra?"[683] ¡Interesante pregunta! El individualista tiene fe, pero está basada en su ideología, no en Dios. Me parece, y esta es mi opinión, que, si Jesucristo regresara en este año 2022, si acaso encuentra fe en Dios, se encontraría con una fe no muy fuerte y eso, creo que solo la tendrían los que hoy se pueden llamar el remanente.

Las iglesias cristianas se están cerrando; la Biblia no se está leyendo, al parecer en este siglo XXI, la Biblia es un libro obsoleto. Un libro que aun en algunas Bibliotecas públicas están debatiendo si la quitan de los estantes o la siguen conservando.

En el tiempo del rey Josías, mientras limpiaban el Templo, se encontró el Libro de la Ley de Moisés.[684] La gente había dejado de escuchar el consejo de Dios y, su fe en el Señor se había llenado de telarañas; las costumbres y tradiciones religiosas eran primarias en su sociedad. La fe en Dios se había desvanecido.

¿Hallará fe en la tierra? Es la pregunta para hoy. Ahora bien, para Jesucristo "más que pregunta, fue una manera de incentivar a los discípulos a que permanecieran firmes en la fe. Esa fe llevaría a los discípulos a 'orar siempre'(Luc.18:1), especialmente por la venida del reino de Dios (Luc. 11:2) y del

683 Lucas 18:8, (NVI).

684 2 Reyes. 22.3—23.3; 2 Crónicas 34:14-19.

Hijo del Hombre (Luc. 17:26)".[685] Nuestro mundo cristiano contemporáneo ya no es un pueblo dedicado a la oración; ya no tiene tiempo para la lectura de la Biblia; ya no tiene tiempo para asistir a la iglesia; ya no tiene tiempo para evangelizar; ya no tiene tiempo para fomentar la fe en Dios a su familia. Es decir que, aunque existe un remanente con fe en el Señor y que anhela su Segunda Venida, lo cierto es que, otra vez digo, es mi parecer, "… cuando Cristo vuelva, es posible que la fe esté en su nivel más bajo. Ése es uno de los posibles significados de esta frase. Dice Kent Hughes: 'La pregunta de Jesús implica que tal fe no será hallada en la tierra a menos que sus discípulos aprendan a orar siempre y no desmayar'."[686] Prácticas que están desapareciendo.

"Una de las preguntas apologéticas que la teología cristiana contemporánea debe tratar en su doctrina del hombre es lo que se ha llamado 'la condición humana', es decir, el significado de la vida humana en un universo posteísta".[687] Es una pregunta en donde la fe en Dios está cada día disminuyendo. Es

---

[685] Nota de pie de página en la Biblia de *Estudio Esquematizada*. (Brasil. Sociedades Bíblicas Unidas. 2010), 1537.

[686] Salvador Gómez Dickson. *El significado de "¿Hallará fe en la tierra?"*. (La Habra, California. Internet. Artículo publicado el 21 de enero del 2013. Consultado el 10 de enero del 2022), ¿? https://ayudapastoral.com/2013/01/22/el-significado-de-hallara-fe-en-la-tierra/

[687] William Lane Craig. *Fe razonable: apologética y veracidad cristiana*. Trd. Jorge Ostos. Revisión en Español: Jesús Escudero Nava. (Salem, Oregón. Publicaciones Kerigma. 2017), 67.

una pregunta que la teología cristiana debe de dar una respuesta a la cultura postcristiana.

En respuesta a la pregunta que le hicieron los fariseos a Jesucristo sobre cuando habría de venir el reino de Dios, Jesús, les relató una parábola, fue "una parábola sobre la necesidad de orar siempre y no desmayar".[688] "Se trata de otra forma de llamarnos a una fe persistente".[689] El Rey vendrá y con el Reino, por lo tanto, hay que estar en espera orando y teniendo fe en que vendrá, aunque no se conozca la hora, el día, el mes y el año de su venida. El texto de la parábola de Lucas 18:1-8 "hace un llamado a la fidelidad. Cuando el Señor regrese ¿habrá fe en la tierra (v.8)? Como en Lucas 12:35-48, Dios nos llama a ser fieles administradores durante este periodo provisional hasta la venida de Jesús. Deberíamos orar, dejándole el juicio al Señor y sirviéndole con diligencia hasta su venida.… Por otra parte, hasta que el Señor regrese, cada momento es una oportunidad de ser un instrumento de Dios para cambiar el destino de alguien que todavía no le conoce".[690] Como digo más adelante, Dios está preparando al mundo para este glorioso evento. Un evento en el que, ¡veremos Su Gloria!

---

688 Lucas 18.1, (RV, 1960).

689 Darrell L, Bock. *Comentarios Bíblicos con Aplicación: Lucas. Del Texto bíblico a una aplicación contemporánea.* (Miami, Florida. Editorial Vida. 2011), 414.

690 Darrell L. Bock, *Comentarios Bíblicos con Aplicación: Lucas. Del Texto bíblico a una aplicación contemporánea.* (Miami, Florida. Editorial Vida. 2011), 417, 419.

II.- El Señor vendrá en un instante.

Fueron pocas las negociaciones entre el presidente Joe Biden y el primer ministro de Rusia Vladimir Putin y, ¡la guerra comenzó! El miércoles 22 de febrero – tiempo de Occidente – las tropas rusas lanzaron los primeros ataques sobre una de las poblaciones de Ucrania. Varios civiles y soldados ucranianos murieron. En respuesta a esta acción rusa: "El presidente Joe Biden ofreció un duro mensaje en contra de Vladimir Putin y la decisión de invadir Ucrania, por lo que ahora él y Rusia enfrentarán las consecuencias, por ahora marcadas como económicas, con severas sanciones que buscan 'aislar' la economía rusa.

'Putin eligió esta guerra. Ahora él y su país asumirán las consecuencias', dijo Biden al señalar que estas acciones no son unilaterales de Estados Unidos, sino en coordinación con sus aliados de la OTAN y el G7 con quienes se reunió esta mañana" -jueves 24 de febrero del 2022-.[691]

Vladimir Putin decidió en poco tiempo la muerte de gente inocente; gente que, con seguridad, no

[691] La Opinión: Noticias. *Biden advierte que Putin eligió "esta guerra" y ahora su país "enfrentará consecuencias"; habrá duras sanciones a Rusia por Ucrania.* (La Habra, California. Internet. Artículo publicado por el periódico La Opinión en línea. Actualizado 24 Feb 2022, 14:38 pm EST. Consultado el 24 de febrero del 2022 a las 12:03, hora de California), ¿? https://laopinion.com/2022/02/24/biden-advierte-que-putin-elegio-esta-guerra-y-ahora-su-pais-enfrentara-consecuencias-habra-duras-sanciones-a-rusia-por-ucrania/

esperaban morir ese día miércoles 23 de febrero del 2022. "La invasión ha comenzado, dijo el Ministerio del Interior de Ucrania en un comunicado. Reportan explosiones en Kiev, Kharkov, Kramatorsk y otras partes de Ucrania. … Grandes explosiones fueron visibles cerca de Kharkhiv, la segunda ciudad más grande de Ucrania, minutos después de que el presidente ruso, Vladimir Putin, pronunció un discurso declarando el comienzo de una operación militar en Ucrania". [692].

Lamentablemente, "Vladimir Putin decidió en poco tiempo la muerte de gente inocente". Aunque la Biblia dice que la venida del Señor Jesucristo será en un instante; es decir, "*en un abrir y cerrar de ojos*", aun así, esto no es una sorpresa. La Segunda venida de Jesucristo a esta tierra ya se ha anunciado por más de dos mil años. Aproximadamente allá por el año 50 d.C., el apóstol Pablo dio la noticia de que Jesucristo volvería a la tierra por Segunda vez. Notemos lo que les escribió el apóstol Pablo a los hermanos de Tesalónico en cuanto a la venida del Señor Jesucristo:

[692] La Opinión: Noticias. *Ucrania informó que ya comenzó el ataque de Rusia: reportan explosiones en varias ciudades.* (La Habra, California. Internet. Artículo publicado por el periódico La Opinión en línea. Actualizado 23 Feb 2022, 23:45 pm EST. Consultado el 24 de febrero del 2022 a las 12:22, hora de California), ¿? https://laopinion.com/2022/02/23/ucrania-informo-que-ya-comenzo-el-ataque-de-rusia-reportan-explosiones-en-varias-ciudades/?utm_source=La%20Opini%C3%B3n%20-%20%C3%9Altima%20Hora&utm_medium=email&utm_campaign=La%20Opinion%20-%20Ultima%20Hora&utm_term=LO%20-%20Ultima%20Hora

> “Hermanos, no queremos que se queden sin saber lo que pasa con los muertos, para que ustedes no se entristezcan como los otros, los que no tienen esperanza. Así como creemos que Jesús murió y resucitó, así también creemos que Dios va a resucitar con Jesús a los que murieron creyendo en él. Por esto les decimos a ustedes, como enseñanza del Señor, que nosotros, los que quedemos vivos hasta la venida del Señor, nonos adelantaremos a los que murieron. Porque se oirá una voz de mando, la voz de un arcángel y el sonido de la trompeta de Dios, y el Señor mismo bajará del cielo. Y los que murieron creyendo en Cristo, resucitarán primero; después, los que hayamos quedado vivos seremos llevados, juntamente con ellos, en las nubes, para encontrarnos con el Señor en el aire; y así estaremos con el Señor para siempre”.[693]

¡Nuestro Salvador regresará otra vez! ¡El Gran Rey se hará presente en este mundo por Segunda ocasión! Regresará con propósito bien definido: Para que los que estemos vivos seamos llevados, juntamente con los que ya murieron en Cristo Jesús,

[693] I Tesalonicenses 4:13-17, (DHH).

"en las nubes, para encontrarnos con el Señor en el aire; y así estaremos con el Señor para siempre".[694]

¿Alguna vez te has preguntado el por qué Jesucristo aún no ha regresado por segunda vez? Isabel Diaz, en las redes sociales se hizo esta pregunta: ¿Sabes por qué Jesús dobló el lienzo que cubría su cabeza en la tumba después de su Resurrección? Es una pregunta basada en Juan 20:7. El texto dice que: "Simón Pedro … entró en el sepulcro, y vio los lienzos puestos allí, y el sudario, que había estado sobre la cabeza de Jesús, ***no puesto con los lienzos, sino enrollado en un lugar aparte***".[695] En respuesta que Isabel Diaz encontró que el texto de Juan 20:7, es que "con el fin de entender el significado, es necesario entender un poco acerca de la tradición hebrea de la época. El lienzo doblado tiene que ver con el Maestro y el Siervo.

Al terminar de comer el amo se levantaría se limpiaría los dedos, la boca y la barba, haría una bola con el lienzo y lo dejaría en la mesa.

El lienzo arrugado en la mesa quiere decir: 'He terminado'.

Ahora bien, si el amo se levantaba y dejaba el lienzo doblado al lado del plato, el siervo no se atrevería ni osaría tocar aun la mesa porque ese

694 I Tesalonicenses 4:17, (DHH). Parafraseado por Eleazar Barajas.

695 Juan 20:6-7, (RV, 1960). Las ***bolds*** e *itálicas* son mías.

lienzo doblado sobre la mesa quería decir: 'Aún no termino, volveré'.

En las Escrituras, no hay nada sin sentido ni significado. 'AÚN NO TERMINO: VOLVERÉ'."[696] Cuando el apóstol Juan cierra el Cannon Sagrado escribe las palabras esperanzadoras que Jesucristo les dijo a las siete iglesias de la antigua Asía Menor, hoy día es parte de Turquía, que dicen: "Yo soy el Alfa y la Omega, el principio y el fin—dice el Señor Dios—. Yo soy el que es, que siempre era y que aún está por venir, el Todopoderoso".[697] ¡El Señor no ha terminado su trabajo con nosotros ni con la humanidad! Esto no quiere decir que no vendrá, más bien quiere decir que el Señor vendrá en un instante. Vendrá cuando todo esté listo para su venida. Y, entonces, veremos Su Gloria con más esplendor.

Este pensamiento debe de llevarnos a meditar que, si deberás creemos en la Segunda venida de Jesucristo a esta tierra con el fin de llevarnos a la Casa de su Padre, entonces, lo más lógico, es estar preparados para este importantísimo evento. No debemos de estar pensando en todavía faltan algunas cosas que Dios tiene que hacer, sino que debemos estar alertas a su venida.

---

[696] Isabel Diaz. *¿Sabes por qué Jesús dobló el lienzo que cubría su cabeza en la tumba después de su resurrección? Juan 20:7.* (Comentario publicado el 13 de julio del 2022 en el correo electrónico de Sergio Olivas. Consultado el 10 de octubre del 2022), ¿? <birthdays@facebookmail.com

[697] Apocalipsis 1:8, (NTV).

"Cuando Pablo escribió a los Tesalonicenses acerca del regreso de Cristo, le recordó que la meta ultima de la salvación de cada creyente es ser 'guardado irreprensible para la venida de nuestro Señor Jesucristo' (5:23). Pablo les enseño a centrar sus miradas en acciones cercanas que estuviesen en línea con aquella meta. Les apremió a consolarse unos a otros, ayudar a los débiles, a advertir a los extraviados, a orar sin cesar, y a regocijarse siempre. Luego añadió que debemos hacer esto en el poder de Cristo que obra en nosotros (vv. 23-24)".[698]

Un artículo publicado en el internet en la página de *Renuevo de Plenitud* dice lo que en estos días puede suceder: "*En Un minuto*", en algunos casos o incidentes.

> "En la Tierra nacen aproximadamente 250 niños, de los cuales 113 serán pobres y 15 nacerán con algún tipo de minusvalía. También mueren 107 personas, 18 de hambre.
>
> 34.000 especies de plantas y 5.500 especies de animales entran en peligro de extinción. 360 es el número de rayos que golpean la tierra, se producen 5 terremotos, son utilizados 55.757 barriles de gasolina,

[698] M. R. DeHaan II. *Mira de cerca.* (Nuestro Pan diario: Julio-agosto-septiembre-octubre-noviembre-diciembre. (Horeb en Villadecalvalls (Barcelona), España Publicado por M. C. E. 1993). Devocional del día 4 de agosto sobre I Tesalonicenses 5:12-24.

9 personas contraen la enfermedad del SIDA, Nike gana 36.505$.

En EEUU son robados 2 coches y se producen 3 asesinatos. Además, la Tierra aumenta su peso 153 toneladas, un pulpo puede correr hasta 666,6 metros, se fabrican 115 pelotas de futbol, 61 de ellas en Pakistán.

En Brasil se consumen 3.054 litros de cerveza, se fabrican 1.714 piezas de lego, se bajan ilegalmente 76.000 archivos, un colibrí bates 108.000 veces sus pequeñas alas, 237 móviles son tirados a la basura, se venden 100 iPads, la Tierra se desplaza 1.760 kilómetros…"[699]

¡Wauuu, esto es demasiado en tan solo un minuto! La Biblia dice que en aquel día cuando el Señor Jesús venga por segunda vez se revelará un gran misterio. "He aquí, os digo un misterio – dijo Pablo -: No todos dormiremos; pero todos seremos transformados, ***en un momento, en un abrir y cerrar de ojos***, a la final trompeta; porque se tocará la trompeta, y los muertos serán resucitados incorruptibles, y nosotros seremos transformados".[700]

[699] Mayte de Frutos González. *Aprovecha cada Momento: En un minuto.* (La Habra, California. Internet. Artículo publicado en Renuevo de Plenitud. Consultado el 10 de enero del 2022), ¿? https://renuevo.com/aprovecha-cada-momento.html

[700] I Corintios 15:51-52, (RV, 1960). Las **bolds** e *itálicas* son mías.

¡Sí, el Señor vendrá en un instante! Y en *instante*, en ese tiempo de "abrir y cerrar de ojos, cuando la final trompeta" suene, no solamente el Señor Jesucristo volverá por segunda vez a la tierra, sino que también, en ese instante, ¡Seremos transformados! Y así, estaremos con el Señor para siempre.

La pregunta, entonces, es, ¿Cuándo sucederán estas cosas? ¿Cuándo vendrá el Señor? No tenemos una fecha exacta de su Segunda venida. Lo que sabemos es que vendrá después de una preparación mundial. Es decir que, vendrá como lo hizo con la primera venida, por años, estuvo preparando su Primera venida por medio de revelaciones, por medio de literatura, por medio de profecías y por medio de familias. El Mesías de Dios no llegó a este mundo sin antes haberse anunciado.

En la Segunda venida también hará una preparación mundial, de hecho, ya lo está haciendo, Jesucristo no vendrá sin antes darle la oportunidad a la humanidad de darse cuenta de la necesidad de tener un cambio radical en sus vidas; no vendrá sin que el mundo esté consciente de su venida. Repito, la fecha no la sabemos, pero los acontecimientos, es decir, la preparación para su venida, se están viendo y se seguirán anunciando hasta que El venga.

III.- Jesucristo vendrá después de la preparación.

El lunes 19 de septiembre más de 4, mil millones de personas fuimos testigos del sepelio de la reina del Reino Unido; Isabel II (*Elizabeth Alexandra Mary*, nombre secular). Toda la ceremonia fue con una precisión asombrosa. Cada minuto se aprovechó adecuadamente; Fue una preparación admirable. Nunca se había visto lo que vimos ese día. Algo similar había sucedido con el sepelio del primer ministro Británico Sir Winston Leonard Spencer Churchill, más conocido como *Winston Churchill*, en Londres, el 24 de enero de 1965.[701] Su funeral no

---

[701] Sir Winston Churchill murió el 24 de enero de 1965, a la edad de 90 años. El suyo fue el primer funeral de estado para un miembro de la familia no real desde Lord Carson en 1935, y hasta 2021 sigue siendo el funeral de estado más reciente en el Reino Unido. El funeral oficial duró cuatro días. La planificación del funeral, conocida como Operación Hope Not, comenzó 12 años antes de la muerte de Churchill. Se inició después del derrame cerebral de Churchill en 1953, mientras estaba en su segundo mandato como primer ministro del Reino Unido. Después de varias revisiones debido a la continua supervivencia de Churchill (principalmente porque "los portadores del féretro seguían muriendo", explicó Lord Mountbatten), el plan se emitió el 26 de enero de 1965, dos días después de su muerte. Por decreto de la reina Isabel II, su cuerpo yacía en el Westminster Hall durante tres días a partir del 26 de enero. El 30 de enero se celebró la orden del funeral en la Catedral de San Pablo. Desde allí el cuerpo fue transportado por agua a lo largo del río Támesis hasta la estación de Waterloo, acompañado de saludos militares. Por la tarde fue enterrado en el cementerio de San Martín en Blando, el lugar de descanso de sus antepasados y su hermano. Asistieron representantes de 120 países, 6.000 personas, e inusualmente por la Reina, más de 1.000 policías y personal de seguridad, con la participación de nueve bandas militares, 18 batallones militares, 16 Royal Air Force Aviones de combate English Electric Lightning, un barco especial MV Havengore y un tren remolcado por Winston Churchill, homenaje rendido por 321.360 personas y presenciado por más de 350 millones de personas, fue el funeral de estado más grande de la historia. (Wikipedia La Enciclopedia Libre. Muerte y funeral de estado de Winston Churchill. La Habra, California. Internet. Consultado el 2 de octubre del 2022), ¿? https://wblog.wiki/es/Funeral_of_Winston_Churchill

fue una sorpresa, se comenzó a preparar "12 años antes de la muerte de Churchill". ¡Interesante!

Interesante, también es que una de las cosas que se destacaron del sepelio de la reina Isabel II fue que, ella misma había preparado su ataúd, diseñó la carrosa que la llevaría hasta su sepultura, y dejó el programa de su peregrinación final. Es decir que; ¡Murió después de la preparación de su propio sepelio!

¿Sabías que Jesucristo vendrá por segunda vez después de la preparación mundial? Un día que estaba reunido con sus discípulos, Jesucristo les habló sobre las señales que verían antes de que suceda la Segunda Venida del Hijo del hombre.

Les dijo que verían señales en el sol, en la luna y en las estrellas; les dijo que en ese tiempo habrá angustia en la gente; personas confundidas a causa de las señales en el mar; que habrá temor y desfallecimiento a causa de los eventos que sucederán en la tierra porque algo terrible y misterioso sucederá "con las potencias de los cielos".[702]

Cuando todo eso haya sucedido, Jesucristo les dijo que: "Entonces verán al Hijo del hombre venir en una nube con poder y gran gloria".[703] En base a esta declaración del Señor Jesús, los compositores

702 Lucas 21:25-26.

703 Lucas 21:27, (NVI).

Gloria y William J. Gaither escribieron las primeras tres estrofas del Himno titulado: *El Rey ya viene.*[704] La primera y el coro dicen de esta manera:

> "El mercado está vacío y las calles solas están.
> Los trabajos están quietos, termino el cosechar.
> Los aviones van sin rumbo y no hay nadie en el control;
> Todo queda suspendido a la entrada del gran rey.
>
> El rey ya viene, oh el rey ya viene;
> Ya se escuchan las trompetas,
> Y su rostro veo ya.
> El rey ya viene, oh el rey ya viene.
> Oh gloria a Dios él viene por mí".[705]

La Biblia dice que "... Esteban, lleno del Espíritu Santo – mientras lo apedreaban -, fijó la mirada en el cielo y vio ***la gloria de Dios***, y a Jesús de pie a la derecha de Dios. —¡Veo el cielo abierto — exclamó

---

704 Gloria y William J, Gaither. *Himnario Bautista.* Trd. Sid D. Guillén. (El Paso Texas. Casa Bautista de Publicaciones. 1978), El Rey ya viene. Himno No. 126.

705 Rocío Crooke. *El Rey ya viene*. (La Habra, California. Internet. Consultado el 26 de marzo del 2022), ¿? https://www.letras.com/rocio-crooke/1474346/

703 Angela Fritz y Brandon Miller, en CNN. Huracán Ian es un ciclón tropical sin precedentes en Florida. Te explicamos por qué. (La Habra, California. Internet. Artículo publicado el 28 de septiembre del 2022. Consultado el 2 de octubre del 2022), ¿? https://cnnespanol.cnn.com/2022/09/28/huracan-ian-ciclon-tropical-sin-precedentes-golfo-florida-trax/ Las bolds e itálicas son mías.
Juan 16:33.

—, y ***al Hijo del hombre*** de pie a la derecha de Dios!"[706] Interesantes palabras de Esteban en los momentos de agonía. Fuera de los evangelios la expresión: Hijo del hombre, es aquí la única vez que se menciona en todo el resto del Nuevo Testamento. Y, Esteban, lo ve en la gloria de Dios. Se une, pues, a Juan cuando dijo: "Aquel que es la Palabra se hizo hombre y vivió entre nosotros. Y hemos visto su gloria, la gloria que recibió del Padre, por ser su Hijo único, abundante en amor y verdad".[707]

Aunque la Segunda Venida del Señor Jesús es todavía un misterio, en base a los relatos bíblicos y los acontecimientos mundiales, no me cabe la menor duda de que el mundo se está preparando para el evento más grande a nivel mundial: ¡La Segunda Venida de Jesucristo! Con toda la tecnología que hoy tenemos, el lunes 19 de septiembre del 2022 más de 4, mil millones de personas fuimos testigos del sepelio de la reina del Reino Unido; Isabel II. Imagínate el evento de la Segunda venida de Jesucristo. La Biblia dice que la voz de mando del Señor Jesucristo, con voz de arcángel, y el sonido de la trompeta de Dios, serán escuchados a nivel mundial, aun los que no tengan internet, televisión o radio, todos escucharan "los sonidos que anunciarán la venida del día del Señor, el día del juicio final (Jl 2:1; Sof 1:14-16; Zac

[706] Hechos 7:55-56, (NVI). Las ***bolds*** e *itálicas* son mías.

[707] Juan 1:14, (DHH).

9:14; I Co 15:51-52)".[708] Son sonidos con los que el mundo se está preparando para que todos los seres humanos los escuchen. Es decir que, el Señor Jesús vendrá después de la preparación mundial y eclesiástica.

Durante los días de las dos últimas semanas del mes de septiembre del 2022, las autoridades del medio ambiente, en especial los meteorólogos del Este de los Estados Unidos de América estuvieron anunciando la llegada del huracán Ian a las islas del Caribe, a los habitantes de la Florida y a los moradores de las Carolinas. Les avisaron, y en algunos casos hasta les rogaron, que salieran de la zona por donde pasaría el huracán. Algunos hicieron caso de los avisos, otros, se quedaron para sufrir las consecuencias de los fuertes vientos y la intensa lluvia.

Con previo aviso, "el huracán Ian tocó tierra en la costa del Golfo de Florida como uno de los ciclones tropicales más fuertes registrados en la zona. Su marejada ciclónica ***podría ser diferente a todo lo que se ha registrado allí cuando el ojo del huracán llegue a la costa,*** y los meteorólogos advierten sobre las intensas lluvias de Ian, que se espera que continúen a través de la península hasta el jueves,

---

708

podrían dar lugar a inundaciones que amenazan la vida".[709]

Aunque la Segunda venida de Jesucristo es inminente, a causa de Su justicia, no vendrá sin que antes el mundo esté preparado. Uno de los eventos eclesiásticos a través de la historia es la persecución de los cristianos. El Señor Jesucristo les dijo a sus seguidores que en este mundo tendrían persecución pero que no tuvieran temor, pues el estaría con ellos.[710] Los seguidores le creyeron y así se enfrentaron a las diversas persecuciones, algunas de ellas hasta morir. Cada uno de los cristianos del Periodo apostólico (30 hasta el año 100 d.C.) y de los otros periodos, hasta la fecha de hoy, los que siguen siendo perseguidos, su esperanza es la Segunda Venida de Jesucristo. "'Estoy tan agradecido a Dios verlos manejando sus temores y dificultades con una fe fuerte', dijo el pastor Joel mientras observaba a las familias cristianas de la etnia Karen recibir cada una un saco de arroz de unos 35 kilos... para su mantenimiento mientras permanecían ocultas en la jungla.

Miles de cristianos han huido a la selva para escapar de los ataques de los militares. Muchos

---

[709] Angela Fritz y Brandon Miller, en CNN. *Huracán Ian es un ciclón tropical sin precedentes en Florida. Te explicamos por qué.* (La Habra, California. Internet. Artículo publicado el 28 de septiembre del 2022. Consultado el 2 de octubre del 2022), ¿? https://cnnespanol.cnn.com/2022/09/28/huracan-ian-ciclon-tropical-sin-precedentes-golfo-florida-trax/ Las **bolds** e *itálicas* son mías.

[710] Juan 16:33.

están heridos o enfermos o muriendo de hambre, y no les queda más que la ropa que visten. … No obstante su fe permanece impertérrita, aunque estén enfrentándose a un trato injusto y a privaciones de todo tipo, ellos dan gracias a Dios por la provisión de arroz en esta hora".[711] Su testimonio, y de otros miles que están pasando por circunstancias similares, anuncian que el mundo se sigue preparando para la Segunda venida de Jesucristo.

El cambio climático si acaso no anuncia la muy pronta venida de Jesucristo, si está causando problemas al globo terráqueo. Por ejemplo: "Una enorme barrera de hielo se derritió completamente en la Antártida debido a las fuertes temperaturas que se registraron".[712] La Biblia dice que: "… sabemos que toda la creación gime a una y a una está con dolores de parto hasta ahora".[713] "Esta es una frase inspirada en lo que dice el apóstol Pablo en su carta a los romanos (8,22), que adquiere ahora una implicación ecológica. En todo el mundo nuestra hermana madre tierra está sufriendo una devastación progresiva, con

---

711 Barnabasaid. Agencia para el alivio de la iglesia perseguida. Llevando esperanza a los cristianos que sufre. *¿Cómo está ayudando Bernabé?* (Lancaster, PA. EPA: Evangelical Press Association. Noviembre/Diciembre. 2021), 3

712 La Voz de Michoacán. *Cambio climático.* (La Habra, California. Internet. Artículo publicado el 25 de marzo del 2022, a las 17:47. Consultado el 5 de abril del 2022), ¿? https://www.lavozdemichoacan.com.mx/mundo/cambio-climatico/se-derrite-en-la-antartida-una-barrera-de-hielo-del-tamano-de-los-angeles/

713 Romanos 8:22, (RV, 1960).

graves consecuencias para la humanidad".[714] ¿Acaso la tierra está esperando una renovación con la Segunda venida de Jesucristo?

Otro evento que ha motivado a algunos a pensar que la Segunda Venida de Jesucristo está muy próxima es la pandemia del covid-19. El lunes 6 de diciembre del 2021, la investigadora en las ciencias médicas y bacteriológicas, Sarah Gilbert, creadora de la vacuna Oxford-AstraZeneca dijo que: "La próxima pandemia podría ser más contagiosa o mortal que la de la covid-19". … Señaló que es necesario contar con más fondos para pandemias a fin de evitar que se pierdan los avances logrados – porque -. "La próxima pandemia podría ser más contagiosa o mortal que la de la covid-19. … La profesora Sarah Gilbert aseguró en la 44ª Conferencia de Richard Dimbleby que es necesario contar con más fondos para pandemias a fin de evitar que se pierdan los avances logrados. También advirtió que las vacunas podrían ser menos efectivas contra la variante ómicron.".[715]

---

[714] La Voz de Michoacán. *Cambio climático.* (La Habra, California. Internet. Artículo publicado el 25 de marzo del 2022, a las 17:47. Consultado el 5 de abril del 2022), ¿? https://www.lavozdemichoacan.com.mx/mundo/cambio-climatico/se-derrite-en-la-antartida-una-barrera-de-hielo-del-tamano-de-los-angeles/

[715] T 13 Noticias. *Sarah Gilbert, creadora de la vacuna Oxford-AstraZeneca.* "La próxima pandemia podría ser más contagiosa o mortal que la de la covid-19". (La Habra, California. Internet. Artículo publicado el lunes 6 de diciembre del 2021 por BBC News Mundo en el Periódico electrónico La Opinión. Consultado el 10 de enero del 2022), ¿? https://www.t13.cl/noticia/mundo/bbc/Omicron-la-proxima-pandemia-podria-ser-mas-contagiosa-o-mortal-que-la-de-la-covid19

Sarah Gilbert, creadora de la vacuna Oxford-AstraZeneca ha hecho el siguiente comentario: "Esta no será la última vez que un virus amenaza nuestras vidas y nuestros medios de subsistencia. La verdad es que el próximo podría ser peor. Podría ser más contagioso o letal, o ambos".[716]

Todo parece indicar que el mundo se está preparando para la Segunda Venida del Gran Rey. Por los rasgos que nos deja ver la Biblia en cuanto a la Segunda Venida del Señor Jesús es el mismo Señor Jesucristo que vendrá después de la preparación. ¡El mundo se está preparado para este evento mundial! Esto me lleva a hacer la siguiente pregunta: ¡Estamos listos para recibir al Gran Rey?

Conclusión

El gran predicador Charles Spurgeon dijo: "Las promesas de Dios son más largas que la vida, más anchas que el pecado, más profundas que el sepulcro, y más altas que las nubes".[717]

---

[716] T 13 Noticias. *Sarah Gilbert, creadora de la vacuna Oxford-AstraZeneca.* "La próxima pandemia podría ser más contagiosa o mortal que la de la covid-19". (La Habra, California. Internet. Artículo publicado el lunes 6 de diciembre del 2021 por BBC News Mundo en el Periódico electrónico La Opinión. Consultado el 10 de enero del 2022), ¿? https://www.t13.cl/noticia/mundo/bbc/Omicron-la-proxima-pandemia-podria-ser-mas-contagiosa-o-mortal-que-la-de-la-covid19

[717] Charles Spurgeon. *Cielos abiertos tu radio. Com.* (La Habra, California. Internet. Pensamiento en el correo eléctrico de Laura Mercado en el día 31 de marzo del 2022. Consultado el mismo día y año), ¿? <friendupdates@facebookmail.com>

Es hoy, precisamente hoy cuando la fe en Dios y en especial la fe en la Segunda venida de Jesucristo es que, debemos aumentar nuestra fe. El Señor Jesús hizo una pregunta muy interesante: "… cuando venga el Hijo del hombre, ¿encontrará fe en la tierra?".[718]

No por fechas sino por eventos, sabemos que, Cristo, el gran rey, vendrá cuando la fe disminuya. Vendrá cuando casi nadie lo esté esperando. ¡Ah, lamentable situación! ¿Qué será de ti? ¿Mantendrás la fe en la Segunda venida de Jesucristo, aunque esta se dilate?

El Rey ya viene, Gloria y William J. Gaither lo dicen en su hermoso himno de esperanza cristiana. La verdad bíblica es que el Señor vendrá en un instante. Cuando menos lo esperemos, ¡llegará! La Biblia dice que llegará como llega un ladrón en la noche, es decir, cuando nadie lo espera.[719] Pero, tú, que ya lo sabes, ¡espéralo! No dejas que tu fe se desvanezca. Cristo vendrá en un instante.

Repito, no sabemos el año, el mes, ni el día ni la hora exacta de la Segunda venida de Jesucristo a este mundo, lo que sí sabemos es que, Jesucristo vendrá después de la preparación. El mundo se está preparando para Su segunda venida. Así que mi pregunta es: ¡Estamos listos para recibir al Gran Rey?

---

718 Lucas 18:8b, (NVI).

719 I Pedro 3:10.

"El Rey ya viene", Esteban lo vio "en el cielo y vio la gloria de Dios". Vio a Jesús "de pie a la derecha de Dios". Lo vio en espera de regresar a la Tierra por Segunda vez.

¡El Rey ya viene! "Aquel que es el testigo fiel de todas esas cosas dice: '¡Sí, yo vengo pronto!'.

¡Amén! ¡Ven, Señor Jesús!"[720]

---

[720] Apocalipsis 22:20, (NTV).

APÉNDICE B
FE Y GRATITUD

"En su camino a Jerusalén, pasó Jesús entre las regiones de Samaria y Galilea. Y llegó a una aldea, donde le salieron al encuentro diez hombres enfermos de lepra, los cuales se quedaron lejos de él gritando: —Jesús, Maestro, ¡ten compasión de nosotros! Cuando Jesús los vio, les dijo: —Vayan a presentarse a los sacerdotes. Y mientras iban, quedaron limpios de su enfermedad. Uno de ellos, al verse limpio, regresó alabando a Dios a grandes voces, y se arrodilló delante de Jesús, inclinándose hasta el suelo para darle las gracias. Este hombre era de Samaria. Jesús dijo: —¿Acaso no eran diez los que quedaron limpios de su enfermedad? ¿Dónde están los otros nueve? ¿Únicamente este extranjero ha vuelto para alabar a Dios? Y le dijo al

hombre: —Levántate y vete; por tu fe has sido sanado".

Lucas 17:11-19, (DHH).

Introducción.

Fabian fue hijo del senador romano Marcos. Un día llegó Fabian ante su padre, se inclinó y muy contento le dijo que le quería mostrar los esclavos que había comparado en el mercado el día anterior. Fabian tenía 18 años y ya era dueño de más de 100 esclavos.

Una hora después, Fabian hizo que veinte esclavos desfilaran ante ellos. Uno de ellos, llamado Malor desfiló al final y cuando el senador lo vio le dijo a Fabian que ese era un verdadero toro, era un gigante de Numidia.

En el territorio del senador Marcos no se permitía el cristianismo. Así que, Fabian fue de uno en uno de los esclavos preguntándoles si eran cristianos. Todos negaron ser cristianos menos Malor.

-Aquí no se puede ser cristiano, le dijo Fabían a Malor.

-Aquí y en cualquier lugar se puede ser cristiano, le contesto Malor.

- Con un aire de orgullo, Fabian, le dijo a su padre que él se encargaría de hacer que Malor renunciara a su fe. Fabían pensó que habría un tiempo de diversión. Amarró a Malor a un poste y lo azotó una y otra vez mientras le pedía que renunciara al cristianismo. Fabian se cansó de azotarlo y Malor nunca negó su fe.

Seis semanas después de los azotes, Fabian fue de casería y se llevó a Malor con la idea de que una bestia salvaje se lo comiera. En el bosque, amarró a Malor al tronco de un árbol y allí lo dejó toda la noche. Cada minuto que pasaba, Fabian espera escuchar los gritos de Malor mientras era devorado por las fieras salvajes. Nada anormal se escuchó. Por la mañana, Malor no estaba amarrado al árbol, se había soltado y escapado.

Fabían ordenó su búsqueda. Se montó en su caballo. Un Jabalí herido salió de entre la maleza y golpeo el caballo que montaba Fabian. Caballo y jinete rodaron por el suelo. La lanza de Fabian se le cayó de sus manos. El Jabalí volvió para seguir su tarea de golpear a Fabian. Justo a tiempo, apareció Malor, tomó la lanza de Fabian y mató al jabalí. Luego la volvió a tomar y con aquel odio que le tenía a Fabian, se le acercó con el fin de matarlo con su propia lanza. El susto que Fabian sintió lo desmayó.

Horas después estaba en la casa de su padre. Cuando despertó preguntó cómo había llegado hasta ese lugar. Le informaron que Malor lo había cargado y lo había llevado hasta la casa de su padre.

Intrigado por lo sucedido, mando llamar a Malor y le preguntó el por qué no lo había matado. Porque no pude, fue su respuesta. Nadie estaba allí, pero el Cristo que mora en mi corazón me detuvo. Aun confundido, Fabian le otorgó a Malor su certificado de liberación al tiempo que le preguntaba a Malor si le podía ayudar a entender lo sucedido. Malor se puso una mano sobre el pecho y respondió: Espero que lo reciba en el corazón, y sabrá que es verdadero. Lo que sale del corazón le hace actuar de manera muy extraña.[721]

Otra *manera muy extraña* es como darle la gracias a Jesucristo a quien no vemos pero que vive en nuestro corazón. La historia de Malor y los diez leprosos que menciona el Evangelista Lucas, nos enseñan por lo menos las siguientes tres lecciones:

I.- Tensión cultural.

Esta historia de Lucas dice que Jesús estaba en camino hacia la ciudad de Jerusalén. "En su camino a Jerusalén, pasó Jesús entre las regiones de Samaria y Galilea".[722] En un aldea o pueblo de la región, mientras Jesús caminaba por sus linderos, a lo lejos se presentaron diez hombres leprosos. No se

---

[721] Old Country News. *Lo que sale del corazón.* (La Antorcha de la Verdad. Costa Rica. Revista bimestral. Editorial: La Merced. Mayo-junio. 2015. Volumen 29. Número 3), 14-22.

[722] Lucas 17:11, (DHH).

acercaron a Jesús y a sus discípulos porque, en el caso de la lepra, por ley tenían que estar culturalmente aislados. William Barclay dice que "no era una distancia fija; pero una autoridad establecía que fuera por lo menos cincuenta metros los que separarán al leproso de los sanos. – En esta historia notamos - el absoluto aislamiento en que tenían que vivir los leprosos".[723] Ellos vivían en las cuevas o casas fuera de la comunidad israelita. La única compañía que tenían eran más personas leprosas. Era algo similar a lo que hoy estamos viviendo con los contagiados por el virus del COVID-19 y ahora también con las otras modificaciones de este virus. ¡están aislados!

En el caso de los samaritanos, esta gente eran antipáticos para los judíos. Cuando Asiria conquistó a Israel se llevó a algunos israelitas a otros países y trajo de los países conquistados a gente para que habitara en Samaria. Cada uno llegó con su religión y sus culturas. Así que, para los judíos, los samaritanos no eran de sangre pura y no adoraban a Dios como ellos lo hacían. Para los judíos más radicales y racistas, los samaritanos eran como los perros callejeros.

Así que, para ambos, Leprosos y samaritanos, no había ninguna posibilidad de ayuda divina. Pero, Jesús lo ayudó y al mismo tiempo notamos

---

723 William Barclay. *Comentario al Nuevo Testamento. Volumen 4. LUCAS.* (Terrassa (Barcelona), España. Editorial CLIE. 1996), 265.

una hermosa, aunque triste lección. Es decir que en esta historia "tenemos un ejemplo de una de las leyes de la vida: la común desgracia había rota las barreras raciales y nacionales haciéndoles olvidar las diferencias que había entre judíos y samaritanos, y recordar que solo eran seres humanos necesitados de compañía y ayuda mutua".[724]

Dentro de esa tensión cultural, uno de ellos, que era samaritano sirvió de ejemplo para los que se consideraban limpios. El relato lucano dice que: "Uno de ellos, al verse limpio, regresó alabando a Dios a grandes voces, y se arrodilló delante de Jesús, inclinándose hasta el suelo para darle las gracias. ***Este hombre era de Samaria***. Jesús dijo: —¿Acaso no eran diez los que quedaron limpios de su enfermedad? ¿Dónde están los otros nueve? ***¿Únicamente este extranjero ha vuelto para alabar a Dios?*** Y le dijo al hombre: —Levántate y vete; por tu fe has sido sanado".[725]

La presencia de Jesucristo en tu medio ambiente no solo quita la tensión racial; no solo hace desaparecer el racismo sino que, además, si se le adora con gratitud, como lo hizo el samaritano, también puede darte la salvación. Fe en su poder salvífico y gratitud por su gracia inmerecida es todo lo que necesitas para ser

---

[724] William Barclay. *Comentario al Nuevo Testamento. Volumen 4. LUCAS.* (Terrassa (Barcelona), España. Editorial CLIE. 1996), 264

[725] Lucas 17:15-19, (DHH). Las ***bolds*** e *itálicas* son mías.

salvo, "porque por gracia ustedes han sido salvados mediante la fe; esto no procede de ustedes, sino que es el regalo de Dios, no por obras, para que nadie se jacte",[726] ha dicho el apóstol Pablo. Solamente Fe y Gratitud, es todo lo que se necesita para romper con la barrera cultural y alcanzar la salvación en Cristo Jesús.

II.- Súplica.

Los diez leprosos, al parecer en unísono, cuando estuvieron a cierta distancia de Jesucristo, le gritaron: "—Jesús, Maestro, ¡ten compasión de nosotros!"[727] Ese grito pidiendo la compasión del Señor Jesús contienen dos términos muy significativos: "*Jesús*" y "*Maestro*".

A.- "*Jesús*".

De acuerdo con el mensaje dado al joven José, quien estaba comprometido con la señorita María de Nazaret, en Galilea, el Santo Ser que nacería de ella sería llamado *Jesús*. Una noche, el Ángel del Señor se la apareció al perturbado y confundido José diciéndole: "José, hijo de David, no temas recibir a María por esposa, porque ella ha concebido por obra del Espíritu Santo. Dará a luz un hijo, y le pondrás

---

[726] Efesios 2:8-9, (NVI).

[727] Lucas 17:13, (DHH).

por nombre ***Jesús***, porque él salvará a su pueblo de sus pecados".[728]

Así que, los leprosos, al llamar a Jesús por este nombre le estaban dando el crédito de Salvador de ellos además de que exaltan que Jesús ha venido de Dios.

B.- "*Maestro*".

La expresión usada por los judíos "*Maestro*" es *Rabí.* Este es un "título con que los judíos honran a los sabios de su ley".[729] Por eso les llamaban Rabinos. Así que, al llamarle a Jesús Maestro, lo estaban honrando. No importa de que raza o color o posición social seas, si honras a Jesucristo, puede que, no sólo seas bendecido con la sanidad física sino que además podrás tener la sanidad espiritual, es decir, la salvación de tu alma.

Es, pues. a este Salvador que los leprosos le brindan respeto y ante el presentan su *necesidad: Querían ser sanados de su lepra.* Si seguimos el relato del Evangelista Lucas, notamos que mientras Jesús caminaba hacia la ciudad de Jerusalén "le salieron al encuentro diez hombres enfermos de lepra, los cuales se quedaron lejos de él".[730] Los diez se pararon a cierta

---

[728] Mateo 1:20-21, (NVI). Las **bolds** y las *itálicas* son mías.

[729] The Free Dictionary. definición de Rabí. (La Habra, California. Internet. Consultado el 27 de noviembre del 2021), ¿? https://es.thefreedictionary.com/rab%c3%ad

[730] Lucas 17:12, (DHH).

distancia de donde estaban Jesús y sus seguidores. Por su condición física no deberían de estar entre la gente. Deberían de estar aislados como los que se enferman del COVID-19. Pero, aun así, en esa condición física y emocional, se acercaron a Jesús con una súplica: ¡Queremos ser sanos! "Jesús siempre extiende su mano a los que han sido segregados. Él se contactó especialmente con personas que, con frecuencia, otros habían abandonado".

Es decir, no importa la raza de donde vengas; no importa tu condición física; no importa si eres idolatra y aun, no importa si no crees en Dios, Jesús está dispuesto a amarte y salvarte; Jesucristo desea ver una transformación en tu vida. En los leprosos su cambio fue quedar libres de la enfermedad, en el caso de nosotros, Jesús desea que seamos libres de la esclavitud del pecado.

C.- *La acción de la fe.*

"Cuando Jesús los vio, les dijo: —Vayan a presentarse a los sacerdotes".[731] Repito, los diez leprosos se pararon de lejos de donde estaba Jesús y desde allí le pidieron misericordia; su necesidad era ser limpiados de la lepra, querían volver a la ciudad y a los suyos para seguir con la vida normal. Pero, a diferencia de otros milagros, Jesús no los sanó al instante, ni ellos sintieron sus manos

[731] Lucas 17:14, (DHH).

sobre sus cuerpos, ni escucharon palabras de sanidad, ni escucharon palabras de reprensión de demonios. En lugar de eso, les recordó lo que dice la ley Mosaica. Recordemos que: "La Ley de Moisés ordenaba que los leprosos se alejaran de las demás personas (Lv 13:46)".[732] En ocasiones alguien tiene que recordarnos lo que dice la Biblia sobre el ser agradecidos para que le demos las gracias a Dios.

En esta acción de la fe, para que llegue a florecer y madurar, debemos de seguir los siguientes dos pasos que dieron los diez leprosos: Escuchar con atención la ordenanza divina y luego ponerla en acción. Se las explico de esta manera:

1.- *Existe una orden*:

Jesús les dijo: "*Vayan*". ¡Qué cosa! ¡Querían ser sanados y los corre de su presencia! ¡Ah, los misterios de Dios! Jesús no fue una persona rutinaria, siempre tenía sorpresas y propósitos claros. Y sí que fue una sorpresa para los diez leprosos. Por lo menos nueve de ellos que seguramente eran judíos, sabían que no podrían presentarse a los sacerdotes sin antes estar curados. En el libro de Levítico dice que Dios le dijo a Moisés:

"Esta será la ley para el leproso cuando se limpiare: Será traído al sacerdote, y éste saldrá del campamento

[732] Nota de pie de página en la *Biblia de Estudio Esquematizada*. (Brasil. Sociedades Bíblicas Unidas. 2010), 1535

y lo examinará; y si ve que está sana la plaga de la lepra del leproso, el sacerdote mandará luego que se tomen para el que se purifica dos avecillas vivas, limpias, y madera de cedro, grana e hisopo. … Esta es la ley para el que hubiere tenido plaga de lepra, y no tuviere más para su purificación.".[733] De acuerdo con esta ley "solo un sacerdote podía declarar sano a un leproso, esto significa 'puro' (Lv 13:6, 13,17, 23). Al recibir una certificación ritual de limpiamiento, el hombre podía reincorporarse a la sociedad".[734] La orden de Jesús fue pues, para que se cumpliera la Escritura. Jesús nunca violó la Palabra escrita. ¡La cumplió al cien por ciento.

Entonces, pues, Jesús, "les pide que vayan a mostrarse al sacerdote como ordena la ley".[735] Eso está bien, pero, existe un serio problema: ¡son leprosos! Esto es que: "La presentación al sacerdote no debería producirse hasta que la persona en cuestión hubiese sido sanada, …".[736] Así que la orden de Jesús de que vayan a presentarse a los sacerdotes, seguramente que en sus mentes no era muy acertada. Seguramente que se preguntaron; hemos venido a Jesús para que

---

733 Levítico 14:1-4, 32, (RV, 1960).

734 Nota de pie de página en la *Biblia de Estudio NVI Arqueológica: Un viaje ilustrado a través de la cultura y la historia bíblicas.* (Miami, Florida. Editorial Vida. 2009), 1666.

735 Darrell L. Bock, *Comentarios Bíblicos con Aplicación: Lucas. Del Texto bíblico a una aplicación contemporánea.* (Miami, Florida. Editorial Vida. 2011), 407.

736 Darrell L. Bock, *Comentarios Bíblicos con Aplicación: Lucas. Del Texto bíblico a una aplicación contemporánea.* (Miami, Florida. Editorial Vida. 2011), 407.

nos sane, pero en lugar de sanarnos, nos manda enfermos al sacerdote el cual nos rechazará por ser leprosos. ¡Ah, los misterios de Dios! Los diez leprosos deben ejercitar su fe en Jesús.

2.- *Fe en acción.*

Es aquí en donde la fe entra en acción. Sin pensarlo más, ¡se fueron camino a Jerusalén! ¡Se encaminaron hacia el sacerdote! De alguna manera ellos creyeron que, si Jesús les había dado esa orden, era porque, "era indicación de que la sanación se produciría. Cuando los leprosos emprendieron su camino, fueron sanados".[737] ¿Qué maravillosa lección de obediencia y fe!

Y es aquí en donde se produce una de las grandes acciones cristianas:

> Si le crees a Jesús,
> ¡Le obedecerás!
> Y si ves el resultado de tu obediencia a
> Jesús, entonces,
> ¡Le darás las gracias!
> ¡Serás agradecido por Su Misericordia!

Esto se llama: ¡Gracia de Dios! En la Gracia de Dios, "El Señor sigue ministrando a todo el que se

---

737 Darrell L. Bock, *Comentarios Bíblicos con Aplicación: Lucas. Del Texto bíblico a una aplicación contemporánea.* (Miami, Florida. Editorial Vida. 2011), 407.

lo pide. Nadie es rechazado. A quienes imploran su compasión Jesús se la brinda".[738] ¡El Evangelio de Jesucristo es para todos!

III.- Gratitud por el cambio.

El Evangelista Lucas dice que los diez leprosos se pusieron en camino hacia Jerusalén para ver al sacerdote. Mientras caminaban, "uno de ellos, al verse limpio de su lepra, regresó alabando a Dios a grandes voces, y se arrodilló delante de Jesús, inclinándose hasta el suelo para darle las gracias. Este hombre era de Samaria".[739]

Al parecer este "*Uno*" no obedeció al cien por ciento la orden de Jesús. ¡Se regresó! Cuando se dio cuenta del milagro sucedido en su cuerpo, en lugar de seguir su camino hacia el sacerdote, se regresó para darle las gracias al *Sumo Sacerdote* llamado Jesús de Nazaret. ¡Este *Sumo Sacerdote* es el que lo había declarado limpio de su lepra! El no necesitaba una certificación de un sacerdote en Jerusalén; ya tenía la aprobación del cielo. Este samaritano había dejado el reino de la ley mosaica y ¡había entrado al Reino de la Gracia!

La acción de este "*Uno*", nos recuerda que, "Dios se revela en Jesucristo, quien trae el reino a las

---

738 Darrell L. Bock, *Comentarios Bíblicos con Aplicación: Lucas. Del Texto bíblico a una aplicación contemporánea.* (Miami, Florida. Editorial Vida. 2011), 408.

739 Lucas 17:15-16, (DHH).

personas. ¡Un Reino de Gracia! Por eso el verdadero Loor a Dios es darle gracias a Jesucristo (v.16)".[740] Esto es que, si le damos gracias a Jesucristo por todo lo que él es para nosotros, ¡Dios es glorificado!

Ahora bien, ¿quién fue ese "*Uno*" que regresó? ¡Un samaritano! Uno de los odiados por los judíos y despreciado por el hecho de no practicar su religión. Uno que no amaba a Dios como los judíos pensaban que lo amaban.

¿Se dieron cuenta? Hermanos y hermanas en Cristo Jesús, noten que:

> La obediencia y la fe en Jesús,
> ¡Producen transformación física y mental!
> La transformación mental y la fe en Jesús,
> ¡Producen sanidad y salvación!
> "Por tu fe has sido sanado", le dijo Jesús.[741]

¿Acaso no es esto motivo para darle gracias a Dios? ¡Sí que lo es! Adoremos a Dios dándole a Jesucristo las gracias por todo lo que él Es para nosotros.

---

740 Nota de pie de página en la *Biblia de Estudio Esquematizada*. (Brasil. Sociedades Bíblicas Unidas. 2010), 1535

741 Lucas 17:19, (DHH).

Conclusión.

Este relato histórico no solo muestra la misericordia y la gracia de Jesucristo, sino que además muestra un elogio. Al samaritano, Jesús, "le dijo: Levántate, vete; tu fe te ha salvado".[742] El samaritano se fue dándole gracias a Dios.

¿Sabes qué? ¡Jesucristo quiere darte un elogio esta mañana! Porque por la fe en Dios es que hoy estás aquí. Oh, tal vez está aquí por la fe de la persona que te invitó.

Así que, ya que estás aquí, ¿qué vas a hacer al levantarte de esa silla? ¿Qué vas a hacer al salir de este santuario? Yo espero que todos los que hoy estamos aquí podamos decirle al Señor Jesucristo:

> *Señor, aunque otros no me aman, muchas gracias por amarme.*
>
> *Señor, aunque algunos me odian, muchas gracias por la misericordia que me has mostrado.*
>
> *Señor, aunque algunos quieren mi condenación, muchas gracias por la salvación que me has regalado.*
>
> *Señor Jesucristo, ¡Gracias por ser mi Dios!*

¡Amen!

NOTA: Este mensaje fue predicado por Eleazar Barajas con motivo de la Celebración del *Día de Gracias* (Thanksgiven. Noviembre del 2021).

---

[742] Lucas 17:19, (RV, 1960).

APÉNDICE C
¡NO TE ACOBARDES!

"No es que ya lo haya conseguido todo, o que ya sea perfecto. Sin embargo, sigo adelante esperando alcanzar aquello para lo cual Cristo Jesús me alcanzó a mí. Hermanos, no pienso que yo mismo lo haya logrado ya. Más bien, una cosa hago: olvidando lo que queda atrás y esforzándome por alcanzar lo que está delante, sigo avanzando hacia la meta para ganar el premio que Dios ofrece mediante su llamamiento celestial en Cristo Jesús".

Filipenses 3:12-14, (NVI).

Introducción.

El periodista Miguel Ángel Castillo, dijo el 12 de diciembre que: "Los ángeles traen un mensaje importante para los 12 signos del zodiaco en el

2022, si lo escuchan, podrán lograr equilibrio entre sus sueños, metas y deseos, tendrán claridad en sus pensamientos, ayudará en momentos de indecisión y los motivará a practicar el amor propio. … Cada signo en el Zodiaco posee un ángel guardián que lo protege y es el guía espiritual que lo acompaña en su proceso de transformación. …La astrología y angelología se combinan para ofrecer a cada signo un consejo espiritual que lo ayudará a transitar y crecer en el 2022".[743]

¿Saben lo que es este mensaje? ¡Una gran mentira! Estos agentes de la maldad ya no saben que inventar para hacer negocio con las cosas espirituales. Ahora dice Castillo que los signos zodiacales tiene un ángel que los transforma, que les enseña a ellos como enseñarnos y guiarnos. Esto quiere decir que ahora son los ángeles los que controlan el mundo y tu vida. ¿Y dónde está el Dios de la Biblia? ¿Dónde está el Dios de los cristianos? Lo han ocultado en una angelología maligna.

No, no existe ningún consejo espiritual que venga de la astrología y la angelología que nos ayude en el caminar durante el 2022. El rey David dijo: "Señor,

---

743 Miguel Ángel Castillo. *Cuál es el ángel guardián del 2022 para cada signo zodiacal.* (La Habra, California, Internet. Artículo publicado en el Periódico La Opinión el 12 de diciembre del 2021. Consultado el 13 de diciembre del 2021), ¿? https://laopinion.com/2021/12/12/cual-es-el-angel-guardian-del-2022-para-cada-signo-zodiacal/?utm_source=La%20Opini%C3%B3n%20-%20Noticias%20M%C3%A1s%20Populares&utm_medium=email&utm_campaign=La%20Opinion%20-%20Noticias%20Mas%20Populares&utm_content=LO_Noticias_2_A&utm_term=LO%20-%20Noticias%20Mas%20Populares

hazme conocer tus caminos; muéstrame tus sendas. Encamíname en tu verdad, ¡enséñame! Tú eres mi Dios y Salvador; ¡en ti pongo mi esperanza todo el día!"[744] ¿Lo notaron? El Salmista dijo que, en Dios, su Salvador ponía su esperanza todo el día; ¡no en los astros! ¡No en los ángeles! ¡No en las enseñanzas o cosas de las Ciencias ocultas!, sino en Dios su Salvador.

Allí es en donde debemos de depositar nuestras vidas y pensamientos para lo que suceda en este año 2022: En nuestro Salvador está la seguridad, el bienestar y la ayuda para los días, semanas y meses de este año. Así que hoy que estamos comenzando este año te invito y te reto a que no te acobardes, a que seas persistente y a que hagas el bien. Hoy pensemos en el primer tema:

No te acobardes:

El año 2021 fue un año muy difícil, para algunos fue muy doloroso al perder familiares y amigos. Terminamos el año con malas noticias. El 30 de diciembre aquí, en California, en tan solo unas horas, se había casi duplicado el contagio del virus del COVID-19. "Los contagios por COVID-19 están incrementando en México, con 3703 nuevos contagios reportados cada día. Ha habido 3.969.686 contagios

744 Salmo 25:4-5, (NVI).

y 299.285 muertes relacionadas con el coronavirus en el país desde que comenzó la pandemia".[745] Aquí, en California, en el día 30 de diciembre había 5,433,660 infectados; 76,588 muertes. Ese mismo día, en Estados Unidos había 53,657,706 infectados y 821,302 muertes.[746]

¡Nada agradable! Pero, hermanos y hermanas en Cristo Jesús, ¡No se den por vencidos! "Un día el rey Josafat y el pueblo de Juda vieron que una gran multitud se había levantado contra ellos. Tres grupos de agresores, los moabitas, los amonitas y los meunitas, lanzaron un gran ataque contra Jerusalén".[747] El rey y todo el pueblo tuvieron temor, esto es lo más lógico. Cuando el enemigo ataca produce temor. A Jerusalén llegaron tres enemigos. ¿Cuántos te llegaran en este año 2022? Ya tenemos dos fuertes enemigos: El COVID-19 y el Ómicron. Y, es posible que vengan más. Cuando se te acerquen o te empiecen a molestar, ¿qué vas a hacer?

---

[745] Reuters: COVID-19 Tracker. *México reporta el número más alto de nuevos contagios desde septiembre*. (La Habra, California. Datos actualizados el 31 de diciembre del 2021. Consultado el mismo día y año.) ¿? https://graphics.reuters.com/world-coronavirus-tracker-and-maps/es/countries-and-territories/mexico/

[746] Statistics. *TrackingCoronavirusbyCountyinCalifornia*.(LaHabra,California.Internet. Consultado el 31 de diciembre del 2021), ¿? https://www.bing.com/search?q=contagios%20covid%20en%20California.&qs=n&form=QBRE&sp=-1&pq=contagios%20covid%20en%20california.&sc=0-30&sk=&cvid=8B3241277EAD4263BF7A4BA9B40C368E

[747] Charles E. Stanley. *Comentario en la Biblia Principios de Vida: Recursos para los principios de la vida*. RV1960. (Nashville, Dallas, México DF, Rio de Janeiro. Grupo Nelson. 2010), 500.

La Biblia dice que "Josafat se sintió profundamente atemorizado, pero en lugar de acobardarse...

Primero- *"... decidió acudir al Señor".*[748]

Jasafat era un rey poderoso; tenía un gran ejército y mucha riqueza. Bien podría llenarse de orgullo y salir a la guerra con la cerviz en alto, pero, la Biblia dice que se humilló y buscó el consejo del Señor en una forma de adoración.

Sé que algunos de ustedes tienen buenos recursos para salir victoriosos en contra de sus enemigos, pero, hoy te invito a que dejes ese orgullo de grandeza y poderío y en este año humíllate y busca el consejo de Dios; ¡adóralo con todo tu ser! Jasafat decidió acudir al Señor y no fue defraudado. En este año, adora al Señor y no serás defraudado.

Segundo: *Proclamó ayuno en toda la nación.* Llegó, pues, el tiempo de que, en lugar de estar en fiestas y banquetes, se tomaran tiempo para pensar en Dios y confiar en su poder salvífico.[749]

Existen cosas y fuerzas que milagrosamente cambian cuando tomamos unas horas para ayunar. Un día un señor trajo su hijo que era lunático a los discípulos de Jesús para que lo sanaran. No pudieron

---

[748] 2 Crónicas 20:3, (NVI).

[749] 2 Crónicas 20:3b-4, (NVI).

sanarlo. Llegó Jesús y lo sanó. Minutos después, estando Jesús solo, se le acercaron los discípulos y le preguntaron el por qué ellos no pudieron sanar al muchacho. Les respondió que, por su poca fe, pero además les dijo: "… este género no sale sino con oración y ayuno".[750]

Así que, en este año 2022, cuando el enemigo te ataque o esté por atacarte, toma un tiempo para ayunar. humíllate ante Dios y adóralo.

En tercer lugar, *Josafat oró al Señor su Dios.*

Josafat no imploró la ayuda del ángel de su signo zodiacal. Lo que hizo Josafat fue que "se puso de pie ante el pueblo en la casa del Señor y oró, diciendo: 'Señor, Dios de nuestros padres, ¿no eres tú Dios en los cielos, y tienes dominio sobre todos los reinos de las naciones? ¿No está en tu mano tal fuerza y poder, que no hay quien te resista?'." (2 Cr 20:6). Josafat no expresó duda alguna en cuanto al poder de Dios, sino que proclamó en público su confianza en el Todopoderoso".[751]

Los reyes anteriores a Josafat Abías y Asa "confiaron en Dios y derrotaron a ejércitos más poderosos que los ellos tenían". El rey Josafat siguió

---

750 Mateo 17:21, (RV, 1960).

751 Charles E. Stanley. *Comentario en la Biblia Principios de Vida: Recursos para los principios de la vida.* RV1960. (Nashville, Dallas, México DF, Rio de Janeiro. Grupo Nelson. 2010), 500.

sus ejemplos y él y todo el pueblo de Judá pidieron la ayuda de Dios y él respondió a su llamado.[752] Y así, con esa ayuda divina, lograron la victoria sobre sus enemigos Moab y Amón. "¡La victoria es de Dios!"[753]

Conclusión.

Así que: en este año 2022, ¡no te acobardes! No te acobardes cuando tus enemigos te ataquen; Dios te protegerá. No te acobardes cuando te sientas sin fuerzas; el Señor te dará las fuerzas para mantenerte en pie. No te acobardes cuando no veas ninguna salida; el Señor te mostrará su Camino.

El salmista dijo: Dios es nuestro amparo y fortaleza, nuestro pronto auxilio en las tribulaciones. Por tanto, no temeremos, aunque la tierra sea removida, y se traspasen los montes al corazón del mar; aunque bramen y se turben sus aguas, y tiemblen los montes a causa de su braveza".[754]

Pase lo que tenga que suceder en este año 2022, ¡Dios está con nosotros! Por lo tanto, en este año, ¡No te acobardes!

---

752 Comentario en la *Biblia de Estudio Esquematizada.* (Brasil. Sociedades Bíblicas Unidas. 2010), 636.

753 Comentario en la *Biblia de Estudio Esquematizada.* (Brasil. Sociedades Bíblicas Unidas. 2010), 636.

754 Salmo 46:1-3, (RV, 1960).

APÉNDICE D
PERSISTE, NO TE RINDAS

Hermanos, no digo que yo mismo ya lo haya alcanzado; lo que sí hago es olvidarme de lo que queda atrás y esforzarme por alcanzar lo que está delante, para llegar a la meta y ganar el premio celestial que Dios nos llama a recibir por medio de Cristo Jesús.

Filipenses 3:13-14, (DHH).

Introducción.

En el mensaje anterior les dije que no se acobardaran a causa de la situación por la que hemos pasado y de lo pasará en este Nuevo Año. Para algunos les vendrá la Falta de Fe. ¿Y que es la falta de fe? "Esta es la condición de la persona que tiene un aparente deseo de conocer a Dios de modo personal y de obtener paz para su corazón y su mente. Pero algo parece impedir poner su fe en Dios".[755]

[755] Clade M. Narramore. Encliclopedia de problemas sicologicos. 9na edición. (Colombia. Editorial Unilit. 1966), 85.

La falta de fe entre los cristianos no es solamente por causas espirituales, "sino también una gran cantidad de causas emocionales y psicológicas que influyen en que la persona sea incapaz de aferrarse a Dios mediante la fe".[756] Una de esas causas es la falta de la lectura de la Biblia y otra es "una actitud general de depresión o frecuentes periodos de desaliento"[757]. Estas y otras causas son barreras para poner la fe en Dios como nos gustaría tenerla.

Esto es lo que puede sucederte en este año. Todos estamos propensos a caer en la falta de fe en Dios. Grandes hombres de Dios han caído en este problema, ya sea espiritual, o emocional y un problema psicológico. Uno de ellos fue el profeta Elías que, después de hacer un gran milagro en el monte Carmelo huyó cuando supo que la reina Jezabel, la esposa del rey Acab, le quería cortar la cabeza. Caminó durante cuarenta días por el desierto, llegó al monte Horeb y allí se encerró en una cueva lamentándose de su situación.[758]

¡Todos estamos propensos a caer en la falta de fe en el poder de Dios! Si esto te llegara a suceder, y probablemente te sucederá, mi recomendación es; Persiste con la fe en Dios, ¡No te rindas!, Dios sabe

---

[756] Clade M. Narramore. Enciclopedia de problemas sicologicos. 9na edición. (Colombia. Editorial Unilit. 1966), 85.

[757] Clade M. Narramore. Enciclopedia de problemas sicologicos. 9na edición. (Colombia. Editorial Unilit. 1966), 86.

[758] I Reyes capítulos 18-19.

cómo elevar tu fe hasta lo más alto de lo que tú te imaginas. ¡Persiste, no te rindas! ¿Por qué debes de persistir?

I.- Algo pasó y nos sorprendió.

Las sorpresas son agradables y desagradables. Por ejemplo, el apóstol Pablo les dijo a los hermanos de Tesalónica: "Mas vosotros, hermanos, no estáis en tinieblas, para que el día os sorprenda como ladrón; porque todos vosotros sois hijos de la luz e hijos del día. No somos de la noche ni de las tinieblas".[759] La sorpresa agradable para los cristianos es que cuando Jesucristo regrese por Segunda vez, todos los son redimidos por Cristo Jesús serán llevados a la presencia personal con Dios en un abrir y cerrar de ojos, es decir de una manera instantánea.

La sorpresa negativa es o será para aquella que niegan la Segunda Venida del Señor en gloria y que no han entregado su vida a Jesucristo para que él sea su Salvador personal. Y su sorpresa será mayor cuando no puedan estar en la presencia de Dios.

En el año que ha pasado, nos hemos llevados algunas sorpresas casi increíbles. Por ejemplo, el motivador, Carlos Jiménez de una manera poética dice que:

---

[759] I Tesalonicenses 5:4-5, (LBLA).

"Hubo un momento en el que la noche parecía eterna y hoy todo eso parece tan lejano.

Hubo un momento en el que nada de lo que hacías resultaba, cuando de pronto apareció la respuesta.

Hubo un momento en el que dejaste de creer en el amor y de repente tu corazón, con más intensidad que nunca, lo encontró de nuevo.

Hubo un momento en el que por el desierto se esparcían tus palabras y hoy dan retoño sus semillas.

Hubo un momento en el que creíste que era lo peor que te podía pasar y hoy agradeces tu destino.

Hubo un momento en el que jurabas que no podrías pasar esa prueba y hoy es tan sólo un paso más.

Hubo un momento en el que creíste que no podías hacer algo y hoy te sorprendes de lo bien que lo haces.

Hubo un momento en el que los monstruos y los ogros intimidaban tu vida y hoy sonríes al ver cómo tus miedos engrandecían sus sombras".[760]

760 Carlos Jiménez. *No te rindas.* (La Habra, California. Internet. Artículo publicado en. Renuevo de Plenitud el 2 de diciembre del 2021. Consultado el 2 de diciembre del 2021), ¿? https://renuevo.com/reflexion-no-te-rindas.html

¿Y que les puedo yo decir? Que hubo un año muy difícil y que por lo menos los primeros seis meses de este año tendrán el mismo tono: Temor, angustia, desesperación, incertidumbre, enfermedad y muerte. ¡Nada agradable! Pero sí causas que nos pueden hacer perder la fe en Dios. Y, sin embargo, hasto, Dios ha estado con nosotros. Así que: ¡Persiste, no te rindas!

No seamos pesimistas; es decir, Persiste, ¡no te rindas! El pesimista ve todo mal. El optimista ve lo bueno en las circunstancias malas. El optimista puede "ver y juzgar las cosas en su aspecto más favorable".[761]

Pastor, ¿y cómo puedo ver el lado favorable de los cientos que están muriendo a causa del coronavirus? ¡No lo sé! Lo que sí sé es que mientras Dios nos de vida y salud, ¡hay que persistir! Ciertamente, en el año pasado hubo un momento o momentos de algo que he mencionado, pero ahora comienza a ver el lado positivo. Espera, por ejemplo, que este año que estamos comenzando las noches serán normales, no eternas; que este año con la ayuda de Dios tendrás tus respuestas; que este año en la voluntad de Dios encontrarás el amor que tanto has anhelado; que este año las semillas que sembraste brotarán a una nueva vida y las ramas secas retoñarán para dar el fruto que esperas con ansias. Así que, Persiste, ¡No te rindas!

---

[761] Definiciones. *Definición de optimismo.* (La Habra, California. Internet. Consultado el 13 de enero del 2021), ¿? https://dle.rae.es/optimismo

Pastor, ¿y si eso no sucede? Entonces, Persiste, ¡No te rindas! Alguien ha dicho que al final del túnel hay una luz. Y yo te digo que durante este año la promesa del Señor Jesús es que nunca nos desamparará. Moisés le dijo al pueblo de Israel en el desierto: "'Sean fuertes y valientes. No teman ni se asusten ante esas naciones, pues el Señor su Dios siempre los acompañará; ***nunca los dejará ni los abandonará.*** … El Señor mismo marchará al frente de ti y estará contigo; ***nunca te dejará ni te abandonará***. No temas ni te desanimes'. Tiempo después, Dios le dijo a Josué: "Durante todos los días de tu vida, nadie será capaz de enfrentarse a ti. Así como estuve con Moisés, también estaré contigo; ***no te dejaré ni te abandonaré***".[762] ¡Persiste!, ¡No te rindas!

En el devocional del día 3 de enero les dije que Dios: ¡Jamás les abandonará! ¿Por qué? Porque "el Señor su Dios es compasivo y misericordioso. Si ustedes se vuelven a él, jamás los abandonará".[763] Es decir que sí durante este año tú adorar a Dios, él: ¡Jamás te abandonará! Así que, Persiste, ¡No te rindas! Aumenta tu fe en Dios.

---

[762] Deuteronomio 31:6, 8; Josué 1:5, (NVI). Las **bolds** e *itálicas* son mías.

[763] 2 Crónicas 30:9, (NVI).

II.- No te rindas en tus luchas.

La Biblia dice que Jacob luchó toda la noche con un ser angelical y que cuando estaba saliendo el sol, el ángel del Señor le suplicaba que lo soltara porque ya estaba amaneciendo. Pero Jacob, le dijo que no lo soltaría hasta que lo bendijera.[764] Jacob se aferró a la lucha y no se rindió. Hermanos en Cristo, en este año les vendrán no una sino muchas luchas, ¿y qué van a hacer? Persistir, ¡No se rindan!

¿Y qué significa no rendirse? "No rendirse significa luchar, no dejarse abatir por la lucha, seguir de pie, aunque estemos heridos y continuar hasta doblegar aquello que nos aflige en el momento de la tentación de rendirse".[765] Es una lucha constante, aunque estemos heridos y enfermos físicamente, hay que continuar; ¡Hay que permanecer en la lucha! El testimonio del apóstol Pablo debe de animarnos en estos días y meses de este año. En su testimonio dijo:

He pasado "… en trabajos más abundante; en azotes sin número; en cárceles más; en peligros de muerte muchas veces. De los judíos cinco veces he recibido cuarenta azotes menos uno. Tres veces he sido azotado con varas; una vez apedreado; tres veces he padecido naufragio; una noche y un día he estado

---

764 Génesis 32:26.

765 Carlos Jiménez. *No te rindas.* (La Habra, California. Internet. Artículo publicado en. Renuevo de Plenitud el 2 de diciembre del 2021. Consultado el 2 de diciembre del 2021), ¿? https://renuevo.com/reflexion-no-te-rindas.html

como náufrago en alta mar; en caminos muchas veces; en peligros de ríos, peligros de ladrones, peligros de los de mi nación, peligros de los gentiles, peligros en la ciudad, peligros en el desierto, peligros en el mar, peligros entre falsos hermanos; en trabajo y fatiga, en muchos desvelos, en hambre y sed, en muchos ayunos, en frío y en desnudez; y además de otras cosas, lo que sobre mí se agolpa cada día, la preocupación por todas las iglesias".[766]

¿Tuvo problemas el apóstol Pablo? ¡Sí los tuvo! ¿Dice que por eso dejó de predicar el Evangelio de Jesucristo? ¡No, claro que no! ¿Qué hizo el apóstol Pablo ante tanta adversidad? ¡Persistió!¡No se rindió! Así que, ¿qué es lo que tú y yo debemos hacer desde hoy y hasta el 31 de diciembre de este año? ¡Persistir! No te rindas en tus luchas. ¡Persiste! Dios está con nosotros.

El apóstol Pablo dijo: "No es que ya lo haya conseguido todo, o que ya sea perfecto. Sin embargo, sigo adelante esperando alcanzar aquello para lo cual Cristo Jesús me alcanzó a mí".[767] Una definición de persistencia dice que es: "mantenerse firme y quieto – es decir -, mantenerse constante en algo".[768] "Al hablar

---

766 2 Corintios 11:23-28, (NVI).

767 Filipenses 3:12, (NVI).

768 Definiciones. *Definición de persistencia.* (La Habra, California. Internet. Consultado el 31 de diciembre del 2021), ¿? https://definicion.de/persistencia/#:~:text=Definici%C3%B3n%20de%20persistencia%20Para%20poder%20conocer%20a%20fondo,que%20puede%20traducirse%20como%20%E2%80%9Cmantenerse%20firme%20y%20quieto%E2%80%9D.

acerca de la vida cristiana, Pablo suele usar imágenes o comparaciones tomadas del ambiente deportivo (I Co 9:24-27; I Ti 4:7; 6:12; 2 Ti 2:5; 4:7-8 …). Aquí compara la vida cristiana con una carrera".[769]

"En 1858, el misionero escoses John G. Paton y su esposa se embarcaron para dirigirse a las Nuevas Hébridas (que ahora se llaman Vanuatu). Tres meses después de llegar a la isla de Tanna, murió su mujer. Una semana después murió su hijito. Paton se hundió en el dolor. Sintiéndose terriblemente solo, y rodeado de gentes salvajes que no le mostraban simpatía alguna, escribió: 'Que aquellos que jamás hayan pasado por unas tinieblas similares a las de la media noche sientan por mí. En cuanto a los otros, sería más que en vano intentar describir mis dolores. … Excepto por Jesús y (su) comunión … habría enloquecido y muerto'.

Cuando la muerte arrebata a un ser querido, el Señor consuela a los suyos de una manera especial con la comunión de su presencia. … No es sorprendente que el apóstol Pablo nos amoneste: 'Por tanto, alentaos los unos a los otros con estas palabras'."[770]

---

[769] Comentario en la *Biblia de Estudio Esquematizada*. (Brasil. Sociedades Bíblicas Unidas. 2010), 1779.

[770] Richard W. DeHaan. *Consuelo para el dolor*. (Nuestro Pan diario: Julio-agosto-septiembre-octubre-noviembre-diciembre. (Horeb en Villadecalvalls (Barcelona), España Publicado por M. C. E. 1993). Devocional del día 6 de agosto sobre I Tesalonicenses 4:13-18.

Hemos pasado malos tiempos este año y por lo que notamos, seguiremos con ellos. Espero que no tan serios como los de John Paton, pero de que los tendremos, eso es una seguridad. ¿Y qué vamos a hacer? ¡Persistir con la fe en Dios! No te rindas en tus luchas. Dios está de nuestro lado.

III.- Algunas puertas se cerrarán: Persiste, ¡No te rindas!

El apóstol Pablo dijo: "Hermanos, no digo que yo mismo ya lo haya alcanzado; lo que sí hago es olvidarme de lo que queda atrás y esforzarme por alcanzar lo que está delante. prosigo a la meta".[771] La meta de Pablo era cumplir el propósito por el cual Jesucristo lo había llamado. Pablo dijo que Dios lo había llamado para ser un apóstol a los gentiles. Y por eso es por lo que Pablo trata de olvidarse de lo que ha logrado o hecho en días, meses y años pasados. "Es decir que nunca se gloriará de ninguno de sus logros ni los usará como disculpa para relajar su esfuerzo".[772]

¿Qué es la lección para nosotros? Creo que el apóstol Pablo nos está diciendo que no es tiempo para relajarnos; que no es tiempo de abandonar la

771 Filipenses 3:13-14, (DHH).

772 William Barclay. *Comentario al Nuevo Testamento: Filipenses, Colosenses, 1ra y 2da Tesalonicenses. Volumen 11.* Trd. Albeto Araujo. (Terrassa (Barcelona), España. Editorial CLIE. 1999), 91

carreta o el barco, sino que en medio de todo lo que suceda, será el tiempo de persistir; será el tiempo de no rendirse; más bien será el tiempo de gloriarse en las victorias de Cristo Jesús. Entendamos que: "En la vida cristiana no hay sitio para los que quieren dormir en los laureles".[773]

Ciertamente algunos de ustedes ya tienen metas que quieren lograr este año. Y espero que las tengan. Sin embargo, debemos de estar conscientes de que algunas de ellas por más que nos esforcemos, no se lograrán. ¿Sabes que deberás hacer cuando no logres tus metas? Persiste, ¡no te rindas!

El científico, inventor y logopeda británico, naturalizado estadounidense, Alexander Graham Bell, dijo: "Cuando una puerta se cierra, otra se abre, pero a menudo empleamos tanto tiempo mirando la puerta que se cerró que no vemos la puerta que está abierta delante de nosotros".[774] Pablo dijo: Olvidando lo que queda atrás, sigo hacia la meta.

El trigésimo presidente de los Estados Unidos (1923-29), Calvin Coolidge, dijo: "Nada en este mundo puede tomar el lugar de la persistencia. Talento no: nada es más común que hombres

---

[773] William Barclay. *Comentario al Nuevo Testamento: Filipenses, Colosenses, 1ra y 2da Tesalonicenses, Volumen 11.* Trd. Albeto Araujo. (Terrassa (Barcelona), España. Editorial CLIE. 1999), 91

[774] Okdiario: científicos. *Grandes frases de Alexander Graham Bell.* (La Habra, California. Internet. Consultado el 13 de enero del 2022), ¿? https://okdiario.com/ciencia/grandes-frases-alexander-graham-bell-3168039

fracasados con talento. El genio no lo hará; genio no recompensado es casi un proverbio. Educación no: el mundo está lleno de negligentes educados. La persistencia y la determinación son omnipotentes".[775] Escuché una vez decir al pastor Ronald Vides que los grandes son aquellos hombres y mujeres ordinarios con una determinación extraordinaria. Este tipo de personas no saben cómo renunciar. Son aquellas personas que lo intentan y siguen intentándolo. Una vez, dos veces, tres veces, diez veces les salió mal, pero siguen intentándolo. ¡Son persistentes!

En el mundo tenemos muchos hombres y mujeres con fama. Los admiramos por sus talentos. ¡Yo admiro a muchos de ellos! Como al 44th expresidente de los Estados Unidos, Barack Hussein Obama II, al cual admiro por su elocuencia; ¡Un gran orador! Admiro al Renacentista italiano, "Leonardo da Vinci ... que fue a la vez pintor, anatomista, arquitecto, paleontólogo, artista, botánico, científico, escritor, escultor, filósofo, ingeniero, inventor, músico, poeta y urbanista".[776] ¡Todo un sabio! Y otros más hombres y mujeres famosos que admiro.

---

[775] Calvin Coolidge. *Frase de educación.* (La Habra, California. Internet. Consultado el 31 de diciembre del 2021), ¿? https://www.frasesgo.com/frase/frase-de-calvin_coolidge-36536.html

[776] Wikipedia, la enciclopedia libre. *Leonardo Da Vinci.* (La Habra, California. Internet. Consultado el 31 de diciembre del 2021), ¿? https://es.wikipedia.org/wiki/Leonardo_da_Vinci

Y, sin embargo, "creo que la grandeza de las personas no es determinada por la fama, la posición o las riquezas, sino más bien lo que toma para desalentar a esa persona. Tu puede saber mucho de una persona al observar cómo responde a las criticas o a los fracasos".[777]

Ahora bien, ¡cuidado! Existen algunos personas y en especial cristianos que dicen que la gracia y la soberanía de Dios están con ellos y por lo tanto deben vivir al día sin planes ni reglas porque ya Dios sabe lo que tiene que hacer. Esta clase se gente se les conoce como antínomos. Son personas que niegan que exista una ley que afecte la vida cristiana. Son personas que quieren vivir sin la disciplina de Dios; son las personas del: *Hay mañana Dios dirá*.

El proverbista bíblico dijo: "El perezoso dice: Hay un león afuera; seré muerto en las calles".[778] Si ponemos estas palabras en nuestro contesto contemporáneo podemos decir que como ya se me cerró la puerta de lo que yo quería hacer, entonces, mejor no haga nada.

¡No!, en este año, no seas pesimista, ni tengas temor alguno, ni te desalientes, ni te acobardes, es probable que algunas puertas se cerrarán, pero, persiste, ¡No te rindas!

---

777 Ronald Vides. No te des por vencido. (Tustin, Condado de Orange, California. Mensaje predicado el 6 de enero del 2019).

778 Proverbios 22:13, (LBLA).

Conclusión.

Ciertamente el año que ha pasado llegó con muchas sorpresas. Algunas de ellas provocaron que en algunas personas les llegara la falta de fe en Dios. Dejaron de asistir a la iglesia, dejaron de asistir a las reuniones semanales, dejaron de leer sus biblias y la falta de fe se apodero de ellos arruinándolos espiritual y psicológicamente.

Pero tú, mi hermano y hermana en Cristo, ¡no te rindas en tus luchas! No te estoy diciendo que este año, si mantienes tu fe en Dios, no te vendrán problemas; ten vendrán. ¡Seguramente que te vendrán! Tendrás luchas, pero ¡Persiste, no te rindas!

Algunos de tus planes se frustrarán, ¿La razón? Porque algunas puertas se cerrarán a tus planes y deseos. Pero ¡Persiste, no te rindas! El Salmista dijo: "Dios es nuestro amparo y nuestra fortaleza, nuestra ayuda segura en momentos de angustia. Por eso, no temeremos…"[779]

Así que: ¡Persiste, no te rindas!

---

[779] Salmo 46:1-2ª, (NVI).

BIBLIOGRAFÍA

Allan, Kurt, Matthew Black, Carlo M. Martini, Bruce M. Metzger, and Allen Wikgren. *The Greek New Testament.* Fourth Revised Edition (Germany. Biblia-Druck, D-Stuttgart. 1994).

Dwight L. Moody *Arboleda.* (Terrassa (Barcelona), España. Libros CLLIE. 1990).

Aquino, Santo Tomás De. *Cantena Aurea. Comentarios sobre el Evangelio: San Lucas.* (San Bernardino, California. Ivory Fall Books. 2016).

Aquino, Santo Tomás De. Cantena Aurea. *Comentarios sobre el Evangelio de San Juan.* (San Bernardino, California. Ivory Fall Books. 2016).

Baker, Diana. *El poder Espiritual de las Siete Fiestas de Dios: Descubre la relevancia que estas celebraciones tienen para el cristiano y los eventos futuros.* (Córdoba, Argentina. Editorial Imagen. 2015).

Barclay, William. *Comentario al Nuevo Testamento: Volumen 1: MATEO I.* Td. Alberto Araujo. (Terrassa (Barcelona), España. Editorial CLIE. 1997).

Barclay, William. *Comentario al Nuevo Testamento: Volumen 2: MATEO II.* Td. Alberto Araujo. (Terrassa (Barcelona), España. Editorial CLIE. 1997).

Barclay, William. *Comentario al Nuevo Testamento. Volumen 4. LUCAS.* (Terrassa (Barcelona), España. Editorial CLIE. 1996).

Barclay, William. *Comentario al Nuevo Testamento: Volumen 6: JUAN II.* (Terrassa (Barcelona), España. Editorial CLIE. 1995).

Barclay, William. *Comentario al Nuevo Testamento. Filipenses, Colosenses y 1ª y 2ª Tesalonicense. Volumen 11.* Trd. Alberto Araujo. (Terrassa (Barcelona), España. Editorial CLIE. 1999).

Barth, Karl. *Esbozo de Dogmática. Prólogo de J. I. González Faus. . Presencia Teológica.* Trd. José Pedro Tosaus Abadía. (Bilbao, España. Editorial Sal Terrae. 2000).

Batterson, Mark. *Destino divino: Descubre la identidad de tu alma.* (Miami, Florida. Editorial Vida. 2014).

Benware, Paul N. *Panorama del Nuevo Testamento. Comentario Bíblico Portavoz.* Trd. Santiago Escuain. (Gran Rapids, Michigan. Editorial Portavoz. 1993).

Berckhof, Louis. *Teología Sistemática.* (Grand Rapids, Michigan. Libros Desafio. 2002).

Beuses, Elvis D. *Como vencer el miedo: Supera los límites y bloqueos que te impiden Disfrutar La Vida Que Deseas.* (San Bernardino, California. Sin Casa Editorial. Junio 2019).

Biblia de Estudio NVI Arqueológica: Un viaje ilustrado a través de la cultura y la historia bíblicas. (Miami, Florida. Editorial Vida. 2009).

Biblia de Letra Grande. Santa Biblia: Revisión de 1960. (Corea. Editorial Caribe. 1998).

Biblia de Estudio Esquematizada. (Brasil. Sociedades Bíblicas Unidas. 2010).

Biblia Peshitta en español. *Traducción de los antiguos manuscritos arameos.* (Nashville, Tennessee. Publicada por Holman Bible Publishers. 2006).

Bock, Darrell L. *Comentarios Bíblicos con Aplicación: Lucas. Del Texto bíblico a una aplicación contemporánea.* (Miami, Florida. Editorial Vida. 2011).

Bramsen, P. D. *Un Dios un Mensaje: Descubre el misterio, haz el viaje.* Trd. Carlos Tomás Knott. (Grand Rapids, Michigan. Editorial Portavoz. 2011).

Brown, Raymon E. *Introducción al Nuevo Testamento. 1.- Cuestiones preliminares, evangelios y obras conexas. Volumen 7* [1]. Td. Antonio Piñero. (Madrid, España. Editorial Trotta. 2002).

Brown. E. Raymond. *El Evangelio y las cartas de Juan.* Td. María del Carmen Blanco Moreno. (Bilbao, España. Editorial Desclee de Brouwer, S. A. 2010).

Bruce, F. F. *Los Manuscritos del Mar Muerto. Qumrán en el siglo XXI: Apéndice de Florentino García Martínez.* (Viladecavals (Barcelona), España. Editorial CLIE. 2011).

Caballero, Pablo Román. *Sanidad Emocional. Jesús Nos Salva Y Sana Nuestras Emociones.* (San Bernardino, California. 2018).

Cabral, J. *Religiones, sectas y herejías.* Trd. Antonio Marosi. (Deerfield, Florida. Editorial Vida. 1992).

Calcada, Leticia: Editora General. *Diccionario Bíblico Ilustrado Holman.* (Nashville, Tennessee. USA. B&H Publishing Group. 2008).

Caro, Daniel, José Tomás Poe y Rubén O. Zorzolí: Editores generales. *Comentario bíblico Mundo Hispano: Tomo 8: Salmos.* (El Paso, Texas. Editorial Mundo Hispano. 2002).

Carroll, B. H. Comentario Bíblico: Génesis: Tomo 1. Trd. Sara A. Hale. (Terrassa (Barcelona), España. Editorial CLIE. 1990).

Carroll, B. H. *Comentario Bíblico: Exodo y Levítico: Tomo 2.* Trd. Sara A. Hale. (Terrassa (Barcelona), España. Editorial CLIE. 1986).

Carroll, B. H. *Comentario Bíblico: Los cuatro evangelios (Libros I y II): Tomo 6*. Trd. Sara A. Hale. (Terrassa (Barcelona), España. Editorial CLIE. 1986).

Carroll, B. H. *Comentario Bíblico: Las Epístolas Pastorales: Tomo 11*. Trd. Sara A. Hale. (Terrassa (Barcelona), España. Editorial CLIE. 1987).

Carroll, B. H. *Comentario Bíblico: Gálatas, Romanos, Filipense y Filemón: Tomo 8*. Trd. Sara A. Hale. (Terrassa (Barcelona), España. Editorial CLIE. 1987).

Cohen, Richard. *Una segunda oportunidad.* (Coral Gables, Florida. Selecciones del Reader's Digest. Revista mensual. Diciembre de 1993).

Cooper, w. John. *Antropología Escatológica: El debate Dualista y Monista*. Trd. Juan Días y Saúl Sarabia. (Salem, Oregón, Estados Unidos. Publicaciones Kerigma. 2021).

Craig, Lane William. *Fe razonable: apologética y veracidad cristiana*. Trd. Jorge Ostos. Revisión en Español: Jesús Escudero Nava. (Salem, Oregón. Publicaciones Kerigma. 2017).

Danyans, Eugenio. *Conociendo a Jesús en el Antiguo Testamento. Cristología y Tipología Bíblica.* (Viladecavalls (Barcelona), España. Editorial CLIE. 2008).

Edershiam, Alfred. *El Templo: Su ministerio y servicios en tiempo de Cristo*. Trd. Santiago Escuaim. (Terrassa (Barcelona), España. Editorial CLIE. 1990).

F. F., Bruce. *La Epístola a los Hebreos: Texto de la Versión Reina Valera, Revisión de 1960, con introducción, comentarios y notas*. (Grand Rapids, Michigan. Nueva Creación y William B. Eerdmans Publishing Company.1987).

Felipe, *El Evangelio de. Con comentarios*. Vladimir Antonov; Redactor de la versión rusa. Anton Teplyy; traductor al español. (San Bernardino, California. Sin Casa Editorial. 2014).

Flores, José. *Cristología de Juan.* (Terrassa (Barcelona), España. Editorial CLIE. 1975).

Foxe, John. *El libro de los mártires: una historia de las vidas, sufrimientos y muertes triunfantes de los cristianos primitivos y de los mártires protestantes.* Tdr. Santiago Escuian. (Terrassa (Barcelona), España. Editorial CLIE. 2003).

Frenn, Jason. *Rompiendo las barreras: venciendo la adversidad y alcanzando tu máximo potencial.* (Buenos Aires, Argentina. Editorial Peniel. 2006).

García, L. Alberto. *Cristología: Cristo Jesús: Centro y praxis del pueblo de Dios.* (Saint Louis, Missouri. Editorial Concordia. 2006).

González L. Justo. *Historia del Pensamiento Cristiano.* (Viladecavalls (Barcelona), España. Editorial CLIE. 2010).

Gordon, A. J. *El ministerio del Espíritu Santo.* Trd. Eliseo Vila. (Terrassa (Barcelona), España. Editorial CLIE. 1984).

Graham, Billy. *El secreto de la paz personal.* (Nashville, Indiana. Grupo Nelson. 2003).

Hand, Clow Barbara. *El Código Maya: La aceleración del tiempo y el despertar de la conciencia mundial.* Trd. Ramón Soto. (Rocherter, Vermont, USA. Inner Traditions en Español. Una división de Inner Traditions International. 2007).

Harrison, Roland Kenneth. *Introducción al Antiguo Testamento. Volumen 3. בראשית: Los profetas mayores: Los profetas menores.* Trd. Pedro Vega. (Jenison, Michigan. The Evangelical Literature League. Copiado por William B. Eerdmans Publishing Company. 1993).

Heisey, Eugenio. *Más allá del protestantismo.* (Costa Rica, C.A. Publicadora la Merced. 2011).

Hendriksen, Guillermo. *El Evangelio Según San Mateo: Comentario del Nuevo Testamento.* Td. Humberto Casanova. (Grand Rapids, Michigan. Distribuido por T.E.L.L. Subcomisión Literatura Cristiana. 1986).

Hendrickesen, Guillermo. *El Evangelio Según San Marcos: Comentario del Nuevo Testamento.* Td. Humberto Casanova. (Grand Rapids, Michigan. Distribuido por T.E.L.L. Subcomisión Literatura Cristiana. 1987).

Hendriksen, Guillermo. *1 y 2 Timoteo/Tito: Comentario el Nuevo Testamento.* (Grand Rapids, Michigan. Publicado por la Subcomisión Literatura Cristiana de la Iglesia Cristiana Reformada. 1990).

Henry, Matthew. *Comentario Exegético Devocional a Toda la Biblia. Pentateuco.* Td. Francisco Lacueva. (Terrassa (Barcelona), España. Editorial CLIE. 1983).

Henry, Matthew. *Comentario Exegético Devocional a Toda la Biblia. Mateo.* Td. Francisco Lacueva. (Terrassa (Barcelona), España. Editorial CLIE. 1984).

Henry, Matthew *Comentario exegético devocional a toda la Biblia. 2 Corintios - Hebreos.* (Terrassa, (Barcelona), España. Editorial CLIE. 1989).

Hill, Napoleón y W. Clement Stone. *Actitud Mental Positiva.* Trd. María Antonia Menini. (Nueva York. Random Hause Mandadori, S. A. 1982).

Himnario Bautista. Casa Bautista de Publicaciones. El Paso, Texas. 1978

Hipona, San Agustín de. *La Trinidad.* (San Bernardino, Ca. Ivory Falls Books. 2017).

Hitler, Adolf. *Mi Lucha* (Spanish Editión). Escrito en el presidio de Landsberg Am Lech, el 16 de octubre de

1924. Primera parte. La segunda en 1926. (San Bernardino, California. Sin autor. Septiembre de 2019).

Hoff, Pablo. *Se Hizo Hombre: La fascinante historia del Dios Hombre como se relata en los Evangelios Sinópticos.* (Estados Unidos. Editorial Vida. 1990).

Hovey, Alvah. *Comentario expositivo sobre el Nuevo Testamento. I Corintios – 2 Tesalonicenses.* Trd. Jaime C. Quarles. (El Paso, Texas. Casa Bautista de Publicaciones. 1973).

*Interne*t. Todas las citas copiadas del Internet reciben su debido crédito en las notas al pie de la página.

Jiménez, R. Carlos. *Crisis en la Teología Contemporánea.* (Deerfield, Florida. Editorial Vida. 1985).

Kenyon, E. W. *Realidades de la Nueva Creación.* Trd. Belmonte Traductores. (New Kensington, PA. Whitaker House. 2014).

Konig, Frankz. *Cristo y las religiones de la tierra: Manuel de historia de la religión II: Religiones de los pueblos y de las culturas de la antigüedad.* Trd. Ramón Valdés del Toro. (Madrid, España. Biblioteca de autores cristianos. Editorial Católica, S. A. MCMLVIII).

La Antorcha de la Verdad. (Costa Rica. Revista bimestral. Editorial: La Merced. Mayo-junio. 2015. Volumen 29. Número 3).

La Antorcha de la Verdad. (Costa Rica. Revista bimestral. Editorial: La Merced. Julio-Agosto. 2018. Volumen 32. Número 4).

La Antorcha de la Verdad. (Costa Rica, CA. Revista bimestral. Publicadora la Merced. Volumen 34. Número 6. Noviembre-diciembre. 2020).

La Antorcha de la Verdad. (Costa Rica, CA. Revista bimestral. Publicadora la Merced. Volumen 36. Número 2. Marzo – abril. 2022).

La Biblia de las Américas: Biblia de Estudio. (The Lockman Foundation. Publicado por: Nashville, Tennessee. B&H ¡Español! Publishion Group. 2000).

Lahaye, Tim. *Manual del Temperamento: Descubra su Potencial.* (Miami, Florida. Editorial UNILIT. 1987).

Lane, Craig William. *Fe razonable: apologética y veracidad cristiana.* Trd. Jorge Ostos. Revisión en Español: Jesús Escudero Nava. (Salem Oregón. Estados Unidos de América. Publicaciones Kerigma. 2018).

Lyon, Ireneo de. *Contra los herejes.* (San Bernardino, California. Ivory Falls Books. 2017).

MacArthur, John. *Una vida Perfecta: La historia completa del Señor Jesucristo.* (Nashville, Tennessee. Estados Unidos de América. Grupo Nelson. 2012).

Macarthur, John. *El Evangelio Según Jesucristo: ¿Qué significa realmente el "sígueme" de Cristo Jesús?* Td. Rafael C. de Bustamante. (El Paso, Texas. Editorial Mundo Hispano. Décima edición 2012).

María Magdalena, *Evangelio de. Apócrifo Gnóstico. Prólogo de Juli Peradejordi.* (Barcelona, España. Ediciones Obelisco. 2006).

Maxwell, John C. *Actitud de vencedor: La clave del éxito personal.* (Nashville, TN. Editorial Caribe. 1997).

MacGeady, María Rosa. *Dios, por favor ayúdame.* (USA. Conenant House. 1997).

Mendoza, Alejandro. *Manipulación y Psicología Oscura: Como aprender a leer a las personas rápidamente, detectar la manipulación emocional encubierta, detectar el engaño y defenderse del abuso narcisista y de las personas toxicas.* (Las Vegas, NV. Sin Casa Editorial. 02 junio del 2022 – Creo que debe de ser 2021 -).

Millos, Pérez Samuel. *Comentario exegético al texto griego del Nuevo Testamento: Mateo.* (Viladecavalls (Barcelona), España. Editorial CLIE. 2009).

Millos, Pérez Samuel. *Comentario exegético al texto griego del Nuevo Testamento. JUAN.* (Viladecavalls (Barcelona), España. Editorial CLIE. 2016).

Millos, Pérez Samuel. *Comentario exegético al texto griego del Nuevo Testamento. Efesios.* (Viladecavalls (Barcelona), España. Editorial CLIE. 2010).

Narramore, M. Clade. *Enciclopedia de problemas psicológicos. 9na edición.* (Colombia. Editorial Unilit. 1966).

Nelson, G. Eduardo: *La adoración y la música en la Biblia.* Marvin Breneman: Exposición y Ricardo Souto Copeiro: Ayudas Prácticas. Comentario Bíblico Mundo Hispano. Tomo 8. SALMOS. (El Paso, Texas. Editorial Mundo Hispano. 2002).

Nisly Duane, Editor. *La Antorcha de la verdad. Revista bimestral.* (Costa Rica. Editorial Publicadora la Merced. Volumen 33, Número 6. Noviembre-diciembre. 2019).

Nuestro Pan diario: Julio-agosto-septiembre-octubre-noviembre-diciembre. (Horeb en Villadecalvalls (Barcelona), España Publicado por M. C. E. 1993).

Pichón, Jean-Charles. *Historia Universal de las sectas y sociedades secretas.* (El Cairo, 1964). (Barcelona, España. Editorial Bruguera. 1976).

Prince, Derek. *Derribando Fortalezas. Traducción a cargo de Belmonte Traductores.* (Charlotte, North Carolina. Derek Prince Ministries International. 2013).

Roh, Richard. *El Cristo Universal: Como una Realidad Olvidada Puede Cambiar Todo lo que Vemos, Esperamos y Creemos.* Td. Ian Bilucich. (Hialeah, Florida. Ediciones Juanuno1. 2019).

Ropero, Berzosa Alfonso. *La Vida del Cristiano Centra en Cristo. La Gran Transformación.* (Viladecavalls (Barcelona), Espáña. Editorial CLIE. 2016).

Santa Biblia: Biblia de Estudio LBLA. (Nashville, Tennessee. Editorial B&H, en español. Y Lockman Foundation. 2000).

Segura, Eduardo Delás. *Dios es Jesús de Nazaret. Cristología desde dentro.* (Terragona, España. DSM ediciones. 2007).

Selecciones del Reader's Digest. (Hollywood, Florida, USA, St. Ives Ing. Diciembre de 1993).

Spafford, G. Horatio. *Alcancé salvación.* (El Paso, Texas. Himnario Bautista. Casa Bautista de Publicaciones. 1986).

Stanley, Charles F.: Editor general. *Biblia Principios de Vida: Recursos para los principios de la vida. RV1960.* (Nashville, Dallas, México DF, Rio de Janeiro. Grupo Nelson. 2010).

Strobel, Lee. *El Caso de Cristo: Una investigación exhaustiva.* Trd. Lorena Loguzzo. (Miami, Florida. Editorial Vida. 2000).

Swindoll, R. Charles. *Arraigados en la fe. La depravación de la humanidad. La salvación.* (Deerfield, Florida. Editorial Vida. 1986).

Tenney, Merrill C. *Nuestro Nuevo Testamento: Estudio panorámico del Nuevo Testamento. Edición revisada y aumentada.* (Grand Rapids, Michigan. Editorial Portavoz. 1973).

Tenney, Merrill C. *Diccionario Manual de la Biblia.* (Miami, Florida. Editorial Vida. 1976).

Tomas, *El Evangelio de Sabiduría Gnóstica.* (México. Berbera Editores S. A. de C. V. 2008).

Tozer, A. W. *Los Atributos de Dios. Volumen Uno: Con guía de estudio. Un viaje hacia el corazón el Padre.* Trd. María Mercedes Pérez, María del C. Fabri Rojas y María Bettina López. (Lake Mary, Florida. Casa Creación. 2013).

Trenchard, Ernesto. *Introducción a los cuatro evangelios.* (Madrid, España. Literatura Bíblica. 1974).

Van, Natta Bruce. *Una vida milagrosa: Historias verídicas de encuentros sobrenaturales con Dios.* Trd. pica6.com (con la colaboración de Danaé G. Sánchez Rivera y Salvador Eguiarte D.G.). (Lake Mary, Florida. Publicado por Casa Creación. 2013).

Vidal, Cesar. *Más que un Rabino. La vida y enseñanzas de Jesús el judío.* (Nashville, TN. B&H Publishing Group. 2020).

Vidal, Cesar. *El legado de la Reforma: Una herencia para el futuro.* (Tyler, Texas. Editorial Jucum. 2016).

Vila, Samuel. *Manual de Teología Apologética: Respuesta a los "supuestos" ... de las teorías modernistas.* (Terrassa, (Barcelona), España. (Editorial CLIE. 1990).

Viola, Frank y George Berna. *Paganismo ¿En tu cristianismo?* Trd. Silvia Himitian. (Miami, Florida. Editorial Vida. 1011).

Warren, Rick. *Respuestas a las dificultades de la vida.* (Miami, Florida. Editorial Vida. 2011).

White, E. G., L. Munilla y C. E. Wheeling. *Buscando la paz interior.* (Jemison, AL. U.S.A. Inspiration Books East, Inc., 1989).

Wiersbe. W. Warren. *Jesús en el tiempo presente: Las declaraciones "YO SOY" de Cristo.* (Nashville, Tennessee. Grupo Nelson. 2012).

Wiley, H. Orton y Paul T. Culbertson. *Introducción a la Teología Cristiana.* Trd. H. T. Reza. (Kansas City, Missouri, E.U.A. Casa Nazarena de Publicaciones. 1969).

Wilkins, J. Michael. *Comentarios Bíblicos con Aplicación: Mateo. Del Texto bíblico a una aplicación contemporánea.* (Nashville, TN. Editorial Vida. 2016).

Zacharías, Ravi y Kevin Johnson. *Jesús entre otros dioses: La verdad absoluta del mensaje cristiano: Edición para jóvenes.* (Betania sin ciudad editora y sin fecha de edición).

Printed in the United States
by Baker & Taylor Publisher Services

Printed in the United States
by Baker & Taylor Publisher Services